Über Schubert

Über Schubert

Von Musikern, Dichtern und Liebhabern

Eine Anthologie

Mit 12 Abbildungen

Herausgegeben von
Georg Braungart und Walther Dürr
unter Mitarbeit von Michael Kohlhäufl

Philipp Reclam jun. Stuttgart

Universal-Bibliothek Nr. 9480

Umschlagabbildung der kartonierten Ausgabe:
Franz Schubert. Farblithographie von Joseph Kriehuber (1846)
Gesamtherstellung: Reclam, Ditzingen. Printed in Germany 1996
RECLAM und UNIVERSAL-BIBLIOTHEK sind eingetragene Marken
der Philipp Reclam jun. GmbH & Co., Stuttgart
ISBN 3-15-009480-1 (**kart.**) ISBN 3-15-029480-0 (**geb.**)

Inhalt

Einleitung

Wer war Franz Schubert? Was bedeutet uns sein Werk und was wollte er selbst damit sagen? Auf solche Fragen glauben wir in der Regel eine Antwort zu wissen. Und diese wiederum ist – so unterschiedlich sie ausfallen mag – das Produkt eines zwar vielfältigen und komplizierten, aber nachvollziehbaren Prozesses. Schuberts Lebensumstände, die Beziehungen zu seinen Freunden, zu Eltern und Geschwistern, zu anderen Musikern spielen darin ebenso eine Rolle, wie die spezifischen Bedingungen bei der Veröffentlichung seines Werkes und die unterschiedlichen ästhetischen, kunsttheoretischen und wohl auch ideologischen Vorgaben, die seine Aufnahme teils begünstigten, teils ihr auch im Wege standen und stehen. Die hier vorliegende Sammlung von Zeugnissen und Reflexionen *Über Schubert* spiegelt die komplexen und oft auch widersprüchlichen Vorstellungen, die man sich von der Person des Komponisten und seinem Werk machte, die Wandlungen, aber auch die Konstanten. In vier Gruppen gliedern sich diese Zeugnisse: Berichte und Bilder aus dem engeren und weiteren Freundeskreis (manchmal handelt es sich auch nur um Freunde der Freunde) stehen am Anfang: Noch heute prägen sie weitgehend die Vorstellung, die man sich von der Persönlichkeit des Komponisten macht. Überlegungen und Gedanken zu seinem Werk ergänzen sie bald; sie stammen zunächst teils von denselben Freunden, teils von Musikern und Komponisten, die Schubert in seinem kurzen Leben zwar nicht persönlich kennenlernen konnten, die für die Verbreitung seines Werkes aber von entscheidender Bedeutung waren – und es auf ganz ähnliche Weise noch heute sind. Es ist dann, nach einem rezeptions-, wenn auch nicht unbedingt auch literaturgeschichtlich bedeutsamen Intermezzo (unter dem Stichwort »Schwammerl«) sein Werk, das in der Literatur ein Echo gefunden hat: Das zeigt die dritte Gruppe von Texten. Auf all dies antworten schließlich Versuche, Schubert aus neuerer Sicht einen Platz in der Entwicklung der Moderne zuzuweisen. Es sind Versuche, die von Nietzsche bis zu Peter Härtling reichen.

Schubert lebte und schuf seine Werke im Spannungsfeld von Familie und Freundeskreisen auf der einen Seite und den Institutionen des bürgerlichen Kunstlebens, auf die er angewiesen war, auf der anderen. Familie: Das war der Vater, dem er sich entzog; das war der ihm zunächst bestimmte Beruf als Schullehrer, dem er sich verweigerte; das waren die Geschwister, die ihn unterstützten und auch beneideten, insbesondere der Lieblingsbruder Ferdinand, bei dem er immer wieder Halt suchte. Die Freundeskreise, Dichter und Maler vor allem (Mayrhofer, Schober und Bauernfeld, auch Grillparzer, sowie Schwind und Kupelwieser), aber auch einige Musiker (Hüttenbrenner und Lachner) boten dem Komponisten das, was die Familie ihm nicht zu geben vermochte, ihm wohl auch nicht geben wollte: »Kunstgespräche«, wie Eduard von Bauernfeld sie zusammenfassend nennt, Auseinandersetzung mit den Gedanken der literarischen Romantik, vor allem des Kreises um Friedrich Schlegel, mit dem »Nazarenertum«, aber auch mit gesellschaftspolitischen Entwürfen, in denen die Nachwirkungen der französischen Revolution zu spüren sind.

Mit Bedacht ist hier von mehreren Freundeskreisen die Rede: Die beiden wichtigsten waren literarisch geprägt, selbst wenn ihnen neben Dichtern und Gedichte schreibenden Beamten etwa auch Maler angehörten. Da war ein älterer, in Schuberts Schulzeit im Wiener Stadt-

Moritz von Schwind: Ein Schubert-Abend bei Joseph von Spaun. Sepiazeichnung (1868)

konvikt zurückreichender »Linzer« Kreis (weil es sich meist um aus Linz und Oberösterreich stammende Mitschüler handelte). In dessen Mittelpunkt standen die Brüder Josef und Anton von Spaun, Johann Mayrhofer und Anton Ottenwalt. In den Jahren 1816–17 hat dieser Kreis ein programmatisches Jahrbuch herausgegeben, unter dem Titel: *Beiträge zur Bildung für Jünglinge*. »Bildung« ist dabei in einem umfassenden, durchaus auch politisch verstandenen Sinn die Voraussetzung für anzustrebende Veränderungen auf der Grundlage eines emphatischen Freundschafts- und Harmoniebegriffes. Um den dilettierenden Dichter Franz von Schober gruppierte sich – mit Moritz von Schwind, Eduard von Bauernfeld und Franz Bruchmann vor allem – der andere, für Schubert wohl noch bedeutsamere »Wiener« Kreis. Auch er strebte nach Veränderung, Überwindung der Metternichschen Repressionsmaschinerie – aber durch das Mittel einer Kunst, die in eine »bessere Welt« (man denke an Schobers, von Schubert vertontes Gedicht *An die Musik*: »O holde Kunst ...«) nicht nur »entrückt«, sondern sie uns auch vorstellt, im Sinne einer – freilich letztlich unerreichbaren – Zielvorgabe.

Über Familie und Freundeskreise fand Schubert Zugang zu den für die Aufnahme seines Werks entscheidenden Institutionen: Die Familie ebnete wie selbstverständlich den Weg zur Kirche, die den Schuldienst kontrollierte und von den Lehrern Beiträge zur Kirchenmusik verlangte. Mit Kirchenmusik, nämlich der gewissermaßen spektakulären Aufführung seiner ersten großen Messe in F-Dur, D 105, aus Anlaß des hundertjährigen Jubiläums seiner Pfarrkirche in der Vorstadt Lichtental, wandte Schubert sich daher auch zuerst an die Öffentlichkeit. Über die Freunde hingegen fand Schubert den Zugang zu privaten Musiksalons (wie dem der Familie Sonnleithner) und öffentlichen Konzertforen (so der noch heute bestimmenden *Gesellschaft der Musikfreunde in Wien*), über Umwege (zunächst durch Vermittlung des berühmten Sänger-Freundes Michael Vogl) auch den zu den Theatern. Vor allem aber unterstützten die Freunde ihn von Anfang an bei der Suche nach Verlegern.

Das alles hatte nicht geringe Konsequenzen für das Werk des Komponisten, und zwar in einem doppelten Sinn: Zum einen bestimmten die Interessen der Freundeskreise und der das Werk tragenden Institutionen – Kirche und privat oder öffentlich tätige Musikgesellschaften (der Weg zum Theater war Schubert nach dem Ausscheiden Vogls aus dem Ensemble der Hofoper bald wieder versperrt) – sowie Marktinteressen der Verleger die Auswahl der vorzutragenden oder zu veröffentlichenden Werke; zum andern entschied die Aussicht auf ein Konzert oder eine Veröffentlichung häufig genug auch über die Pläne des Komponisten, der – ohne eine feste Anstellung – von seinen Kompositionen leben mußte. Lieder, kleine mehrstimmige Gesänge und Tänze erwarteten die Freunde von ihm: Sie belebten zum einen die »Schubertiaden«, gesellige, seinem Werk gewidmete Musikabende im häuslichen Kreis, zum andern schlossen sie an die Literaturgespräche der gemeinsamen »Leseabende« unmittelbar an. Kleinere Kompositionen ähnlicher Art verlangten auch die Musikgesellschaften. Und wenn dies so war, wenn Lieder, Klavierstücke (notfalls auch Klaviersonaten) und Tänze die Hausmusik bestimmten, dann waren daran – und nur daran – auch die Verleger interessiert. Was aber die Verleger publizierten und in eine weitere, über den persönlichen Umkreis hinausreichende Welt hineintrugen, prägte das Erscheinungsbild des Komponisten.

So versteht man Schubert zunächst als Liederkomponisten, als »Liederfürsten«, wie man später sagen wird, zumindest in Österreich und in den süddeutschen Ländern. Dort hat man seine Lieder bereitwillig, oft begeistert aufgenommen, während ihnen in Norddeutschland eine andersartige, im 18. Jahrhundert begründete Liedästhetik zunächst noch entgegenstand. Dort hat man hingegen – einige grundsätzliche Rezensionen in der führenden Leipziger *Allgemeinen musikalischen Zeitung* belegen das – Schuberts noch zu Lebzeiten erschienene Klaviersonaten, die in a-Moll (op. 42), D-Dur (op. 53) und G-Dur (op. 78) mit Bewunderung begrüßt und anfangs denen Beethovens an die Seite gestellt, als dieser noch nicht als Klassiker, sondern eher als ungestümer Neuerer galt, vor dessen verderblichem Einfluß man den jungen Komponisten warnen wollte. Vereinzelte Rezensionen in den Musikzeitschriften, so angesehen sie auch sein mochten, waren allerdings nicht geeignet, das Schubertbild einer breiteren Öffentlichkeit entscheidend zu bestimmen. Das prägten vielmehr die seit 1830 bei Schuberts Hauptverleger in regelmäßiger Folge erscheinenden »Nachlaß-Lieferungen« der Lieder ebenso wie Berichte, mündliche oder dann auch im Druck veröffentlichte »Erinnerungen« aus seinem Freundeskreis. Und es war vielleicht nicht zuletzt die innere Kongruenz der so vermittelten Bilder, die das bewirkte – es war ja auch keine zufällige Kongruenz, bedenkt man, daß Schubert seine so veröffentlichten Liedtexte zum überwiegenden Teil durch diese Freunde bezogen hatte, die sie entweder selbst verfaßt oder wenigstens gemeinsam gelesen und diskutiert hatten.

Deutlich steht in diesen »Erinnerungen« ein Moment im Vordergrund: Schuberts unerwartete, die Freunde immer wieder überraschende »Genialität«, die so klar im Widerspruch zu seinem sonst eher bescheidenen, anspruchslos-liebenswerten Auftreten stand. Schubert sei (so schreibt der Sänger Karl Freiherr von Schönstein im Juni 1857) »eine Art musikalischer Clairvoyant« gewesen, den seine »Eingebungen« überkamen, der dann wie im Rausch komponierte und sich anschließend an seine Kompositionen oft nicht mehr zu erinnern vermochte. Schönstein stützt sich dabei auf Erzählungen Michael Vogls, die dessen Frau Kunigunde in einem undatierten, um 1850 geschriebenen Brief an die Tochter Henriette folgendermaßen referiert: »Vogl war auch immer der Ansicht: daß Schubert in einem somnambulartigen Zustande war, sooft er komponierte. Auf diese Weise läßt es sich erklären, wie in diesem Zustande des Hellsehens der kaum unterrichtete Knabe und der später nur mäßig unterrichtete Jüngling, Blicke tat in die Geheimnisse des Lebens, der Empfindung, und der Wissenschaft.« Kunigunde Vogl berichtet dann von einem Lied (*Der Unglückliche*, D 713), das Schubert »auf mehrere Stückchen Papier geschrieben habe« und das Vogl dann von einem Kopisten habe abschreiben lassen, um es tags darauf mit ihm zu probieren. »Dies geschieht; Vogl ruft Schubert ans Klavier mit den Worten: ›Kommen sie, Schubert, wir müssen das probieren‹; – als nun das Lied zu Ende war, wendet sich Schubert gegen Vogl und sagt: ›Das ist nicht übel; von wem ist es denn?!‹ – Er hatte seine eigne Komposition nicht wieder gekannt!»

Nun wäre es völlig verständlich, wenn Schubert eines seiner zahlreichen kleinen Lieder aus den Jahren 1815 oder 1816 in späterer Zeit, als er auch auf ganz andere Weise komponierte, nicht als eigenes erkannt hätte – für das hier genannte, dem Komponisten wichtige Lied aber ist das auszuschließen, um so mehr, als die geschilderte Probe »andern Tags« stattgefunden haben sollte.

Tatsächlich hatte Schubert das Lied mehrfach niedergeschrieben, zunächst als Entwurf, dann in einer Reinschrift und schließlich in einer für den Druck überarbeiteten Fassung. Er hatte auch, anders als es hier geschildert ist, bei Vogl kein eigenes Zimmer und das Lied auch nicht auf verschiedene Notenzettel geschrieben – das war überhaupt nicht seine Gewohnheit. Es war also kein Anlaß, es einem Kopisten auszuliefern, der den sehr unvollständigen und von der ausgeführten Fassung auch deutlich abweichenden Entwurf ja nicht zur Vorlage genommen haben kann – dann hätte der es nämlich selbst zu Ende komponieren müssen. Die Geschichte ist also erfunden – aber sie ist bezeichnend. Ihr liegt der Gedanke zugrunde, der Künstler, das Genie, sei eine Art Medium, durch das »die Kunst« sich mitteile, offenbare, eine Kunst, die aus dem Jenseits stammt, und die daher eben auch in »bessere Welten« zu entrücken vermag. Dabei nivelliert sich zugleich der Unterschied zwischen Genie und Nichtgenie, sobald das Genie nicht als Medium fungiert, und das kam dem Selbstbewußtsein eines »gebildeten« Sängers und dilettierenden Komponisten wie Vogl durchaus zugute.

Verschiedene Berichte über die Entstehung von Liedern und Gesängen haben die Vorstellung einer gleichsam »medialen« Kunst offenbar gestützt. Wenn Schubert eine Weile intensiv auf ein Gedicht sah und ausrief, »so, es ist schon fertig, ich hab's schon« (Gerhard von Breuning, S. 51), dann erscheint dies wie höhere Eingebung. Josef von Spaun bestätigt es, wenn er von der Entstehung des *Erlkönigs* erzählt, davon, daß er Schubert, den *Erlkönig* laut lesend, »ganz glühend« gefunden habe: »Er ging mehrmals mit dem Buche auf und ab, plötzlich setzte er sich, und in der kürzesten Zeit, so schnell man nur schreiben kann, stand die herrliche Ballade auf dem

Papier.« Daß Schubert damit nur getan hat, was die zeitgenössische Liedtheorie grundsätzlich forderte – daß nämlich ein Komponist sich ein Gedicht durch mehrmaliges lautes Lesen so zu eigen machen solle, um es in der Vertonung angemessen wiedergeben zu können –, fällt da nicht mehr ins Gewicht.

Man betont deshalb auch immer wieder – bei Beethoven wie bei Schubert – die geringe Bildung des Komponisten. Dies meint nicht nur die Schulbildung (Schubert hatte das Gymnasium nicht abgeschlossen, während die Mehrzahl seiner Freunde die Universität besucht hatten oder noch besuchten), sondern auch eine unvollständige professionelle Ausbildung. Sie – Beethoven und Schubert – seien »Naturalisten« gewesen, sagte man, Komponisten, die »von Natur« aus ihr Handwerk verstanden (siehe hierzu etwa Mayrhofer, S. 40 ff.). »Im Violin- und Klavierspiel sowie im Gesang«, schreibt der Bruder Ferdinand in seiner 1839 in Schumanns *Neuer Zeitschrift für Musik* erschienenen Lebensbeschreibung Schuberts, unterrichtete den etwa zehnjährigen Knaben Michael Holzer, Organist an der Pfarrkirche in Lichtental, »der mehrmals mit Tränen in den Augen versicherte, so einen Schüler habe er noch nie gehabt, ›denn‹ , sagte er, ›wenn ich ihm was Neues beibringen wollte, so wußte er es immer schon; oft habe ich ihn stillschweigend angestaunt‹«. Von Schuberts nächstem Lehrer, dem Hoforganisten Wenzel Ruzicka am Stadtkonvikt, berichtet dann der Mit-Konviktist Josef von Spaun, dieser habe den Auftrag erhalten, »Schubert Stunden im Generalbaß zu geben. Schon nach der zweiten Stunde sagte mir der würdige alte Mann ganz gerührt in Gegenwart Schuberts, ›dem kann ich nichts lehren, der hats vom lieben Gott gelernt‹«. Bezeichnenderweise wird dann aber der Unterricht bei dem Hofkapellmeister Antonio Salieri, den

Schubert selbst immer als seinen eigentlichen Lehrer betrachtet hatte, durch den Mitschüler Anton Holzapfel als »sehr dürftig« bezeichnet, obwohl er ihn doch »durch mehrere Jahre beinahe täglich« besuchte (Spaun). Man hob Differenzen zwischen Lehrer und Schüler hervor, kritisierte die Methode und unterstrich immer wieder, daß Schubert im Lied, auf das es den Freunden eben eigentlich ankam, von ihm keinen Gewinn erwarten durfte. Was Schubert von Salieri tatsächlich vermittelt wurde – eine solide Satztechnik (vom einfachen Kontrapunkt bis zur Fugenkomposition), Kenntnisse in der Instrumentation, in der Deklamation, vor allem aber eine profunde Repertoirekenntnis (insbesondere in der Bühnenmusik) –, blieb den Freunden verborgen, denn es störte ihr Wunschbild vom geborenen Genie; im übrigen haben sie sich für das musikalische Handwerk überhaupt nur am Rande interessiert. Zieht man von dem so geprägten Bild des Komponisten nun aber das »Medium der Kunst« ab, sieht man in ihm nur noch den Freund im Freundeskreis, dann bleibt eine Figur übrig, wie sie Bartschs Roman vom »Schwammerl« (das österreichische Wort für Pilz) zeichnet: ein freundlicher, liebenswerter, munterer Kumpan, der seinen gewandteren Freunden, dem Sänger Vogl zumal, nachzueifern und es ihnen recht zu machen versucht.

Drei von Schuberts Freunden setzen allerdings unterschiedliche Schwerpunkte: Da ist zunächst der zu seiner Zeit beliebte Komödiendichter Eduard von Bauernfeld. Er hatte Schubert zwar erst gut drei Jahre vor seinem Tode näher kennengelernt, aber in diesen Jahren gehörte er, nicht nur nach eigenem Zeugnis, zum engsten Kreis der Freunde. Natürlich liegen ihm, dem Dichter, auch wieder vor allem Schuberts Lieder am Herzen, doch sucht er zu zeigen, daß in ihnen sich die Worte der Dichtung nicht auf metaphysisch-geheimnisvolle Weise in Musik verwandelten, sondern daß Schubert im Grunde selbst ein Dichter war. Als solcher brauchte er sich trotz unzureichender Schulbildung vor seinen Freunden keineswegs zu verstecken und war eben deshalb fähig, Lieder zu komponieren, in denen, wie Grillparzer es formuliert (siehe S. 49), Dichtkunst und Tonkunst sich »als Schwestern umarmen«. Überdies unterstreicht Bauernfeld Schuberts Selbstbewußtsein auch und gerade als Musiker, im Umgang mit anderen Musikern, die er als nicht gleichrangig einschätzt – aufgrund seines eigenen, höheren Kunstanspruchs, den er mit Bauernfeld und dem ganzen Kreis um Schober teilte (wir erinnern uns des Gedankens von der Entrückung in eine »bessere Welt«) und dem diese nicht genügen können. »Künstler?« wollt ihr sein, soll Schubert gefragt haben, um dann auszurufen: »Musikanten seid Ihr!« Musikanten, die eine bestimmte Fertigkeit gelernt haben, die Geld einbringt – weiter nichts.

Da ist dann Anselm Hüttenbrenner, der engste Freund unter Schuberts Mitschülern bei dem alten Meister Salieri, der 1816 mit seinen Schülern das fünfzigjährige Jubiläum seiner Wiener Tätigkeit gefeiert hat. Es ist nicht überraschend, daß Hüttenbrenner diesem Unterricht ein ganz anderes Gewicht beimißt als die Freunde aus den literarischen Kreisen, zu denen Hüttenbrenner auch nur geringe Verbindung hatte. Man bedenke dabei, daß er seinen Bericht für Franz Liszt geschrieben hat, der selbst noch Salieris Schüler gewesen war. Einen Bereich stellt Hüttenbrenner in den Vordergrund, an den man im Zusammenhang mit Schubert auch heute noch weniger denkt, der aber für Salieri und sogar für Schubert von zentraler Bedeutung war: die Opern- und Bühnenmusik. Hüttenbrenner berichtet ausführlich über die

Werke, die Schubert (wie jeder Kompositionsschüler Salieris) studiert hat und die von Gluck bis zu Meyerbeer reichen, über das oft recht kritische Urteil des Lehrers und über Schuberts eigene Kompositionen in einer Gattung, in der sich Hüttenbrenner (der sich bei aller Freundschaft immer auch als Rivale des Komponisten fühlte) als ihm ebenbürtig einschätzte.

Schließlich ist da noch Anton Schindler, bekannt als unzuverlässiger Biograph Beethovens, der – ganz ähnlich wie im Falle Beethovens – eifrig bemüht ist, seine eigene Beziehung zu Schubert als enger darzustellen, als sie es tatsächlich wohl gewesen ist. Dennoch ist er um Schuberts Renommee besorgt. Frühzeitig schreibt er umfangreiche Aufsätze, in denen er Schuberts Bedeutung als Komponist von »Geistlichen Liedern« und von Klaviermusik (u. a. der f-Moll-Fantasie, D 940) unterstreicht. Auch bei ihm erscheint Schubert als selbstbewußter, gelegentlich auch dickköpfiger, seinen Rat verschmähender Musiker, der sich selbst von einer Primadonna nicht dreinreden läßt, und wenn es ihn die Hoffnung auf eine Anstellung kostet. Ob Schindlers Bericht auf Tatsachen beruht, läßt sich nicht nachweisen, aber auch nicht widerlegen: Es scheint, daß er sich dabei auf Aufzeichnungen von Ferdinand Schubert stützen kann. Jedenfalls ist er in Details sicher ebenso reich ausgeschmückt wie Bauernfelds Darstellung. Auf das Detail aber kommt es auch nicht an: Es ging ihnen beiden nicht um biographische Fakten, sondern um die Vermittlung eines bestimmten Schubertbilds, das sich von denen der übrigen Freunde in wichtigen Aspekten unterschied.

Während also in den Berichten und Aufsätzen aus Schuberts unmittelbarem Umkreis Biographisches im Vordergrund steht, haben sich Musiker, die Schubert nicht persönlich kannten, für sein Werk eingesetzt. Vor allen anderen ist da Robert Schumann zu nennen. Bereits als Achtzehnjähriger, am 13. August 1828, notiert er in seinem Tagebuch über die sogenannte *Wandererfantasie* (D 760 – op. 15): »Schubert wollte hier ein ganzes Orchester in zwei Händen vereinen, u. der begeisterte Anfang ist eine Seraphhymne zum Lobe der Gottheit; man sieht die Engel beten; das Adagio ist eine milde Reflexion über das Leben und nimmt die Hülle von ihm herab; dann donnern Fugen ein Lied von der Unendlichkeit des Menschen und der Töne.« Zwei Tage später dann heißt es: »Schubert ist Jean Paul, Novalis und Hoffmann [das sind bekanntlich Schumanns Lieblingsautoren] in Tönen ausgedrückt.« In einem kleineren, mit »Eusebius« gezeichneten Aufsatz über Klavierkompositionen von John Field aus dem Jahre 1835 ist dann im Grunde das Urteil des jungen Schumann zusammengefaßt. Es stützt sich übrigens, man kennt die Vorbehalte des jungen Schumann gegenüber der musikalischen Gattung Lied, vorwiegend auf Schuberts Instrumentalkompositionen – das im Oktober 1828 bei Probst in Leipzig zuerst erschienene Klaviertrio in Es-Dur (D 929 – op. 100) ist das in Schumanns frühen Tagebüchern vielleicht meistgenannte Werk des Wiener Komponisten.

In dem Aufsatz von 1835 gibt Schumann einen kurzen Abriß über die Entwicklung der neueren Musik bis zu seinen Tagen: Es scheint, so heißt es da, »als entschleiere nach und nach der Künstler das Bild der Natur für seine Kunst, im kleinen als Tag, im großen als Jahr, im größten als Zeit und Ewigkeit. Der kräftige Morgen gehört Bach und Händel an. Was sich vor ihnen geregt, waren nur Frühstimmen, Morgenahnungen, und oft recht kalte. Da führten Mozart und Haydn den Tag heran und das helle, lebendige Leben, das in der Sternennacht wiederum verstummte, welche Beethoven und Franz Schubert eröffneten«. Beethoven und Schubert erscheinen da gleichsam als Ziel der Musikgeschichte, als Schöpfer einer »Sternennacht«, so wie die Nacht für jeden wirklichen Romantiker das eigentliche Ziel des Tages ist. Es ist freilich eine Nacht, die keineswegs Vergehen bedeutet, da sie wieder Raum geben muß für einen neuen Morgen (Schumann deutet das in seinem Aufsatz noch an), eine Nacht zugleich, die auch Schumanns eigene Zeit umgreift; Beethoven und Schubert eröffneten sie ja nur. Sie sind die »beiden ersten Heroen«, auf die Schumann sich beruft, die ihm den Weg gewiesen.

Die enthusiastische Verehrung, die der junge Schumann Schubert entgegenbrachte, wich später einer differenzierteren Haltung – für dessen Werk hingegen hat er sich unermüdlich und tatkräftig eingesetzt. Während seines Aufenthaltes in Wien 1838-39, als er sich mit dem Gedanken trug, nach Wien zu übersiedeln, nahm er Verbindung mit Schuberts Bruder Ferdinand auf, der den Nachlaß des Komponisten verwaltete. Dort stieß er auf die Partitur der bis dahin noch niemals aufgeführten großen C-Dur-Sinfonie (D 944). Er war sofort fasziniert, bemühte sich um die Drucklegung des Werkes (Sinfonien in Partitur überhaupt zu drucken, war damals noch immer etwas Ungewöhnliches) und um die Aufführung des Werkes, die dann am 21. März 1839 in Leipzig stattfand, unter der Leitung Felix Mendelssohns. Was er sonst noch an Ungedrucktem bei Ferdinand gefunden hat (»einige Opern, vier große Messen, vier bis fünf Sinfonien«: darüber schrieb er dann am 30. April und am 3. Mai 1839 in seiner *Neuen Zeitschrift für Musik*), hat ihn ebenfalls nicht ruhen lassen. Er hoffte, die Verleger bewegen zu können, die Sinfonien – nach dem damaligen Usus – in einem Arrangement für Klavier zu vier Händen einem größeren Publikum zugänglich zu machen und die Messen in Partitur herauszugeben. Die Verleger allerdings reagierten vorsichtig: Der Sinfoniker Schubert war für den Markt erst noch zu entdecken, und seine großen Messen, an die Schumann vor allem dachte, waren für den liturgischen Gebrauch zu schwierig und zu aufwendig. Dennoch ist es sicherlich nicht zuletzt Schumann zu verdanken, wenn sich das Bild des Instrumentalkomponisten Schubert – vor allem in Norddeutschland – befestigt hat.

Ein Echo davon spürt man noch in den Moskauer Musikkritiken Peter Tschaikowskys, der Schuberts Schaffen genau studiert hatte. Ihm war beispielsweise auch ein vergleichsweise unbekanntes Werk wie *Mirjams Siegesgesang* nicht nur als Komposition – eine »Kantate voller Eingebung, melodischem Reichtum und poetischer Phantasie« –, sondern auch in seiner Überlieferungsgeschichte vertraut. Bezeichnend für das Renommee des Instrumentalkomponisten Schubert in Rußland ist, daß Tschaikowsky die große C-Dur-Sinfonie nicht nur enthusiastisch beschreibt, sondern auch zu Beginn ganz selbstverständlich als »berühmt« bezeichnet.

Für das Lied gilt das nicht im selben Maße. Was in Österreich und in Süddeutschland anstandslos rezipiert wurde, stieß, wie gesagt, in Norddeutschland auf starke Barrieren. Goethes Desinteresse an Schuberts Vertonungen seiner Gedichte ist bezeichnend dafür. Das Lied galt ihm wie den führenden norddeutschen Liedkomponisten der Zeit (Goethes Freunde Reichardt und Zelter wären da zuerst zu nennen) als Medium, als Vermittler der Poesie. Von dem Komponisten erwartete man keine eigenständige Vertonung oder gar Interpretation der Dichtung (im Sinne der beiden »Schwester«-Künste, von denen Grillparzer sprach), er sollte lediglich die Dichtung zum Singen bringen. Es ist daher verständlich, daß Goethe – als Schubert ihm 1816 ein Heft mit Reinschriften von Vertonungen seiner Texte schickte, darunter der *Erlkönig* und *Gretchen am Spinnrade* – die Sendung kommentarlos zurückgehen ließ. Der neunzehnjährige, noch völlig unbekannte Komponist erwartete von dem Dichter Unterstützung bei den Verlegern, und Goethe mag das als Zumutung empfunden haben. Aber auch noch neun Jahre später, inzwischen rissen die Wiener Verleger Schubert die Lieder aus der Hand, reagierte Goethe mit keinem Wort auf die Übersendung eines Widmungsexemplars von Schuberts op. 19 (mit den drei Liedern *An Schwager Kronos, An Mignon* und *Ganymed*), obwohl doch Marianne von Willemer zur selben Zeit ihn brieflich auf Schuberts Lieder hingewiesen hatte (auf eine »artige Melodie« zu ihrem *Ostwind* aus dem *West-östlichen Divan - Suleika I*: »Was bedeutet die Bewegung«). Goethe konnte zu solchen Liedern keinen Zugang finden.

Es ist daher vielleicht kein Zufall, daß Schuberts Lieder nicht zuletzt durch instrumentale Bearbeitungen auch in Norddeutschland allgemeine Resonanz fanden: durch die Klavierarrangements von Franz Liszt. Liszt, der noch bei Antonio Salieri, Schuberts Lehrer, Musikunterricht erhalten hatte, der mit Franz von Schober, Schuberts engstem Freund, ebenfalls befreundet war, war die Wiener Liedästhetik von Jugend auf vertraut. Seine Arrangements, die auf das Wort ja ganz verzichten, stellen das musikalisch eigenständige Element des Liedes heraus. Sie machten es somit im engeren Wortsinn »Salon«-fähig, gewannen ihm einen gleichberechtigten Platz in den der Instrumentalmusik vorbehaltenen »musikalischen Abendunterhaltungen«. Liszt hat sich aber auch darüber hinaus für Schubert eingesetzt. Er plante eine

Biographie des Komponisten und hat Material dafür gesammelt (siehe die auf S. 56 ff. abgedruckten *Bruchstücke* von Anselm Hüttenbrenner – es ist merkwürdig, daß offenbar auch Liszt den Freund Schober nicht zu ähnlichem bewegen konnte). Es ist Liszt schließlich auch gelungen, Schuberts Oper *Alfonso und Estrella* in Weimar auf die Bühne zu bringen (1854, unter seiner Leitung). Damals freilich konnte die Oper, jedenfalls auf einer der »Zukunftsmusik« offenen Bühne, auf der vier Jahre zuvor – auch unter Liszts Leitung – Wagners *Lohengrin* aufgeführt worden war, allenfalls als operngeschichtliches Fossil gelten. Was zur Zeit ihrer Entstehung (1821–22) für den Komponisten noch Neuland war, ein durchkomponiertes Musikdrama in deutscher Sprache, erschien nunmehr vergleichsweise konventionell, der hergebrachten »Nummernoper«, dem Singspiel verwandt. Liszt kommt es in seinem Aufsatz zu der Oper daher gerade darauf an, das Konventionell-Undramatische, das Liedhafte in dieser Oper hervorzuheben – ein Urteil, das sich seither festgesetzt hat und bei der Diskussion um Schuberts Bühnenwerk noch heute im Vordergrund steht.

Der Liedgesang hatte sich inzwischen – in der Zeit bis zur Jahrhundertmitte – verändert. Komponierte man zu Schuberts Zeit noch für den Sänger, und war diesem die Komposition (eine Arie in der Oper vor allem, aber auch ein Lied, wenn es sich »szenisch« gab, wie gerade zahlreiche Schubertsche Lieder) oft nicht viel mehr als Material für die eigene Interpretation – das galt auch für Schuberts Sänger-Freund Michael Vogl –, so stand nun das »Werk« im Vordergrund, in dessen Dienst ein Sänger sich zu stellen hatte. Es ging darum, ein Lied so zu singen, wie der Komponist es sich vorgestellt haben mochte. Veränderungen, die Sänger bis dahin am Notentext selbstverständlich vorgenommen, Verzierungen, die sie eingefügt hatten, galten nun als ›Fälschungen‹. So fordert Leopold von Sonnleithner denn auch in einem umfangreichen, mehrteiligen Aufsatz *Bemerkungen zur Gesangskunst* vom Sänger etwas, was man heute »Werktreue« oder gar »historische Aufführungspraxis« nennen würde – die Rückkehr zu der Interpretationsweise des Komponisten, auch wenn es Schubert selbst niemals in den Sinn gekommen wäre, von einem anderen zu verlangen, ein Lied so vorzutragen, wie er selbst es zu tun pflegte.

Mit solch neu verstandener »Werktreue« mag es wohl auch zu tun haben, wenn ein berühmter Sänger, wie der einst mit Brahms befreundete Julius Stockhausen 1856 den Zyklus *Die schöne Müllerin* zum erstenmal auch als Zyklus vorträgt. Man hatte die Zyklen zuvor zweifellos als solche verstanden, den Gesamtzusammenhang gesehen, aber niemals daran gedacht, zwanzig Lieder (aus der *Müllerin*) oder vierundzwanzig (aus der *Winterreise*) in Folge zu singen. Lieder mischte man zwischen einzelne Nummern eines Konzerts, »Liederabende« waren noch unbekannt. So kannte man aus den Zyklen meist nur einzelne Lieder – wußte aber doch zugleich um den Kontext, aus dem sie stammten. Ein Konzertabend wie der Stockhausens dürfte daher seinen Hörern eine neue, dramatische Dimension des Liedes erschlossen haben, die ihnen vorher so nicht bewußt war. Hanslicks Rezension zeigt dies deutlich.

Wenn dennoch in der Folgezeit das Schubertsche Lied immer wieder auch mit Skepsis gesehen wurde, dann hat damit das durch die Figur des »gemütlichen Schwammerl« geprägte Schubertbild nicht wenig zu tun. Wenn Bauernfeld vom »gemütlichen« Schubert spricht, dann bedeutet das noch so viel wie »sensibel«; zur Zeit des

Dreimäderlhauses hingegen spricht daraus vor allem Bierseligkeit: Das Schubertsche Lied bestand im Bewußtsein der meisten aus wenigen ›Schlagern‹, die immer wiederholt wurden (*Der Wanderer, Der Lindenbaum, Die Forelle, An die Musik* und die verschiedenen »Ständchen«) und die selbst dann eine biedermeierliche Patina annahmen, wenn sie wie *Der Wanderer* und selbst *An die Musik* romantisch geprägt waren und in der Tat in das Zentrum Schubertschen Denkens wiesen. Zahlreiche Sänger (Heinrich Schlusnus und Hans Hotter etwa, später Peter Pears und Gérard Souzay) haben sich dem widersetzt – niemand aber hat wohl in gleicher Weise zur Rehabilitierung des Schubert-Liedes beigetragen wie Dietrich Fischer-Dieskau. Er hat nicht nur zum erstenmal eine Gesamteinspielung der über 600 Lieder versucht (in drei großen Kassetten sind sämtliche Männerlieder versammelt, ergänzt durch ein Album mit Frauenliedern, gesungen von Janet Baker), er hat darüber auch in einem vielgelesenen Buch (*Auf den Spuren der Schubert-Lieder*, 1971) Rechenschaft abgelegt.

Dennoch: Das besondere Augenmerk der Musiker galt weiterhin dem Instrumentalwerk des Komponisten – und hier vor allem den Bemühungen, es aus dem Schatten Beethovens zu lösen. Während Schubert von den Komponisten des 19. Jahrhunderts als Zeitgenosse verstanden wurde, auch als Zeuge dafür, daß etwa sinfonisches Komponieren nach Beethoven überhaupt noch möglich ist, dabei aber immer in dessen Nachfolge gesehen wurde (siehe Schumanns Besprechung der C-Dur-Sinfonie, S. 112 ff.), galt es nun, Unterschiede herauszuarbeiten, Schuberts Eigenwert zu betonen, gerade das, was bislang als Schwäche angesehen wurde (weil Beethoven es anders gemacht hatte – man denke an Schumanns »himmlische Längen«), als Besonderheit zu verstehen. Dabei verweist Nikolaus Harnoncourt etwa auf ein spezifisch »österreichisches« Element, das nicht nur eine besondere Klanglichkeit umgreift, sondern auch eine untergründige »Traurigkeit«, die er selbst im Finale der C-Dur-Sinfonie herauszuarbeiten sucht. Man denke dabei an Schuberts Tagebuchnotiz vom März 1824, aus einer Zeit, in der er sich durch die Komposition von Streichquartetten und des Oktetts auf die »große Sinfonie« vorbereitete: »Meine Erzeugnisse sind durch den Verstand für Musik und durch meinen Schmerz vorhanden; jene, welche der Schmerz allein erzeugt hat, scheinen am wenigsten die Welt zu erfreuen.«

Der Pianist Alfred Brendel zeigt, was solch ein Satz bedeuten mag. Er wendet sich gegen geläufige Vorurteile, rückt dabei einerseits das »österreichische Element« in Schuberts Musik zurecht – soweit dies mißverstanden wird als »gemütlich, gefällig, sentimental« (und führt damit im Grunde weiter aus, was Harnoncourt angedeutet hatte), stellt aber andererseits jenes Vorurteil ins Zentrum, das noch immer die Diskussion beherrscht: »Schubert folgte als Sonatenkomponist dem Vorbild Beethovens, ohne es zu erreichen.« Er belegt dies an einigen Einzelstellen und verweist dabei auf die unterschiedlichen Themenstrukturen (in dem auf S. 158 ff. wiedergegebenen Text haben wir auf den Abdruck der konkreten Argumentation verzichtet, die allzusehr in musikanalytische Details führt): Nicht auf Verdichtung, Verkürzung kommt es Schubert an, auch dann nicht, wenn sich Themen konkret ähneln. Man denke an den Beethovenschen Gestus des Hauptthemas im ersten Satz der c-Moll-Sonate (D 958). Schuberts Thema »entschlüsselt sich weniger als heroisches Maestoso denn als Ausdruck von Panik. Die Hauptfigur der Tragödie, verfolgt und in die Sackgasse getrieben, sucht vergeblich nach einem Ausweg«.

In einer Einführung zur *Winterreise* hat der große Zürcher Germanist Emil Staiger versucht, den Stellenwert Wilhelm Müllers und vor allem Schuberts im Kontext der Moderne zu bestimmen. Seine Überlegungen möchten eine Erklärung für die anhaltende Faszination durch Schubert geben, die zuweilen bis zur Identifikation reicht. Es gibt nur wenige Autoren von Rang, die überhaupt keine Beziehung zu Schubert haben, aber diese Beziehung ist sehr häufig nicht von der Art, daß sie auf die Ebene einer objektivierenden Analyse gelangt wäre. So dokumentiert sich die Schubert-Rezeption nicht selten primär oder ausschließlich in eher persönlichen Zeugnissen wie Briefen oder Tagebüchern – oder auch als Grundierung ganzer Werke, die nur schwer in Textausschnitten oder größeren Textpassagen faßbar ist.

Vielleicht das prominenteste Beispiel für diese letztgenannte Weise der Schubert-Präsenz bei Autoren der neueren Literatur ist Thomas Bernhards Komödie *Die Macht der Gewohnheit*. Die erste Szenenanweisung zu diesem 1974 erschienenen und sogleich recht erfolgreichen Stück lautet: »Ein Klavier links – Vier Notenständer vorn – Kasten, Tisch mit Radio, Fauteuil, Spiegel, Bilder – Das Forellenquintett auf dem Boden – Caribaldi etwas unter dem Kasten suchend.« Und die Bemerkungen zu Schuberts Werk durchziehen den Text wie ein musikalisches Leitmotiv, das immer neu variiert wird. Das Quintett, das der Zirkusdirektor Caribaldi schon seit über zwanzig Jahren übt, wird zur Chiffre für das vollkommene Kunstwerk, dem man nur schwer oder gar nicht gerecht werden kann, so daß das Streben nach einer perfekten Realisierung als Farce erscheinen muß. »Wenn es nur einmal / nur ein einziges Mal gelänge /

das Forellenquintett / zu Ende zu bringen / ein einziges Mal eine perfekte Musik«, formuliert Caribaldi einmal. Aber es gelingt ihm nicht, vielleicht deshalb, weil er die Auseinandersetzung mit dem Werk als »Therapie« versteht: »ein Saiteninstrument / hat mein Arzt gesagt / damit Ihre Konzentration nicht nachläßt«.

So wird das Scheitern des modernen Künstlers und Gauklers, des ›Artisten‹, wie es bei Bernhard heißt, am großen Werk zugleich zur Chiffre für die Brüchigkeit moderner Subjektivität, die nach Therapie durch Kunst strebt und so doch genau diese verfehlen muß. In diesem Kontext ist das Diktum aus Thomas Bernhards Stück zu sehen, das bereits zum geflügelten Wort geworden ist: »Mit schmerzverzerrtem Gesicht / kann man nicht Schubert spielen / schon gar nicht das Forellenquintett.« Nur vordergründig wird damit das Klischee vom heiteren Schubert angesprochen. Denn es sind ja zwei Deutungen denkbar: Schmerz verträgt sich nicht mit Schuberts Kunst, weil sie heiter ist – oder er verträgt sich nicht mit ihr, weil sie selbst bereits Manifestation von Schmerz ist. Im Zusammenhang des Stückes wird, wie gesagt, die therapeutische Funktion von Kunst abgewiesen.

Vielleicht aber besteht doch eine latente Verknüpfung von Schmerz und Kunst, Schuberts Kunst, in der Rezeption durch die Literatur der Moderne. Bei Thomas Bernhard geht es zunächst um Rückenschmerzen und um andere körperliche Symptome, die eine vollkommene Interpretation Schuberts verhindern. Diese körperlichen Schmerzen sind aber nur die grotesk erscheinenden Nachkommen jenes Schmerzes, der zu Schuberts Zeit ein Epochenphänomen, ja eine gesamteuropäische Mode war: des Weltschmerzes. Und in diesen Kontext stellt Emil Staiger die *Winterreise*, wenn er Wilhelm Müller ein feines Gespür für die geistige Befindlichkeit der Zeit bescheinigt: »Er spürte, was an der Tagesordnung war, [...] und gab sich nun der Stimmung hin, in der sich auch der Tote von Missolunghi, Byron, freilich in viel größerem Stil ergangen hatte, die Lenaus Muse war und seit dem Tod Napoleons in ganz Europa um sich griff: dem Weltschmerz. Müller findet in seinem Gedichtzyklus eine Fülle von eindrücklichen Motiven und Symbolen für diese Zeitstimmung.« Und deren musikalische Gestaltung durch Schubert, der »mit einer Art von schmerzlichem Einverständnis zur Poesie hinübergrüßt«, wie es bei Staiger dann heißt, ist ein Glücksfall: »Besser haben sich ein Komponist und ein Dichter nie wieder verstanden.«

Die historische Bedeutung des Phänomens ›Weltschmerz‹ in den Jahrzehnten nach der Wende zum 19. Jahrhundert liegt unter anderem darin, daß er eine symptomatische Reaktion auf den Verlust metaphysischer Sicherheiten im Gefolge der Aufklärung darstellt. Eine alte Tradition der Melancholiedeutung in Medizin, Kunst, Philosophie und Literatur wird so aktualisiert und bekommt unmittelbar zeitdiagnostische Relevanz. Der Melancholiker ist, gemäß Vorstellungen, die seit der Antike und erneut seit der Renaissance kursieren, nicht nur von unendlicher Traurigkeit ohne unmittelbar erkennbaren Grund geplagt, sondern er hat zugleich eine besondere geistige Begabung: Melancholie ist auch die Krankheit und das Kennzeichen der Genies. Melancholie ist einerseits – humoralpathologisch gesehen – der Verlust des Säftegleichgewichtes und damit des seelischen Gleichgewichtes überhaupt, sie ist andererseits aber auch Signum einer Konstitution, die von besonderer Einsicht in die tieferen Zusammenhänge geprägt ist. Dürer hat diese Konstellation in seinem berühmten Stich »Melencolia I« eindrücklich dargestellt.

Der Melancholiker in der Ausprägung des Wanderers aus der *Winterreise* ist ein ziellos Getriebener, dessen Heimatlosigkeit metaphysische und kosmische Dimensionen angenommen hat. »Man hat es vielleicht noch nicht mit wünschenswerter Deutlichkeit ausgesprochen«, schreibt Emil Staiger in seinem Essay über Schubert und Wilhelm Müller, »daß damals, in den zwanziger, dreißiger, vierziger Jahren des letzten Jahrhunderts, ein schmerzensreicher Abschied stattfand«, ein Abschied »von einem sinnerfüllten und von Liebe beseelten Dasein, vom Glauben an ein Ziel der Geschichte, an eine wenn auch tief verborgene Einheit von Schicksal und Vorsehung, an eine Erde, mit einem Wort, die eine Heimat der Menschen sein könnte.« Es soll hier nicht diskutiert werden, ob Schubert selbst diesen Abschied vollzogen habe, entscheidend ist, daß er von vielen Autoren der Zeit nach ihm als Typus des Heimatlosen, des Getriebenen, des ziellosen Wanderers verstanden und auch als Identifikationsfigur gesehen wurde. Der Bogen läßt sich schlagen bis in die Literatur der Gegenwart, bis hin zu Peter Härtling, für den Schubert einer der ganz bedeutenden ›Wanderer‹ der Geschichte ist.

Ein weiterer Aspekt kommt hinzu, den Staiger in seiner *Winterreise*-Studie anspricht: die Bändigung des Schmerzes durch die künstlerische Form. Bekanntlich ist dies eines der zentralen Motive der Moderne. Die ›Artistenmetaphysik‹, wie sie etwa von Friedrich Nietzsche oder Gottfried Benn propagiert wird, basiert auf der Voraussetzung des Verlustes von Sinngebungsinstanzen. Die ästhetische Form tritt als Ersatz ein, so daß von einer Metaphysik der Form gesprochen werden kann. Die ›Fülle des Wohllautes‹, wie man sie bei Schubert findet, ist so gesehen nur die Konsequenz aus dem metaphysischen Schmerz, der Versuch seiner Überwindung in der ästhetischen Leistung. »Der Künstler Schubert nämlich hat über den leidenden Menschen gesiegt, kaum durch geduldige Arbeit und energischen, formbewußten Willen, eher weil sich alles, auch das Fürchterlichste und Schmerzlichste, sowie es seine Seele berührte, in jene bezaubernde Kantilene, in jenes Ebenmaß einwiegte, das sein persönliches und unveräußerliches Geheimnis ist. Von ferne gleicht er darin Trakl, der gleichfalls antönen mag, was er will, von dumpfer Schuld bis zu dem Grauen der Verwesung, und dennoch seine weiche, in sonoren Vokalen schwebende Melodie bewahrt.«

In einem Brief an Bruno Walter vom 15. September 1946 aus Pacific Palisades reflektiert Thomas Mann über das Wesen der Musik und wendet sich gegen die Vorstellung, diese sei leichter zugänglich als etwa die Dichtung. Die Musik sei »im Grunde so exklusiv, so kühl und unnahbar wie irgendeine Kunst, wie das Geistige selbst, – streng in der Anmut noch, formell noch im Scherz und von Schwermut durchtränkt wie alles Höhere auf der Erde«. Und es ist kein Zufall, daß genau in diesem Zusammenhang Thomas Mann auf Schubert und dessen berühmtes Wort zu sprechen kommt: »Wer war es, der gefragt hat: ›Kennen Sie eine lustige Musik?‹ Ich glaube gar, es war Schubert, der ›Heitere‹, ›Goldene‹, dessen literarische Textwahl eine merkwürdige Vorliebe zeigt für die Sphäre einer rätselhaften und todbeschatteten Einsamkeit . . .«

Damit sind die beiden für die Rezeption Schuberts zentralen Momente vorgestellt: der Einsame, Getriebene, der Wanderer Schubert einerseits – und der melodiöse, sehnsuchtsvolle, himmlische Schubert andererseits. Weitere Motive sind das Genie Schubert (das eine Allianz mit dem Melancholiker eingehen konnte) und natürlich der ›Österreicher‹, der vor allem – aber nicht nur – im frühen Echo eine Rolle spielt. Der ›Weltschmerz‹-Dichter Nikolaus Lenau aber hat dieses Moment an Schubert nicht zur Kenntnis nehmen wollen, vielleicht gerade wegen der großen inneren Nähe.

Der Wiener Autor Peter Altenberg, der in den Jahrzehnten um 1900 Tausende von kleinen Prosaskizzen verfaßte und sich dort als Meister der Andeutung, der sprechenden Details erweist, die mit zeitdiagnostischem Anspruch dargeboten werden, sieht – ganz anders als Nikolaus Lenau – in dem hier abgedruckten kleinen Text Schubert als den tief Empfindenden, dessen Sehnsucht und Schmerz sich aber außer in seiner Musik nur in ganz wenigen Momenten offenbart habe. Und Thomas Mann zieht in der bekannten Passage aus dem *Zauberberg*-Roman die Linie weiter aus, wenn er das Lied vom Lindenbaum nicht nur zur Chiffre der individuellen Befindlichkeit seines Helden Hans Castorp macht, sondern zum Symbol einer ganzen Epoche, der von Kriegssehnsucht geprägten Zeit vor dem Ausbruch des Ersten Weltkrieges erhebt. Es ist gerade die Verbindung von Schönheit und Tod (oder von Melodie und Melancholie), die das Lied vom Lindenbaum zum Symbol prädestinieren: »Ein so wunderherrliches Lied! Reines Meisterwerk, geboren aus letzten und heiligsten Tiefen des Volksgemüts; ein höchster Besitz, das Urbild des Innigen, die Liebenswürdigkeit selbst!« (S. 200). Doch die »dahinter stehende Welt«, so Castorp, ist nicht lieblich: »Und dennoch stand hinter diesem holden Produkte der Tod.« Wir befinden uns, das wird deutlich, mit dieser Kombination im Zentrum von Thomas Manns Ästhetik. Es ist die Erfahrung des Fin de siècle und des Krieges, die Erfahrung von Gründerzeit und Décadence, die das Hinter- und Untergründige an Schubert stark herausheben läßt.

Der Schweizer Dichter und Essayist Carl Spitteler verweist in seinem in diesen Band aufgenommenen kurzen Essay über *Schuberts Klaviersonaten* aus dem Jahre 1888 auf die beim Publikum lange dominierende Vorliebe für den Liederkomponisten Schubert und versucht das Unkonventionelle an den Sonaten als die Normdurchbrechung des Genies zu rechtfertigen: »Sämtliche Sünden gegen die Form laufen schließlich auf eine glorreiche Tugend hinaus: den unaufhaltsamen Strom seiner himmlischen Inspirationen« (S. 236). Und auch bei Spitteler findet sich, zart angedeutet, der Hinweis auf das Untergründige der Schubertschen Musik, wenn er über eine der Sonaten sagt, dort sei »das reine, stille Seelenglück, in Musik umgesetzt; mit einem Nerv im tiefsten Innern, durch welchen wehmütige kosmische Ahnungen zittern« (S. 236).

Die hier abgedruckte kurze Novelle aus dem frühen Werk von Arnold Zweig versammelt die verschiedenen Motive in konzentrierter Form. Wenn Zweig die alte Verknüpfung von Musik und Melancholie aufnimmt, ist für ihn die Musik Schuberts ganz besonders geeignet, die Entwicklung und die Verästelungen seelischer Prozesse zu zeichnen. Die Seele, ihre »leichte Melancholie«, spricht sich aus in der Geige, die Schuberts ›Sonatine‹ spielt: »Fast zerbrach ihre sehnsüchtige Trauer, ihre von den Noten gefesselte Schwermut, die in sich vibriert wie man ein Weinen verhält, fast zerbrach dieses mühsam in Maß gezwungene Ausdrücken den zarten Gang des Ganzen . . .« (S. 216). Wiederum ist es der innige Zusammenhang von Schmerz und Schwermut mit der Bändigung durch die künstlerische Form, der Versuch, Melancholie durch Musik zu therapieren, für den Schuberts Werk hier als besonders naheliegend erscheint.

Theodor W. Adornos großer Essay aus dem Jubiläumsjahr 1928 nimmt all die genannten Motive auf und hebt die philosophische Reflexion über das Phänomen Schubert auf ein unerhört neues, seitdem vielleicht nicht mehr erreichtes Niveau. Adornos Ausführungen sperren sich gegen jedes verkürzende Resümee. Dennoch sei, vor dem Hintergrund des bisher Gesagten, Weniges hervorgehoben. Adorno wendet sich gegen die These, in Schuberts Musik spreche sich unmittelbar das Subjekt Schubert mit seinen Gefühlen aus. Er lehnt auch die Vorstellung vom göttlich inspirierten Genie ab. Beide Vorstellungen, so Adorno, seien in einem falschen Begriff vom Lyrischen begründet. Gefühl sei dessen Mittel – nicht das Ziel –, Mittel der Gestaltung, der Entdekkung von Wirklichkeit oder vielmehr: Wahrheit. Im ›Wahrheitscharakter‹ von Schuberts Musik, so formuliert Adorno, indem er auch Schopenhauersche Gedankengänge aufnimmt, sei die ›bewegende Subjektivität‹ untergegangen. Schuberts Musik habe »Landschaftscharakter«; und diese Landschaft sei die »Landschaft des Todes« (S. 245). Hier bezieht sich Adorno vor allem auf die beiden großen Liederzyklen, und er findet die Verbindung zur zentralen Symbolgestalt der Schubertschen Todeslandschaft, zum Wanderer: »Im großen herrscht der Tod. Allein der zyklische Charakter der Disposition der beiden Liederreihen vermöchte es zu erweisen: denn der kreislaufhafte Umgang der Lieder ist der zeitlose zwischen Geburt und Tod, wie blinde Natur ihn diktiert. Der ihn durchmißt, ist der Wanderer.« (S. 247)

Diesen Befund nimmt Adorno zum Ausgangspunkt einer auf das Gesamtwerk ausgreifenden These: Wandern ist nicht einfach ein Motiv in Schuberts Werk, es ist, so Adorno, das zentrale Strukturmoment. Die »kreisende Wanderschaft« sei »Schuberts Form«, und dies gerade dort, »wo ihr nicht ein vordergründlich zugängliches Zentrum gegeben ward« (S. 248). Und wenn es bei Schubert um die Entdeckung von (kristalliner) Wahrheit und nicht um Erfindung von Künstlichem geht, dann sind Variationen auch nicht als echte Metamorphosen denkbar. »Schuberts Formen sind Formen der Beschwörung des einmal Erschienenen, nicht der Verwandlung des Erfundenen.« (S. 250)

Von hier aus versucht Adorno dann die spezifische, das Werk Schuberts kennzeichnende Dialektik zu bestimmen, die aus der Spannung zwischen den konstruktiven Forderungen überlieferter Formen einerseits und den ihre eigene Gestaltung fordernden neuen Themen andererseits resultiert. Wahrheit – als ›Einfall‹ auftretend – gegen Artistik, als ›Erfindung‹ gedacht: Dies ist nach Adorno die für Schuberts Werk grundlegende Polarität. Die sich daraus ergebende Dialektik ist der Kampf zwischen dem von der Artistik geforderten Ziel der »Vollendung« einerseits und der die konstruktive Geschlossenheit sprengenden, in »Dissoziation« mündenden ›einfallenden‹, ›kristallinen‹ Wahrheit andererseits. Dabei geht es für Adorno nicht um die simple Antithese von Formtradition und subjektivem Aufbegehren. Adorno kehrt diese Antithese gewissermaßen um, wenn er gerade in der Objektivität der ›gefundenen‹, der ›aufgedeckten‹ Wahrheit das die Formkonvention Bedrohende sieht. Ergebnis des Kampfes ist, so Adorno, nicht selten bei Schubert ein ›früher‹ »Hohn auf die Architektur der Tonalität« (S. 251). Schlaglichtartig wird hier deutlich, worin für Adorno letztlich die Modernität Schuberts liegt. Trotzdem kann von Dialektik im strengen Sinne gesprochen werden, denn es geht nicht um eine Absage an »Organisation« (S. 257) überhaupt, sondern darum, beständig die Tendenz auf gelingende Form, auf ›Vollendung‹, auf das – wie in der h-Moll-

Sinfonie zuweilen nicht erreichte – Finale zu erhalten, ohne die Konvention plan zu repetieren. Auf anderer Ebene ist es die Dialektik von Schmerz und Bewältigung, oder, wie Adorno sagt: »von Trauer und Trost« (S. 255), deren Beziehung offen gehalten wird. Es ist nur der (falsche) Schein von ›Versöhnung‹, der von Resignation ausgeht. Mit Schuberts ›Trost‹ hat dies nach Adorno »nichts zu tun«.

Die Rezeption Schuberts in der Literatur der unmittelbaren Gegenwart scheint Adornos Analyse nicht folgen zu wollen. Hier ist der gemeinsame Nenner genau das, was Adorno abgewiesen hatte: die Erscheinung von Subjektivität, Subjektivität eines Heimatlosen, Getriebenen, eines Außenseiters, der seinen Schmerz in Musik gefaßt hat. Offensichtlich ist dies mit ein Grund für die große Faszination, die nun von Schubert ausgeht. Er erscheint durchaus als eine Figur, die zur Identifikation, zur betont subjektiven Aneignung einlädt. Und offensichtlich war hierfür eine besondere Konstellation in der literaturgeschichtlichen Entwicklung, die ›neue Subjektivität‹ der siebziger Jahre, eine wichtige Voraussetzung.

Eva Strittmatter läßt die Schilderung persönlicher Erfahrungen mit Schubert in ihrem hier wiedergegebenen Essay von 1980 in eine massiv vorgetragene Forderung nach Authentizität in der Interpretation von Schuberts Liedern münden. Der Sänger im festlichen Frack habe sich vom ›Wanderer‹ weit entfernt. Sie befindet sich hier in Übereinstimmung mit Roland Barthes, der in einem bekannten Essay von 1972, betitelt *Die Rauheit der Stimme*, Dietrich Fischer-Dieskaus Interpretationen kritisiert und ihnen jene technische Perfektion zum Vorwurf gemacht hatte, welche die – auch körperliche – Authentizität zerstöre. Stefan Hermlin findet ebenfalls eine persönliche Perspektive auf Schubert. Sein in diesem

Band abgedruckter Prosatext aus *Abendlicht* verflicht Verse aus dem Zyklus *Die schöne Müllerin* mit Kindheitsmotiven. Friederike Mayröckers hochkomplexe *Wetter-Zettelchen* geben sich als gleichsam objektives Arrangement von Dokumenten, das dennoch in subjektiver Perspektive angelegt ist. Der Text konzentriert sich ganz auf die Person Schuberts, den Verkannten und Außenseiter, der mit den Anforderungen des Lebens nur schwer fertig wird. Selbst Klischees aus der Schubert-Rezeption werden nicht ausgespart – wie das vom tief Empfindenden und seinem punktuellen Gefühlsausbruch: »ohnehin ist alles Ihnen gewidmet.«

Die dichteste Annäherung der Gegenwartsliteratur an Schubert, den ›Wanderer‹, findet sich zweifellos bei Peter Härtling, der dessen metaphysische Heimatlosigkeit in sensibler und intensiver Auseinandersetzung zur Gestaltung bringt. Auch Härtling scheut die persönliche Identifikation nicht, ja, er sucht sie geradezu, dies auch mit der Intention, zu zeigen, daß Schubert mit dieser metaphysischen Heimatlosigkeit ein Zeitgenosse unseres Jahrhunderts ist.

Georg Braungart · Walther Dürr

Johann Mayrhofer

Der aus Steyr in Oberösterreich stammende Dichter Johann Baptist Mayrhofer zählte schon bald zu den engsten Freunden Schuberts. Das Gedicht auf den noch nicht zwanzigjährigen Komponisten hat dieser im Oktober 1816 vertont (D 491), wahrscheinlich bald nach der ersten Niederschrift. 1824 erschien es in überarbeiteter Fassung in dem einzigen zu Mayrhofers Lebzeiten veröffentlichten Gedichtbändchen.

Geheimnis

An F. Schubert

Sag an, wer lehrt dich Lieder,
So schmeichelnd und so zart?
Sie zaubern einen Himmel
Aus trüber Gegenwart.
Erst lag das Land, verschleiert,
Im Nebel vor uns da –
Du singst – und Sonnen leuchten,
Und Frühling ist uns nah.

Den Alten, Schilfbekränzten,
Der seine Urne gießt,
Erblickst du nicht, nur Wasser,
Wie's durch die Wiesen fließt.
So geht es auch dem Sänger,
Er singt und staunt in sich;
Was still ein Gott bereitet,
Befremdet ihn, wie dich.

Unmittelbar nach seinem endgültigen Auszug aus der elterlichen Wohnung, im Herbst 1818, war Schubert zu Mayrhofer gezogen, der in der Wiener Inneren Stadt bei Frau Anna Sanssouci ein Zimmer bewohnte. Er blieb dort bis Ende 1820. In dieser Zeit war Mayrhofers Einfluß auf Schubert groß; ihm (und zugleich dem Freunde Franz von Schober) verdankt er wohl die intime Kenntnis der deutschen literarischen Frühromantik. Später entfremdeten sich die Freunde. Mayrhofer berichtet über ihre gegenseitigen Beziehungen wenige Monate nach Schuberts Tod, am 23. Februar 1829, in dem »Neuen Archiv für Geschichte, Staatenkunde, Literatur und Kunst«.

Erinnerungen an Franz Schubert*

Im Durchschnitte wird kaum etwas oberflächlicher aufgefaßt, und weniger gewürdiget, als das Naheliegende. Auch dem Liede widerfährt dieses Schicksal. Es ist ein allgemeines Geschenk, welches der Menschheit geworden; denn alle Völker singen. So der Wilde Amerikas in jungfräulichen Wäldern und an mächtigen Strömen, der Beduine in der Wüste, der Finne und Lappländer im Norden, und der Sohn des goldenen Südens. Die Mutter hat für ihr einzuschläferndes Kind ein Lied, der Krieger eines für sich oder zu seiner Kampfgenossen Ermunte-

* Dieser zu frühzeitig hingeschiedene Tonsetzer war geboren zu Wien den 31. Jänner 1797, verstarb ebendaselbst am Nervenfieber den 19. Nov. 1828. Von seinen geschätzten Kompositionen sind 108 Werke im Stiche erschienen, die mit dem Nachlasse auf 150 steigen werden. Sein wohlgetroffenes Bildnis ist in der hiesigen Kunsthandlung bei Czerny erschienen.

Anmerk. der Red.

rung, und wieder eines der Bettler, seine Lage zu vergessen oder andere zum Mitleiden zu bewegen.

Verbreitet über die ganze Erde, erhält das Lied ein verschiedenes Gepräge, bestimmt durch Klima, Stimmung, Geschichte und Bildungsstufe der Völker; es tönt traurig oder fröhlich, es ist einfach oder gekünstelt, klar oder verworren, ernst oder tändelnd. Schicksale, wie Gesinnungen der Völker leben in ihren Liedern; daher sich ausgezeichnete Geister damit beschäftigten; sie dichteten welche, oder sammelten und bildeten sie nach. Der Deutsche kann getrost auf Herder, Goethe, Uhland hinweisen. Doch wird das Lied erst durch die Melodie gleichsam Fleisch und Gemeingut; hier begegnen, verstehen, verbinden und ergänzen sich Dichter und Tonsetzer, und verschmolzen gelingt es ihnen vielleicht, im Volke fortzuleben.

Mein Verhältnis mit Franz Schubert wurde dadurch eingeleitet, daß ihm ein Jugendfreund mein Gedicht »Am See« – es ist das vierte in dem bei Volke 1824 erschienenen Bändchen – zur Komposition übergab. An des Freundes Hand betrat 1814 Schubert das Zimmer, welches wir 5 Jahre später gemeinsam bewohnen sollten. Es befindet sich in der Wipplingerstraße. Haus und Zimmer haben die Macht der Zeit gefühlt: die Decke ziemlich gesenkt, das Licht von einem großen gegenüber stehenden Gebäude beschränkt, ein überspieltes Klavier, eine schmale Bücherstelle; so war der Raum beschaffen, welcher mit den darin zugebrachten Stunden meiner Erinnerung nicht entschwinden wird.

Gleichwie der Frühling die Erde erschüttert, um ihr Grün, Blüten und milde Lüfte zu spenden, so erschüttert und beschenkt den Menschen das Gewahrwerden seiner produktiven Kraft; denn nun gilt Goethes:

»Weit, hoch, herrlich der Blick
Rings ins Leben hinein,
Vom Gebirg zu Gebirg
Schwebet der ewige Geist,
Ewigen Lebens ahndevoll.«

Dieses Grundgefühl, und die Liebe für Dichtung und Tonkunst machten unser Verhältnis inniger; ich dichtete, er komponierte, was ich gedichtet, und wovon vieles seinen Melodien Entstehung, Fortbildung und Verbreitung verdankt.

Mit Recht läßt Herder die Musik zur Poesie sagen: »Mir dient der Tanz wie die Worte; Gebärden und Bewegungen, wie deine Verse; und eigentlich schließe ich alles dies, Modulation, Tanz, Rhythmus in mich. – Der Tonkünstler dichtet, wenn er spielt, so wie der echte Dichter singt, wenn er dichtet.«

Schubert war, wie bekannt, als Hofsängerknabe Zögling des k. k. Konviktes nächst der Universität. In den Lehrgegenständen machte er nur geringe Fortschritte, woran sein entschiedener und überwiegender Musiksinn Schuld hatte. Bei den im Konvikte üblichen Abendmusiken wirkte er teils mit, teils verteilte er, kraft einer ihm eingeräumten Art von Direktion, die Stimmen unter die übrigen Mitwirkenden. So zur näheren Einsicht und zum Verständnisse der Partituren gelangt, wurde sein Talent zu Versuchen im Komponieren getrieben. Ohne tiefere Kenntnis des Satzes und Generalbasses, ist er eigentlich Naturalist geblieben. Wenige Monate vor seinem Tode hat er bei Sechter Unterricht zu nehmen angefangen; daher scheint der berühmte Salieri jene strenge Schule mit ihm nicht durchgemacht zu haben, wenn er auch Schuberts frühere Versuche durchsah, belobte, oder verbesserte. In Anbetracht der Eigenheit des Konvikt-

Zöglings, und der mit selber zusammenhängenden Klassifizierung, wurde ihm die Alternative gestellt, die Musik oder den Stiftungsplatz aufzugeben. Schuberts wackerer Vater, welcher damals einer Schule auf dem Himmelpfort-Grunde vorstand, nahm den Sohn als Lehrgehülfen in sein Haus zurück. Dem jugendlichen, strebenden, in Melodien lebenden Freunde fiel dieses zeitraubende, mühsame, meist undankbare Los schwer. Ich glaube, daß daher der Widerwille stammt, den er späterhin gegen die Erteilung musikalischer Lektionen äußerte. Die Tonkunst und die Teilnahme einiger Freunde mögen in der gedrückten Lage ihn getröstet und aufgerichtet haben. Im Jahre 1819, glaub ich, gelangte er zu mehr Freiheit und Behaglichkeit des Daseins; wozu vieles ein Mann beitrug, welcher sein zweiter Vater zu nennen; er hat nicht nur materiell für Schubert gesorgt, sondern ihn auch geistig und künstlerisch in Wahrheit gefördert. Mehr hierüber zu sagen, scheint mir teils überflüssig, teils unmännlich, weil es eine Handlungsweise gibt, die man angelegentlichst durchdenken, durchfühlen und nachahmen, aber nicht mit Worten verdünnen soll.

Sein »Erlkönig« erschien. Diese Komposition erregte nicht nur allgemeine Bewunderung, sondern fand auch einen starken Absatz. Wenn ich erwäge, wie nachmals meinem armen Freunde Krankheit und Geldverlegenheiten zusetzten, fällt mir immer bei, daß er vorzüglich in zwei Dingen gefehlt hat, die seine finanzielle Lage und äußere Selbständigkeit hätten begründen können. Er veräußerte unbedachter Weise, gegen einen wohlwollend entworfenen und schon in der Ausführung begriffenen Plan, das Eigentumsrecht auf diese und nachfolgende Arbeiten und vernachlässigte eine günstige Konstellation zur Erlangung einer mit Gehalt verbundenen, musikalischen Anstellung. Genußliebe, verstärkt durch frühere Entbehrungen, und Unkenntnis der Welt und ihrer Verhältnisse, dürften ihn zu solchen Mißgriffen verleitet haben.

Ihm waren Falschheit und Neid durchaus fremd; in seinem Charakter mischten sich Zartheit und Derbheit, Genußliebe mit Treuherzigkeit, Geselligkeit mit Melancholie. Bescheiden, offen, kindlich, besaß er Gönner und Freunde, die seinen Schicksalen und Produktionen herzlichen Anteil widmeten, und auf jenen allgemeineren hinwiesen, welcher dem länger Lebenden gewiß geworden wäre, und dem in der Blüte Hingeschiedenen noch gewisser nachgetragen werden wird. Auch die geistige Wirksamkeit ist nach außen zu durch Raum und Zeit bedingt; gut Ding braucht Weile, und nicht ein Hieb fällt den Baum. Die Kritik jedoch, gemeiniglich ungründlich und unförderlich Schaffenden und Genießenden, machte 1822 zu besserem Verständnisse von Schuberts Liedern einen tüchtigen erfreulichen Anfang. Hiermit ist die 6. Nummer der bei Steiner u. Comp. herausgegebenen »Allgemeinen musikalischen Zeitung« gemeint.

Es scheint nun an der Ordnung, zweier Gedichte W. Müllers zu erwähnen, die einen größeren Zyklus bilden und tiefere Blicke in des Tonsetzers Innere gestatten. Beginnend mit einer freudigen Wanderweise, schildern die »Müllerlieder« die Liebe in ihrem Entstehen, mit ihren Täuschungen und Hoffnungen, mit ihren Wonnen und Schmerzen. Ist auch Einzelnes, und besonders der Schluß düster, wird dennoch des Frischen, Zarten und Erfreulichen viel geboten. Anders in der »Winterreise«, deren Wahl schon beweiset, wie der Tonsetzer ernster geworden. Er war lange und schwer krank gewesen, er hatte niederschlagende Erfahrungen gemacht, dem Leben war die Rosenfarbe abgestreift; für ihn war Winter eingetreten. Die Ironie des Dichters, wurzelnd in Trostlosigkeit, hatte ihm zugesagt; er drückte sie in schneidenden Tönen aus. Ich wurde schmerzlich ergriffen.

Wenn man mit gutem Rechte über die Fülle der Melodien erstaunt, die er erfunden, so steigert sich dieses Erstaunen durch die Scharfsinnigkeit, die Sicherheit, und das Glück, womit er in das Wesen der Texte und, ich möchte sagen, in die Eigentümlichkeit der Dichter eindrang. Wie verschieden, und doch wie charakteristisch sind Goethe, Schiller, Müller, Rückert, Schlegel, Scott, Schulze, u. a. gehalten! Manche Gedichte klären sich erst durch seine Töne auf, wie: »Lieder aus W. Meister«, »Memnon«, »Schwager Kronos«, »Ganymed«, »Auf dem See«. Im letzteren ist der erste Ton ein Ruderschlag, und das Vorspiel bezeichnet das Gewiegtwerden des Kahnes von den Wellen im Rudertakt. Die Melodie beginnt mit dem innigen Ausdrucke jener Entzückung und Erfrischung, die der Empfängliche aus der Natur saugt. Die Töne wachsen und schwellen an, denn wolkige Berge zeigen sich in ihrer Erhabenheit. Mit sicherer Hand wird der Übergang von der äußeren Beschauung zur inneren ausgeführt; holde Träume dringen an, entschlossen werden sie weggewiesen; denn: auch hier ist Lieb und Leben. Hierin aber liegt der Aufschluß des Gedichtes, den sich der Tonsetzer meisterlich angeeignet. Mit dem Dichter wetteifernd, malt er nun zart und liebevoll die Naturerscheinungen. Das Erhabene, wie der Aufschluß des Gedichtes, wird nach dem schönen Vorrechte des Tonsatzes wiederholt, und unter den gegebenen Erscheinungen am meisten hervorgehoben die schwebenden Sterne, die auf dem Gewässer blinken. Mit dem Höchsten verklingt das Lied.

Welche Kindlichkeit strömt uns aus seinen »Schlaf- und Wiegenliedern« entgegen, welche Frömmigkeit aus dem »Ave Maria«, »Der Friede sei mit euch«, dem »Zügenglöcklein«, dem »Fragmente des Äschylos « – welche Zartheit aus »Suleika«, »Sei mir gegrüßt«, »An Silvia«, »Im Haine«!

Mir war und bleibt Franz Schubert ein Genius, welcher mich mit angemessenen Melodien durch das Leben, bewegt und ruhig, wandelbar und rätselvoll, düster und licht, wie es ist, treulich geleitet.

Franz Grillparzer

In den Tagebüchern des großen österreichischen Dichters der Biedermeier- und Vormärz-Zeit Franz Grillparzer findet man keine Aufzeichnungen über Franz Schubert, obwohl die beiden einander über die Schwestern Fröhlich kannten, die vier Töchter eines Wiener Großhändlers und Musikliebhabers. Das 1827 auf Anregung der Geschwister Fröhlich entstandene »Ständchen«, zu dem Grillparzer den Text verfaßt hat (1828 uraufgeführt), zeugt von ihrer Zusammenarbeit (vgl. hierzu den Text S. 50 ff.). Das Gedicht »Franz Schubert«, das nur in einer späteren Abschrift überliefert ist, entstand wohl noch zu Lebzeiten Schuberts. Man hat vermutet, daß es als poetische Einladung an die Freunde zum Besuch eines Schubert-Abends gedacht war, vielleicht als Einladung zu Schuberts einzigem Konzert am 26. März 1828. Von Grillparzers poetischen Inschriften, die er im Auftrag der »Gesellschaft der Musikfreunde« für Schuberts Grabstein entworfen hatte, ist die letzte der hier abgedruckten realisiert worden und noch heute auf dem Währinger Friedhof zu besichtigen. Grillparzer war Ende Mai 1830 gebeten worden, »den Freunden und Verehrern des verewigten Franz Schubert in den gelesendsten Blättern gefälligst bekannt machen zu wollen, daß sein Grabstein mit der Büste auf dem neuen Währinger Gottesacker bereits aufgerichtet sei, und ... recht sehr gut ausgefallen ist«. – Von Grillparzers Bekanntmachung, die aus dem Nachlaß veröffentlicht wurde, ist bisher kein zeitgenössischer Druck bekannt geworden.

Franz Schubert

Schubert heiß' ich, Schubert bin ich
Und als solchen geb' ich mich.
Was die Besten je geleistet,
Ich erkenn' es, ich verehr' es
Immer doch bleibt's außer mir.
Selbst die Kunst, die Kränze windet,
Blumen sammelt, wählt und bindet,
Ich kann ihr nur Blumen bieten,
Sichte sie und wählet ihr.
Lobt ihr mich, es soll mich freuen,
Schmäht ihr mich, ich muß es dulden,
Schubert heiß' ich, Schubert bin ich,
Mag nicht hindern, kann nicht laden
Geht ihr gern auf meinen Pfaden,
Nun wohlan, so folget mir!

Für Schuberts Grabstein

1

Wanderer! Hast du Schuberts Lieder gehört? Unter diesem Steine liegt er. (Hier liegt, der sie sang.)

2

Den Besten stand er nahe als er starb, und doch war er kaum noch auf der Hälfte seiner Bahn.

3

Die Tonkunst begrub hier einen reichen Besitz, aber noch viel schönere Hoffnungen.

4

Er hieß die Dichtkunst tönen und reden die Musik.
Nicht Frau und nicht Magd, als Schwestern umarmen
sich die beiden über Schuberts Grab.

5

Die Tonkunst begrub hier einen reichen Besitz,
Aber noch viel schönere Hoffnungen.
Franz Schubert liegt hier.
Geboren am 31. Jänner 1797,
Gestorben am 19. November 1828,
31 Jahre alt.

Bericht über die Aufstellung von Schuberts Grabdenkmal

Allen Freunden und Verehrern Schuberts, vornämlich aber denjenigen, die ihr Gefühl für ihn durch Beiträge zu seinem Denkmale werktätig gezeigt haben, dient zu wissen, daß dieses Denkmal von geschickter Hand wohlgelungen ausgeführt und mit der ähnlichen Büste des Verewigten, aus Gußeisen geziert, eben jetzt fertig geworden und in dem Kirchhof zu Währing aufgestellt ist, wo es der allgemeinen Ansicht offen steht.

Die Nachweisung über die Verwendung der durch Unterzeichnung eingegangenen Beträge wird nachträglich bekannt gemacht werden.

Gerhard von Breuning

Von den vier Schwestern Fröhlich waren zwei Sängerinnen (Anna, 1793–1880, und Josefine, gen. Pepi, 1808 bis 1878) und eine Zeichenlehrerin (Barbara, gen. Betti, 1798–1878). Katharina (gen. Kathi, 1800–1879) ist als Grillparzers »ewige Braut« in die Literaturgeschichte eingegangen. Gerhard von Breuning, der Sohn von Beethovens Jugendfreund Stefan von Breuning, erzählt von ihrer Beziehung zu Schubert und der Entstehung von zwei Kompositionen auf Grillparzers Texte in einem im November 1884 in der Wiener »Neuen Freien Presse« erschienenen Aufsatz.

Das »Ständchen« und »Mirjams Siegesgesang«

Ein anderes Mal erzählte mir Anna Fröhlich: »So oft ein Namens- oder Geburtstag der Gosmar, Tochter des Besitzers einer Zucker-Raffinerie in Wien, der späteren Frau Dr. Leopold Sonnleithners, nahe war, bin ich allemal zu Grillparzer gegangen und habe ihn gebeten, etwas zu der Gelegenheit zu machen, und so habe ich es auch einmal wieder getan, als ihr Geburtstag bevorstand. Ich sagte ihm: ›Sie, lieber Grillparzer, ich kann Ihnen nicht helfen. Sie sollten mir doch ein Gedicht machen für den Geburtstag der Gosmar.‹ Er antwortete: ›No ja, wenn mir was einfällt.‹ Ich aber sagte: ›No, so schauen s' halt, daß Ihnen was einfällt.‹ In ein paar Tagen gab er mir das ›Ständchen‹: ›Leise klopf' ich mit gekrümmtem Finger. . .‹ Und wie dann bald der Schubert zu uns gekommen ist, habe ich ihm gesagt: ›Sie, Schubert, Sie müssen mir das in Musik setzen.‹ Er: ›Nun, geben Sie's

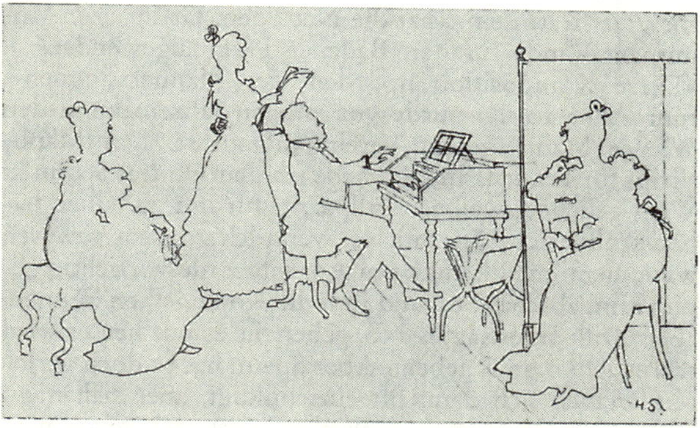

Hans Schließmann: Schubert und die Schwestern Fröhlich. Federzeichnung

einmal her.‹ Ans Klavier gelehnt, es wiederholt durchlesend, rief er ein- über das anderemal aus: ›Aber, wie das schön ist – das ist schön!‹ Er sah so eine Weile auf das Blatt und sagte endlich: ›So, es ist schon fertig, ich hab's schon.‹ Und wirklich schon am dritten Tag hat er es mir fertig gebracht, und zwar für einen Mezzosopran (für die Schwester Pepi nämlich) und für vier Männerstimmen. Da sagte ich ihm: ›Nein, Schubert, so kann ich es nicht brauchen, denn es soll eine Ovation lediglich von Freundinnen der Gosmar sein. Sie müssen mir den Chor für Frauenstimmen machen.‹ Ich weiß es noch ganz gut, wie ich ihm dies sagte; er saß da in der rechtsseitigen Fensternische des Eintrittszimmers. – Bald aber brachte er es mir dann für die Stimme der Pepi und den Frauenchor, wie es jetzt ist. – Das erste Manuskript habe ich dem Nikolaus Dumba verkauft«; »und den Erlös dafür«, fiel Kathi ein, »hat die Nettl dem Grillparzer-Monument-Fonds für den Badener Park zugewendet.« – »Diese Komposition mit den vier Männerstimmen«, fuhr Anna fort, »wurde vor einigen Jahren durch den Wiener Männergesang-Verein aufgeführt. Das Manuskript für Frauenstimmen habe ich dem Hofrat Spaun in Wien geliehen, weil es Grillparzer für ihn zu leihen haben wollte. Ich hätte mir es, wenn ich gescheit gewesen wäre, denn man kann beim Ausleihen nie vorsichtig genug sein, abschreiben und ihm die Kopie leihen können; aber Grillparzer sagte: ›No, geben Sie es nur her, er wird schon acht darauf geben.‹ Aber Spaun hat es doch verloren, freilich sich dann oft entschuldigt, aber sich nicht mehr erinnern können, wohin er es getan. Nach seinem Tode hat sein Testaments-Vollstrecker alles durchstöbern lassen; vergebens. Es tut mir so leid darum«.

»Wie wenig unser guter Schubert aber auf seine Sachen achtete und wie man sich nie auf sein Versprechen, zu kommen, verlassen konnte, können Sie gleich ersehen, wie er sich bei dem ›Ständchen‹ benommen; denn wenn er einem auch eben zugesagt hatte, zu bestimmter Zeit einzutreffen, brauchte er nur jemanden unterdessen begegnet zu haben, und er ging, alles vergessend, auf dessen Aufforderung mit diesem oder in ein Kaffeehaus oder dergleichen. So war es bei den ersten Aufführungen seines ›Ständchen‹. Ich hatte zu dem Geburtstage, für welchen das ›Ständchen‹ bestimmt war und zum ersten Male aufgeführt wurde, meine Schülerinnen in drei Wagen nach Dögling, wo die Gosmar im Langschen Hause wohnte, geführt, das Klavier heimlich unter die Gartenfenster tragen lassen, und Schubert zur Aufführung eingeladen. Er war aber nicht gekommen. Anderen Tages, als ich ihn frug, warum er denn ausgeblieben sei, entschuldigte er sich: ›Ach ja, ich habe darauf ganz vergessen.‹ Dann habe ich das ›Ständchen‹ im Musikvereinssaale (unter den Tuchlauben) öffentlich aufgeführt und ihn, nachdrücklich wiederholend, dazu geladen. Wir sollten schon beginnen, und noch immer sah ich unseren Schubert nicht. Dr. Jenger und der spätere erzherzogliche Hofrat Walcher waren anwesend. Als ich nun zu diesem sagte, daß es mir doch gar zu leid täte, wenn er auch heute es nicht hören sollte – denn er hat es ja noch gar nicht gehört; wer weiß, wo er wieder steckt . . ., hatte Walcher die gute Idee: ›Vielleicht ist er bei Wanner, ‚Zur Eiche', auf der Brandstätte‹, denn dorthin gingen zur Zeit die Musiker gerne wegen des guten Bieres. ›Ich werde dorthin laufen.‹ Richtig saß er dort und kam mit ihm. Nach der Aufführung aber war er ganz verklärt und sagte zu mir: ›Wahrhaftig, ich habe nicht gedacht, daß es so schön wäre.‹«

»Schubert hat auch ein Oratorium (›Prometheus‹), eigentlich eine Kantate, für einige Freunde komponiert. Er dürfte das Manuskript aber jemandem geliehen haben; denn es wurde nie mehr gefunden. Leopold Sonnleithner schrieb seitdem an mehrere Klosterstifte, und Archivar Pohl ging selbst dahin, in deren Archiven Nachforschung und Nachfrage zu halten. Obwohl man allerorts mit vollkommener Bereitwilligkeit ihm entgegengekommen war, blieb dennoch alle Mühe vergebens. –«

Ich teilte Fröhlichs mit, daß ein paar Tage zuvor – am 13. Dezember 1874 – der Wiener Männergesang-Verein in seinem Konzerte drei Chöre aus Schuberts »Zauberharfe« als ›Neu‹ (d. i. zum ersten Male) vorgetragen habe, daß davon der zweite – der Frauen-(Genien-) Chor sofort wiederholt werden mußte, daß dessenungeachtet aber einige Habitués des Musikvereines sich abfällig über diese Chöre insofern ausgesprochen: es sei ein Mißgriff in der Wahl des Konzertprogrammes, derlei unbedeutende Jugendarbeiten aufzuführen. Da antwortete Anna einfach: »Ich habe dieses Melodram ›Die Zauberharfe‹, 1820 komponiert, im Theater an der Wien gehört. Es hat reizende Chöre und Lieder; da ist außer anderen zum Beispiele eine sehr schöne Romanze darin«, und in ihrer seltenen Erinnerungsgabe in die Kunstchronik Wiens zurückgreifend, fuhr sie fort, »welche die Vogel aus Deutschland sehr hübsch zu jener Zeit gesungen hat.« »Es war dieselbe, welche dann als Schauspielerin an das Burgtheater kam, wo sie« – fiel Kathi in ihrem lebhaften Interesse, zumal wenn es sich um etwas Grillparzer Betreffendes handelte, ein – »die Gora in der ›Medea‹ wie nie eine andere mehr vortrefflich spielte.«

Am 8. Oktober 1876 hatte der Wiener Männergesang-Verein Schuberts »Gott in der Natur« mit durchschlagendem Erfolge aufgeführt. Als ich dies Tags darauf Anna mitteilte, fiel sie mir freudig erregt ins Wort: »Das hat er für mich geschrieben.« Ich entgegnete zweifelnd überrascht: »Ja, es ist aber Chor mit Orchester«, worauf sie: »Ursprünglich ist es aber für Quartett geschrieben. Das war nämlich so. Kurz nachdem Schubert bei uns eingeführt war und zu den Abendmusiken, die ich zu jener Zeit bei uns gab, auch kam, hatten wir eben die Trios und anderes aus der ›Zauberflöte‹ gesungen, da sagte er – ›o mein Gott‹, ich sehe ihn noch, wie er dabei die Hände aus Rührung wie zum Gebet zusammenfaltete und gegen den Mund drückte, wie das sein Brauch war, wenn er etwas Schönes vernahm – ein um das andere Mal: ›O mein, was ist das für ein Genuß –‹, und mit einmal: ›Aber ich weiß jetzt schon, was ich tue.‹ Und in einigen Tagen brachte er mir das Quartett ›Gott ist mein Hirt‹, bald danach das Quartett ›Gott in der Natur‹. Das sind die zwei Quartette, wovon ich das Manuskript auch dem Nikolaus Dumba verkauft habe. – Weiter aber hat er mir nur noch das ›Ständchen‹ gemacht, und dann noch ›Mirjams Siegesgesang‹. Das letztere aber hat er eigentlich für die Pepi, oder besser gesagt, für uns vier Schwestern gemacht; denn auch die Kathi hat gesungen, aber nur eine schwache Stimme gehabt, während die Betti eine schöne Stimme hatte. – Erst nach Schuberts Tode wurde ›Mirjams Siegesgesang‹ von Lachner orchestriert.«

Anselm Hüttenbrenner

Offenbar hat Franz Liszt den mit Schubert befreundeten Grazer Komponisten Anselm Hüttenbrenner um die Aufzeichnung seiner Erinnerungen an Schubert gebeten, die ihm als Grundlage für eine Biographie des Komponisten dienen sollten – so läßt jedenfalls ein Brief an die Fürstin Karoline Sayn-Wittgenstein vom 3. Mai 1851 vermuten, in dem es heißt: »Chère, j'ai un travail à vous donner. Il s'agit de poser les questions biographiques relatives à notre Schubert«. Hüttenbrenners »Bruchstücke«, obwohl in Reinschrift niedergeschrieben, sind daher nicht als geschlossene Erzählung zu verstehen, sondern als Material für eine solche.

Bruchstücke aus dem Leben des Liederkomponisten Franz Schubert

Franz Schubert hat als Liederkomponist so viel Neues, Interessantes und Gediegenes zu Tage gefördert und nicht nur in seiner Vaterstadt Wien und in den Provinzen unserer weitgedehnten Monarchie, sondern auch in allen Gauen Deutschlands, ja selbst in Frankreich durch die Masse seiner herrlichen Tonschöpfungen so viel Aufsehen erregt, daß es den vielen Verehrern seiner Muse nicht unangenehm sein dürfte, über das musikalische Wirken, über die Lebensweise, den Charakter und die Kunstansichten des zu früh verblichenen von einem Jugendfreunde und musikalischen Mitschüler desselben einige Mitteilungen zu erhalten.

Schubert lernte ich im Jahre 1815 beim kk. Hofkapellmeister Salieri kennen, der ihm bereits einige Jahre im

Josef Teltscher: Johann Baptist Jenger, Anselm Hüttenbrenner und Schubert. Aquarell (um 1827)

Generalbaß und in der Komposition Unterricht erteilt hatte. Da ich durch die Verwendung des Grafen Moriz v. Fries ein Schüler Salieris wurde, so hatte ich mehrere Jahre hindurch Gelegenheit, mit Schubert wöchentlich zwei bis dreimal zusammen zu kommen. – Außerdem besuchten wir uns gegenseitig sehr fleißig, gewannen einander lieb und wurden intime Freunde und Brüder.

Schuberts Äußeres war nichts weniger als auffallend oder einnehmend. – Er war kleiner Statur, vollen runden Gesichtes. – Sehr schön gewölbt war seine Stirne. – Seiner Kurzsichtigkeit wegen trug er stets Brillen, die er selbst während des Schlafes nicht ablegte. – Das Toilettemachen war seine Sache durchaus nicht, daher er auch ungerne in höhere Zirkel sich begab, für die er sich mehr herausputzen mußte. – So manche Gesellschaft wartete mit Sehnsucht auf sein Erscheinen und würde eine Nachlässigkeit im Anzuge ihm herzlich gern nachgesehen haben; er aber konnte manchmal durchaus nicht so viel Macht über sich gewinnen, den Alltagsrock mit dem schwarzen Fracke zu vertauschen; – das Bücklingemachen war ihm zuwider und das Anhören ihm geltender Schmeichelreden geradezu ekelhaft.

Ziemlich viele Lieder von Schubert, darunter der: »Erlkönig« und das »Gretchen am Spinnrade« waren schon mehrere Jahre früher unter seinen Freunden in Wien verbreitet, ehe eines derselben im Stiche erschien. Es wollte sich kein Verleger dazu finden, wenn Schubert sie auch umsonst hergegeben hätte.

Mein Bruder Josef, derzeit kk. Ministerialadjunkt in Wien, ließ die ersteren bei Diabelli erschienen[en] Lieder auf eigene Kosten stechen; sie fanden guten Absatz und was [man] nach Abzug der Auflagskosten erübrigte, händigte mein Bruder dem zumeist geldlosen Tondichter ein, der nun endlich einen kleinen Lohn seiner Mühe erntete.

Als Diabelli sah, daß um Schuberts Lieder eine stets größere Nachfrage war, bot er dem immer beliebter werdenden Komponisten für jedes Heft 200 fl. W.W. [Gulden Wiener Währung], wodurch Schuberts beschränkter Lage ein Ende gemacht und er in den Stand gesetzt wurde, sich sorglos der Tondichtung zu widmen. Früher mußte er in einer Vorstadtschule die Kinder das A.B.C. lehren und nebenbei um einen geringen Preis widerwillig Musikstunden geben, um sich dadurch in strenger Winterzeit Kost, Quartier und Kleidung zu verschaffen. Als ich ihn das erstemal besuchte, fand ich ihn in einem halb dunklen, feuchten und ungeheizten Kämmerlein; er saß in einen alten fadenscheinigen Schlafrock gehüllt, – frierte und komponierte.

Schubert studierte als Zögling des kk. Konviktes in Wien einige lateinische Schulen; gleichzeitig war er Sängerknabe der kk. Hofkapelle. – Seine Stimme war schwach, aber sehr gemütlich. – In seinem neunzehnten Jahre sang er Bariton und Tenor; – im Notfalle, wenn eben eine Dame fehlte, übernahm er, da er ein umfangreiches Falsett besaß, – auch die Alt- oder Sopranpartie oder, wenn bei Salieri aus den alten Partituren der musikalischen Hofbibliothek a prima vista gesungen ward.

In demselben Zeitraume, als Schubert und ich den Unterricht im Tonsatze bei Salieri genossen, nahmen auch Stunz aus München, Panseron aus Paris, Assmaier, Randhartinger und Mozatti daran Anteil.

Ausnehmend schön und nicht selten zu Tränen rührend trug zu jener Zeit Carl Baron v. Schönstein Schuberts Lieder vor, die ihm Jenger vortrefflich akkompagnierte.

In Schuberts Männerquartetten exzellierten: Barth, Götz, Gymnich und Gottfried. – Schubert, Assmaier, Mozatti und ich verabredeten uns, jeden Donnerstag abends ein neues von uns komponiertes Männerquartett bei dem uns dann freundlich bewirtenden Mozatti zu singen. Einmal kam Schubert ohne Quartett, schrieb aber, da er von uns einen kleinen Verweis erhielt, sogleich eines in unserer Gegenwart, – den Text hatte er bei sich.

Schubert achtete dieser Gelegenheitsstücke wenig und es werden kaum sechs davon existieren. – An diesen Donnerstagen sangen wir vier auch die damals sehr beliebten Männerquartetten von C. M. v. Weber und mitunter einige von Conrad Kreutzer, dessen Kompositionen Schubert schätzte.

Für Beethoven, zu dem Schubert ungehindert Zutritt hatte, fühlte er die höchste Achtung. – Eine neue Sonate oder Symphonie dieses Beherrschers der Töne war für Schubert der seligste Genuß. – Eben so sehr bewunderte er Händels Riesengeist, und spielte in freien Stunden mit großer Begierde dessen Oratorien und Opern aus der Partitur. Zuweilen erleichterten wir uns die Arbeit dadurch, daß Schubert die höheren und ich die tieferen Stimmen am Klaviere übernahm. – Manchmal – beim Durchspielen Händelscher Werke fuhr er wie elektrisiert auf und rief: »Ach, was sind das für kühne Modulationen! So was könnte unser einem im Traume nicht einfallen!« – Mit Seb. Bachs Kompositionen, die ich nun in meinen alten Tagen fleißig spiele, war Schubert nur wenig vertraut; – aber seinem mir bekannten Geschmacke nach zu urteilen, würde auch er im vorgerückteren Alter an den höchst originellen Kompositionen dieses Großmeisters der Tonkunst lebhaftes Interesse gefunden haben. Man muß selben sehr oft spielen, bis der in ihnen ruhende Geist hervortritt. Ich habe 22 Werke von S. Bach, Fugen, Choräle und Präludien, um sie nämlich Vielen zugänglich zu machen, für das Pianoforte zu 4 Händen arrangiert und bin bereit, selbe einem Kunsthändler abzuliefern.

Schubert war kein eleganter, aber ein sicherer und sehr geläufiger Klavierspieler; – er spielte auch Violine und Bratsche; er las alle Schlüssel mit gleicher Leichtigkeit und übersah auch nicht den Halbsopran- und Baritonschlüssel – [k]eine Note von Wichtigkeit, – eben wie unser Papa Salieri, der ein bewundernswerter Partiturspieler war und es sein mußte, da er 52 Opern schrieb.

Für Mozarts Opern, besonders für den: »Don Juan«, die »Zauberflöte«, »Figaro« und die Ensemblestücke (Nummern) [im] »Idomeneo« war Schubert außerordentlich eingenommen. – Mozart galt ihm als das herrlichste Vorbild für Opernkomponisten. Cherubinis Opern schätzte er nicht so hoch, wie wohl einige auch großen Wert haben, besonders »Die Tage der Gefahr«, »Lodoiska«, die für Wien komponierte »Faniska« und »Medea«. – Salieri ging doch zu weit, indem er zu uns sagte, Cherubinis Opern seien Orchestermusik mit Begleitung des Gesanges.

Schubert schrieb auch einige Opern und zwar, so viel ich mich entsinne: »Des Teufels Lustschloß«, Text von Kotzebue, welches Werk er binnen 14 Tagen vollendete. Auch einen Operntext von Goethe setzte er – wenn ich nicht irre, die »Claudine von villa bella«. – Eine von ihm komponierte Oper, betitelt: »Alfonso und Estrella« enthält mehrere ausnehmend schöne Nummern; – er spielte sie im J. 1827 dem Kapellmeister Kinsky, dem Dr. Carl Pachler und mir in Grätz vor, wo diese Oper hätte aufgeführt werden sollen. – Kinsky bemerkte dabei, daß Schubert dem Orchester und den Chören eine zu schwere Bürde auferlegt habe und fragte ihn, ob es ihm recht sei, daß manche Nummern, die in Cis- und Fis-Dur geschrieben waren, vom Kopisten um einen halben Ton tiefer transponiert werden dürften, wozu Schubert zwar einwilligte – aber, wie mir vorkam – ungern. – Weigl durchlas auch einige Opern von Schubert und machte ihm öfters Hoffnung, daß selbe zur Ausführung kommen werden; aber es blieb bei der leeren Hoffnung; – so unterblieb auch die Produktion des »Alfonso« in Grätz aus mir unbekannter Ursache. Ich kann mich dunkel erinnern, daß er auch eine Oper, benannt: »Fierabras« gesetzt habe. – Nur Eine Operette von Schubert, deren Titel mir entfallen ist, und worin Hofoperist Vogl die Hauptpartie sang, wurde im Kärntnertortheater mit vielem Beifall aufgeführt [»Die Zwillingsbrüder«].

Bei der ersten Vorstellung saß ich mit Schubert auf der letzten Gallerie. – Er war ganz glücklich, daß die Introduktion dieser Operette mit gewaltigem Applause aufgenommen ward; alle Nummern in denen Vogl beschäftigt war, wurden lebhaft beklatscht. – Am Schlusse ward Schubert stürmisch gerufen; – er wollte jedoch nicht auf die Bühne hinabgehen, da er einen alten Kaputrock anhatte. – Ich zog eiligst meinen schwarzen Frack aus und persuadierte ihn, denselben anzuziehen und sich dem Publikum zu präsentieren, was ihm sehr nützlich gewesen wäre; – er aber war zu unentschlossen und scheu. – Da das Hervorrufen kein Ende nehmen wollte, trat endlich der Regisseur hervor und meldete, Schubert sei im Opernhause nicht anwesend, – was dieser selbst lächelnd anhörte. Darauf gingen wir in Lenkeys Gasthaus in der Singerstraße, wo wir mit einigen Seideln Neßmüller den glücklichen Sukzeß der Operette zelebrierten. – Für gewöhnlich trank Schubert bayrisch Bier bei der Schwarzen Katze in der Annastraße oder bei der Schnecke am Peter und rauchte viel dazu; waren wir aber mehr bei Cassa, so wurde Wein und in besonders brillanten Umständen Punsch in der Weihburggasse getrunken.

Eines abends lud ich Schubert zu mir; da ich aus einem angesehenen Hause etliche Bouteillen roten Wein als Präsent für mehrmaliges Akkompagnieren erhielt. – Nachdem wir den edlen Sexarder bis auf den letzten Tropfen geleert hatten, setzte er sich an mein Pult und komponierte das wunderliebliche Lied »Die Forelle«,– das ich noch im Originale besitze. – Als er ziemlich damit fertig war, nahm er – schon schläfrig – Tinte statt Streusand, wodurch mehrere Takte beinahe unleserlich wurden. – Er schrieb auch am Rande des Notenblattes folgende Anmerkung [für Hüttenbrenners Bruder Josef]: »Teuerster Freund! Es freut mich außerordentlich, daß Ihnen meine Lieder gefallen. Als Beweis meiner innigsten Freundschaft schicke ich Ihnen hier ein anderes, welches ich eben jetzt bei Anselm Hüttenbrenner – Nachts um 12 Uhr geschrieben habe. Ich wünschte, daß ich bei einem Glas Punsch nähere Freundschaft mit Ihnen schließen könnte. – Eben, als ich in Eile das Ding bestreuen wollte, nahm ich – etwas schlaftrunken – das Tintenfaß und goß es ganz gemächlich darüber. – Welches Unheil!« Das war am 21. Februar 1818 nachts um 12 Uhr. –

Ein Jahr vorher schrieb Schubert über ein Thema in a-Moll aus meinem bei Steiner erschienenen Violin-Quartette - 13 sehr interessante Variationen mir zum freundlichen Angedenken, die ich bisher noch niemandem mitteilte. Die von ihm komponierten Variationen a 4 mains über ein französisches Thema in e-Moll trug ich noch im Manuskripte mit ihm zuerst beim Hofrate Collin vor. An jenem Abende sang und spielte er auch den »Wanderer« zum ersten Male, worüber ihm die in der Soirée anwesende Schriftstellerin Caroline Pichler sehr viel Verbindliches und Aufmunterndes sagte. – Sie war für Schuberts Muse überhaupt sehr eingenommen.

Ich führte Schubert und er mich in viele musikalische Gesellschaften. Wir kamen zu Kunz, Watteroth, Schönstein, Kiesewetter, Zeiler, Schmerling, Barghier, Krippner, Linhart, Sohn Müller, Schechner, Teltscher u. s. f. – Viele Namen sind mir entfallen. – Mein Wiener Tagebuch habe ich leider verbrannt. – Sang Schubert selbst seine Lieder in musik. Zirkeln, so begleitete er gewöhnlich sie auch selbst. Sangen andere, so akkompagnierte ich, und er setzte sich gewöhnlich in einen Winkel des Salons oder gar in ein Nebenzimmer und hörte zu. – Eines Abends sagte er mir leise ins Ohr: »Du, diese Frauenzimmer sind mir zuwider mit ihren Artigkeiten. – Sie verstehen von der Musik nichts und was sie mir sagen, geht ihnen nicht von Herzen. – Geh, Anselm, und bring mir heimlich ein Glasel Wein.«

Während eines Spazierganges, den ich mit Schubert ins Grüne machte, fragte ich ihn, ob er denn nie verliebt gewesen sei. – Da er in Gesellschaften sich so kalt und trocken gegen das zarte Geschlecht benahm, so war ich schier der Meinung, er sei demselben ganz abgeneigt. »O nein!« sprach er, »ich habe Eine recht innig geliebt und Sie mich auch. – Sie war eine Schullehrerstochter, etwas jünger als ich, und sang in einer Messe, die ich komponierte, die Sopransolos wunderschön und mit tiefer Empfindung. Sie war eben nicht hübsch, hatte Blatternarben im Gesichte; – aber gut war sie – herzensgut. – Drei Jahre lang hoffte sie, daß ich sie ehelichen werde; ich konnte jedoch keine Anstellung finden, wodurch wir beide versorgt gewesen wären. – Sie heiratete dann nach dem Wunsche ihrer Eltern einen anderen, was mich sehr schmerzte. Ich liebe sie noch immer und mir konnte seither keine andere so gut und besser gefallen, wie sie. – Sie war mir halt nicht bestimmt.«

Als Schubert und Mayrhofer, der ihm viele Gedichte lieferte, in der Wipplingerstraße beisammen wohnten, setzte sich ersterer täglich um 6 Uhr morgens ans Schreibpult und komponierte in einem Zuge fort bis 1 Uhr Nachmittag. – Dabei wurden einige Pfeifchen geschmaucht. Kam ich vormittags zu ihm, so spielte er mir, was eben fertig war, sogleich vor, und wollte mein Urteil hören. – Lobte ich irgendeine Nummer besonders, so sagte er: »Ja, das ist halt ein gutes Gedicht; – da fällt einem sogleich etwas Gescheites ein, – die Melodien strömen herzu, daß es eine wahre Freude ist. Bei einem schlechten Gedicht geht nichts vom Fleck; man martert sich dabei, und es kommt nichts heraus als trockenes

Zeug. Ich habe schon viele mir aufgedrungene Gedichte zurückgewiesen.«

Schubert war auf seine zahlreichen Manuskripte wenig achtsam. – Kamen gute Freunde zu ihm, denen er neue Lieder vortrug, die ihnen gefielen, – so nahmen sie die Hefte mit sich und versprachen, selbe bald wieder zu bringen, was aber selten geschah. – Oft wußte Schubert nicht, wer dieses oder jenes Lied fortgetragen habe. – Da entschloß sich mein Bruder Josef, der mit ihm im selben Hause wohnte, alle die zerstreuten Lämmer zu sammeln, was ihm auch nach vielen Nachforschungen so ziemlich gelang. – Ich überzeugte mich eines Tages selbst, daß mein Bruder über 200 Lieder von Schubert in einer Schublade gut aufbewahrt und wohl geordnet liegen hatte. Dies freute auch unseren Freund Schubert, der dann alle nachfolgenden Werke meinem Bruder zur Aufbewahrung übergab, so lange sie unter einem Dache wohnten. Nachmittags komponierte Schubert nie, – nach dem Mittagessen ging er in irgendein Kaffeehaus, trank eine kleine Portion schwarzen Kaffee, rauchte ein paar Stunden und las nebenher Zeitungen. – Abends besuchte er ein oder das andere Theater. – Gute Schauspiele waren ihm ebenso interessant, wie gute Opern. – Lange, Ochsenheimer, Madame Schröder, Anschütz, Koberwein, Korn, Heurteur u. a. m. fesselten seine Aufmerksamkeit ebenso sehr, wie die sonoren Stimmen eines Wild, Jäger, Rauscher, Haitzinger, Vogel, Weinmüller, Siboni, Tachinardi, einer Milder, Wranitzky, Waldmüller, Schechner, Borgondio u. s. w.

Daß Rossinis Werke der deutschen Oper großen Eintrag tun werden, sah er klar voraus, tröstete sich aber damit, daß sie wegen Mangel an innerem Gehalte die Länge sich nicht werden halten können, und daß man endlich wieder zu sich kommen und den »Don Juan«, die »Zauberflöte« und den »Fidelio« hervorsuchen werde. Übrigens verwarf er Rossinis Produkte nicht ganz und gar; – er lobte an diesem fruchtbaren Autor den feinen Geschmack in der Instrumentierung, und die Neuheit und Anmut so mancher Melodien. Dem »Wilhelm Tell« würde er sicher Beifall gezollt haben, wenn er ihn erlebt hätte. – Daß späterhin Bellini und Donizetti ebenso große Sensation wie Rossini machen, und die deutsche Oper beinahe gänzlich auf die Seite schieben werden, daß dann Strauß und Lanner Triumphe feiern und in den Auslagen der Musikalienhandlungen mehr Walzer als Sonaten paradieren werden, ja, daß die himmlische Tonkunst – endlich so tief in den Staub getreten werde, daß Katzenmusiken über die Maßen beifällig aufgenommen werden, – davon hatte der schon im Jahre 1828 dahingeschiedene Schubert glücklicherweise nicht die leiseste Ahnung. –

Meyerbeers »Crociato«, den Schubert mit mir bei guter Besetzung im Grätzer Theater anhörte, machte auf ihn einen ungünstigen Eindruck. – Nach dem ersten Akte sagte er zu mir: »Du, ich halt's nimmer aus; gehen wir ins Freie!« – »Robert der Teufel«, »Die Hugenotten« und »Der Prophet« würden unserem Schubert, so wie ich ihn kannte, gewiß sehr gefallen haben; aber er erlebte das Erscheinen dieser Meisterwerke nicht.

Eines Tages kam Schubert zu mir und zeigte mir die Original-Partitur von W. Mozarts »Bergknappenmusik« in F-Dur, bestehend aus einem Allegro, einer Menuette samt Trio, einem Adagio cantabile und einem Presto. – Er erhielt dieses Werk von einem damals noch lebenden Freunde Mozarts als Geschenk. Wir spielten diese Symphonie, gesetzt für 2 Violinen, 1 Viola, 2 Waldhörner und Contrabaß, ganz durch und delektierten uns weidlich an dem Wuste von Kompositionsfehlern, die Mozart darin geflissentlich sich zu Schulden kommen ließ. Um mir eine Freude zu machen, wollte er Mozarts handschriftliches Werk mit mir brüderlich teilen, damit wir beide ein Andenken vom unsterblichen Komponisten hätten; – ich aber protestierte gegen das Zerreißen der Partitur und lehnte die Hälfte ab, worauf er mir das ganze Manuskript schenkte. – Mir fiel dabei Salomons Urteil ein.

Der bekannte gemütliche »Trauerwalzer« in As-Dur galt längere Zeit für eine Komposition von Beethoven, welcher darüber befragt, die Autorschaft ablehnte. Zufällig erfuhr ich, daß Schubert diesen Walzer verfaßt habe und bat ihn, denselben für mich zu Papier zu bringen, weil so viele von einander abweichende Abschriften hiervon existierten. – Er tat mir alsbald den Gefallen, und schrieb am Rande des Notenblattes hinzu: »Aufgeschrieben für mein Kaffeh-, Wein- und Punsch-Brüderl Anselm Hüttenbrenner, Compositeur. – Wien den 14. März im Jahre des Herrn 1818 in seiner höchst eigenen Behausung monatlich 30 fl. W.W.« Ich wohnte zu selber Zeit beim Buchhändler Geistinger am Kohlmarkt, wo mich Schubert oft besuchte und mehrmals bei mir übernachtete. –

Einmal fragte ich Schubert, ob er nicht auch versuchen wollte, Prosa in Musik zu setzen, und wählte zu diesem Behufe den Text aus Johannes VI. K. 59. V: »dieses ist das Brot, das vom Himmel gefallen ist. – Nicht wie eure Väter haben Himmelbrot gegessen, und sind gestorben. – Wer von diesem Brot isset, der wird leben in Ewigkeit«. Er löste diese Aufgabe herrlich in 24. Takten, die ich noch als ein sehr wertes Andenken von ihm besitze. Er wählte hiezu die feierliche Tonart E-Dur und setzte obigen Vers für eine Sopran-Stimme mit Begleitung des bezifferten Basses.

Schubert hatte ein frommes Gemüt und glaubte fest an Gott und die Unsterblichkeit der Seele. – Sein religiöser Sinn spricht sich auch deutlich in manchen seiner Lieder aus. – Zur Zeit, als er Mangel litt, verlor er keineswegs den Mut, und hatte er zuweilen mehr, als er bedurfte, so teilte er auch gern anderen mit, die ihn um eine milde Gabe ansprachen.

Eine Sonate in Cis-Dur schrieb er, die so schwer gesetzt war, daß er sie selbst nicht ohne Anstoß spielen konnte. – Ich exerzierte selbe 3 Wochen hindurch fleißig und trug sie dann ihm und mehreren Freunden vor. – Er dedizierte sie mir hierauf und übersandte sie einem ausländischen Verleger; – er erhielt sie jedoch mit dem Bedeuten zurück, daß man eine so abschreckend schwere Komposition nicht zu veröffentlichen sich getraue und da nur wenig Absatz zu gewärtigen wäre.

Anton Schindler

Der als Beethovens Faktotum und nicht immer glaubwürdiger Biograph bekannte Musikschriftsteller und Dirigent Anton Schindler war auch mit Schubert bekannt. Er hat zahlreiche Lieder Schuberts abgeschrieben und sie Beethoven kurz vor dessen Tode gezeigt. Frühzeitig hat er sich in verschiedenen Aufsätzen für Schubert eingesetzt. Seine 1857 in der »Niederrheinischen Musik-Zeitung« erschienenen »Erinnerungen an Franz Schubert« stützen sich vermutlich auf inzwischen verschollene Aufzeichnungen Ferdinand Schuberts; inwieweit sein Bericht über Schuberts Bewerbung als Kapellmeister am Kärntnertortheater zutrifft, ist nicht zu sagen.

Erinnerungen an Franz Schubert

> »Es ist sehr dankenswert, wenn die alten Herren zuweilen ihre Tagebücher über die musikalische Vergangenheit aufschlagen und ein oder das andere Blatt daraus veröffentlichen, zumal, da in jene Vergangenheit heutzutage so manches hineingedichtet und hineingefaselt wird, was eher allen anderen Zwecken, als der Wahrheit, dient.«

Diese von der Redaktion dieses Blattes bei Gelegenheit der in Nr. I jüngst mitgeteilten »historischen Noten zur Leonore von Beethoven« aus der Feder des Dr. L. Sonnleithner (Chef einer Gerichtsstelle in Wien) getanen Äußerungen klingen wie ein Mahnruf auch an mein Ohr. Ich will daher dem Beispiele meines verehrten Herrn

Kollegen aus den Hörsälen der Wiener Universität, desgleichen aus unzähligen Musikaufführungen in der Kaiserstadt folgen und wieder einmal mein Wiener Tagebuch aufschlagen. Darin stehen aus den ereignisreichen Tagen des zweiten und dritten Jahrzehntes auch über Franz Schubert Dinge, die wohl geeignet sein dürften, mehr als ein bloß flüchtiges Interesse zu erwecken. Die Musikwelt hat diesen Komponisten nachgerade ihren Lieblingen beigesellt. Musiker und Kritik aber haben sich, vornehmlich bei nicht wenigen seiner Instrumentalwerke, in ziemlich auseinandergehenden Urteilen ausgesprochen, und da zu erwarten steht, daß diese Differenz bei vermehrtem Repertorium an größeren Werken Schuberts sich noch erweitern werde – denn noch sind deren viele zurück –, so scheint es mir an der Zeit, zuvörderst von einem Ereignisse Kunde zu geben, das unstreitig ein charakteristisches Moment zur Beurteilung Schuberts und vieler seiner Werke abgibt. Die schweigsame, in Kunstsachen oft bis zum Übermaße indolente Wiener Presse früherer Zeit – im schroffen Gegensatze zur Gegenwart – trägt zumeist die Schuld, daß dieses Ereignis, obwohl es einige Hunderte von Zeugen gehabt, noch keinen Mitteiler gefunden. Es mag dessen Erzählung in gedrängter Kürze gestattet sein.

Wir stehen im Jahre 1826. Bis zu diesem Zeitpunkte waren von Schubert (geb. den 31. Januar 1797) eine ziemliche Anzahl Lieder und Gesänge, auch einige Klavier-Kompositionen in Druck erschienen. Von größeren Arbeiten war sein Melodrama »Rosamunde« im Theater an der Wien und verschiedene Kirchenwerke auf Vorstadt-Chören aufgeführt. Kleinen Kreisen war dadurch Gelegenheit gegeben, sich von seiner ausgezeichneten Befähigung für jene Kompositionsgattungen hinreichend zu überzeugen. Nur ihm näherstehenden Freunden war es nicht unbekannt geblieben, daß auch bereits eine Anzahl den obersten Gattungen angehöriger Werke geschrieben seien; ihre Chiffre wußte indes keiner zu nennen. Ohne Schuberts Konflikt mit C. M. von Weber im Spätherbste 1823, der Seite 109 ff. im zweiten Nachtrag meines Buches über Beethoven besprochen wird, hätten wir wahrscheinlich nicht erfahren, daß unser stets verschlossener Freund auch schon zwei große romantische Opern fertig im Pulte aufbewahrte. (Eine dritte, »Die Bürgschaft«, 1816 geschrieben, blieb unvollendet.)

Im Jahre 1826 wurde durch Abgang des Kapellmeisters Krebs nach Hamburg der Platz eines Novizen am Direktionspulte im kaiserlichen Opern-Theater nächst dem Kärntnertore erledigt. Diese Gelegenheit ergriff der hochberühmte, damals schon in Ruhestand getretene Hof-Opernsänger Michael Vogl*, Schuberts nächster Freund und Gönner, um den erledigten Platz für diesen zu erobern; denn Bewerber, darunter bereits routinierte Orchesterdirigenten, waren alsbald in Menge angemeldet. Es gelang dem Einflusse Vogls, die Aufmerksamkeit des Administrators Duport vorzugsweise auf Schubert zu lenken; jedoch sollte dessen definitive Anstellung von einer feierlich abgelegten Prüfung abhängig gemacht werden. Damit war eine sogenannte ›Audition‹ gemeint, wie sie mit den Aspiranten für dramatische Komposition in Paris vorgenommen werden. Auch Schubert sollte seine Befähigung zum Opern-Komponisten dartun, an deren Vorhandensein keiner seiner Freunde gezweifelt hatte. Zu diesem Zwecke verfaßte der Theater-Sekretär Hofmann ein aus 5-6 Nummern bestehendes Libretto. Dem Ganzen sollte eine Ouvertüre vorausge-

* M. Vogl führte Schuberts Lieder und Gesänge zuerst in die Öffentlichkeit ein.

hen. In die Handlung teilte sich ein Sopran-Solo und der Chor. Mit welcher Spannung die Verehrer des jungen Komponisten dem bevorstehenden Actus entgegenharrten, wie sehr jeder gewünscht, demselben eine Laufbahn eröffnet zu sehen, auf der er zu hohem Ruhme aufsteigen könne, ist wohl überflüssig des weiteren auszuführen. Als vollends die Administration nach genommener Einsicht in die Partitur erklärte, daß sie sich auf Grund der Vortrefflichkeit dieser Arbeit veranlaßt fühle, selbe in einer Abend-Vorstellung im Beisein des Publikums zur Ausführung zu bringen, schien der günstige Erfolg wie gesichert, und jedermann sah schon den zu großen Hoffnungen berechtigenden Komponisten auf dem Dirigentenstuhle im Opern-Theater.

Die Solo-Partie war den Stimm-Eigenschaften der Schechner angepaßt, die eine große Verehrerin von Schuberts Liedern gewesen. Schon während des Einübens ihrer Partie mit dem Komponisten sah sich diese außerordentliche Erscheinung in der damaligen Sängerwelt veranlaßt, um Abänderung verschiedener unbequemer Intervalle zu ersuchen, die ungern zugestanden, dann doch gemacht wurde. Als aber die Sängerin es gewagt, um einige Kürzungen zu bitten, ward ihr mit einem entschiedenen Nein geantwortet. Bei fortgesetzten Klavierproben und tieferer Einsicht in den darzustellenden Charakter aber erklärte die Schechner allen Ernstes, sie müsse in der großen Arie mit Chor erliegen, wenn nicht mehrfache Kürzungen und Vereinfachungen in der Orchestration vorgenommen würden. Keinerlei Erwiderung. Der Administrator intervenierte gleichfalls, aber auch vergeblich. Man bewog nun mehrere der intimsten Freunde Schuberts, auf den störrischen Komponisten einzuwirken, die gewünschten und im Interesse des Werkes für notwendig erachteten Abänderungen noch vor der letzten Probe zu machen, zumal es sich schon bei der ersten Orchester-Probe gezeigt, wie massenhaft die Instrumentierung stellenweise sei und alles zu erdrücken drohe. Das Orchester sprach sich dahin aus, daß solche Massenhaftigkeit in der orchestralen Aufgabe nie dagewesen. Diese und andere Anmerkungen vermochten jedoch keineswegs Schubert zu irgend etwas zu bewegen.

So kam es zur General-Probe, zu welcher die Administration die bei dem Institute in Amt und Würden gestandenen Kapellmeister Weigl, Gyrowetz und Kreutzer, der Aspirant Schubert hingegen eine Anzahl spezieller Freunde und Gönner geladen hatten. Alles ging gut vonstatten bis zur Arie mit Chor, deren Charakter den Ausbruch der höchsten Leidenschaftlichkeit atmete. Wie zu erwarten, so geschah es; die Sängerin, fast in unausgesetztem Kampfe mit dem Orchester, vornehmlich mit den Blasinstrumenten, wurde von den auf ihre kolossale Stimme eindringenden Massen erdrückt. Entkräftet sank sie auf einen zur Seite des Prosceniums stehenden Stuhl. Tiefes Schweigen im ganzen Hause. Spannung auf allen Gesichtern. Währenddessen sah man den Administrator Duport zu einer und der andern der auf der Bühne sich bildenden Gruppen treten, bald wieder mit der Sängerin und den Kapellmeistern insgeheim sprechen. Schubert seinerseits saß während dieser für jeden der Anwesenden beängstigenden Szene wie eine plastische Figur auf seinem Stuhle, den Blick unverwandt auf die vor ihm aufgeschlagene Partitur geheftet. Nach langer Deliberation trat endlich Duport ans Orchester heran und äußerte in höflichem Tone folgende Worte: »Herr Schubert! Wir wollen die Aufführung um einige Tage verschieben, und bitte ich Sie, wenigstens in der Arie die nötigen Abänderungen zu machen und es dem Fräulein Schechner zu erleichtern.« Mehrere der

Künstler im Orchester ersuchten nun Schubert ebenfalls, nachzugeben. Dasselbe tat auch ich, ihm dicht zur Seite sitzend. Nachdem unser Mann diesen Vorgang mit sichtbar steigendem Ingrimm angehört, rief er mit erhobener Stimme aus: »Ich ändere nichts!« Dies ausrufend, schlug er die Partitur laut schallend zu, nahm sie untern Arm und ging raschen Schrittes zum Hause hinaus.

Dies der Anfang und zugleich das Ende der Laufbahn Franz Schuberts als Opern-Dirigent. Noch leben in Wien mehrere Zeugen dieses Vorfalles, und auch im Orchester des dortigen Opern-Theaters wirken heute noch, wie mir wohl bekannt, einige der ausgezeichneten Künstler an derselben Stelle, die sie damals okkupiert: Herr Zierer (Flöte), Herr Klein (Klarinette), Herr Hirt (Fagott) und andere noch.

Mit welchen peinlichen Gefühlen die wahrhaften Musikfreunde die Kunde von diesem Vorfalle aufgenommen, wäre überflüssig zu sagen; nicht wenige, unserem Schubert fernstehende, bemühten sich, eine Wiederanknüpfung der gestörten Verhältnisse zu bewirken; allein nach so eklatanten Beweisen von Störrigkeit wies die Administration jeden Regreß zurück, zumals es ihr nicht unbekannt geblieben, daß Schubert selber bei diesen Vermittlungsversuchen sich ganz passiv verhalten hatte.

Findet sich wohl eine Verwandtschaft zwischen diesem und dem Vorfalle mit Beethoven und seinen Sängern in der neunten Sinfonie, von mir aufgezeichnet in seinem Leben? Gewiß. Aber wie verschieden sind die Gründe, die beide Fälle – nur zwei Jahre auseinanderliegend – erzeugt! Hat sich Beethoven, der vollendete Künstler, gleichwohl gegen die Bitten der Sontag und Unger taub bewiesen (konnte er jedoch nachgeben, ohne den aufgeführten Bau stellenweise zu zerstören?), so hat er doch dem Bassisten Seipelt das Rezitativ im vierten Satze seiner tiefen Stimmlage angepaßt, weil es in der Möglichkeit gelegen. Parallelen, zwischen dem jungen und dem alten Komponisten gezogen, zwischen dem in seinen Lebenstagen auf dem höchsten Gipfel des Ruhmes Stehenden und dem dahin Strebenden, dürften ziemlich naheliegende Kriterien zu richtiger Beurteilung dieser beiden verwandten Fälle an die Hand geben. Dies möge jedoch das Geschäft anderer sein. Mir aber, der ich dem Alten sehr nahe, dem Jungen ziemlich nahe gestanden, scheint es geratener, den eingeschlagenen Weg weiter zu verfolgen, ohne mich bei Parallelen aufzuhalten.

Schuberts obstinates Benehmen gegen wohlgemeinten Rat in dem unstreitig wichtigsten Momente seines Künstler-Lebens, der ihn der Verborgenheit entziehen, seinem Talente aber eine ergiebige und ruhmreiche Zukunft anbahnen sollte, war der Ausfluß seiner Charakter-Eigenheiten. Freiheit und Unabhängigkeit nach jeglicher Richtung hin war die Devise seines Tuns und Lassens, der Basso ostinato seines künstlerischen Denkvermögens. Gestützt auf ein Minimum materieller Bedürfnisse – im besten Verhältnisse zu dem Maximum seines Unabhängigkeits-Bedürfnisses –, sprachen sich diese Eigenheiten in nicht wenigen Fällen des gesellschaftlichen Verkehrs in einem hohen Grade von Eigensinn aus, der oftmals in Starrsinn ausgeartet ist. Man würde aber diesem Charakterwesen sehr irrig ein Übermaß künstlerischen Selbstgefühls oder gar Überschätzung unterstellen. Seine bei allen Gelegenheiten bewiesene Pietät für die Klassiker, sein rastloses Streben liefern Beweise genug gegen solche Unterstellung. Eigensüchtiges Interesse, Ruhmsucht, die nicht wenig Künstler zur Tätigkeit ansporneen, waren für unsern Schubert ungekannte Begriffe; seine so viel nur möglich behauptete Verborgenheit, sein Wandel überhaupt zeugen für die Reinheit seiner Gesinnungen zur Genüge.

Aber, höre ich fragen: sollen denn diese Charakter-Eigenschaften auch als bestimmende Gründe zur Gestaltung seiner Tonwerke – im Allgemeinen oder Speziellen – angenommen werden? Darf demnach wohl die ungebührliche Ausdehnung vieler Sätze infolge zu ofter Wiederholung der Hauptmotive, einzelner Perioden und episodischer Phrasen ebenfalls daraus hergeleitet werden? Sind überhaupt die der Schubertschen Instrumentalmusik von der wohlmeinenden Kritik gemachten Vorwürfe, als: »öde Strecken« – »häufiges Wiederkäuen« – »Geklapper« für begründet hinzunehmen?*

* Zum Beispiel Berliner Musikzeitung, 30. Januar 1850: »Auch in Schuberts schönsten sinfonischen, sonatischen und Trio-Sätzen sind öde Strecken voll Geklapper und Geschrei« usw.

Eduard von Bauernfeld

In zwei umfangreichen, im April 1869 in der Wiener »Presse« erschienenen Aufsätzen berichtet der berühmte Lustspieldichter Eduard von Bauernfeld über seine – nur wenige Jahre dauernde – Freundschaft mit dem Komponisten. Ob die Anekdoten, die er erzählt, der Wirklichkeit entsprechen, wird sich kaum je klären lassen; sie zeigen jedenfalls deutlich das Bild, das er von seinem Freunde bewahrt hat.

Einiges von Franz Schubert

Im Winter 1824/25, als Jurist im vierten Jahre, war ich zugleich mit der Wiener Shakespeare-Ausgabe, so wie mit eigenen Produktionen über und über beschäftigt. Zahllose Dramen und Lustspiele lagen mir nach und nach aufgehäuft, darunter die »Geschwister von Nürnberg«, später »Der Musicus von Augsburg«, »Fortunat« und anderes Ideelle und Romantische, wovon das reale und praktische Theater vor der Hand nichts wissen wollte. Doch arbeitete ich rastlos weiter, brachte damals auch fast alle meine Abende in meiner einsamen Stube zu.

So saß ich auch im Februar 1825 eines Abends in meiner Klause, als mein Jugendfreund Schwind den inzwischen bereits berühmt, wenigstens bekannt gewordenen Schubert zu mir brachte. Wir waren bald vertraut miteinander.

Auf Schwinds Aufforderung mußte ich einige verrückte Jugendgedichte vortragen, dann ging's ans Klavier, Schubert sang, wir spielten auch vierhändig, später ins Gasthaus, bis tief in die Nacht. (Ich bin eitel genug, zu erwähnen, daß ich den fortwährenden musikalischen Übungen mit dem Freunde mein ziemlich fertiges »vom Blatte lesen« verdanke.)

Der Bund war geschlossen, die drei Freunde blieben von dem Tage an unzertrennlich. Aber auch andere gruppierten sich um uns, meist Maler und Musiker, ein lebensfrischer Kreis von Gleichgesinnten, Gleichstrebenden, die Freud und Leid miteinander teilten, wie vor allem der treffliche Schober, der im Sommer 1825 endlich in Wien eintraf.

Das Alter wird ab und zu geschwätzig, aber nur in der Jugend hat man sich eigentlich etwas mitzuteilen und wird nie damit fertig.

So erging es auch uns.

Wie oft strichen wir drei bis gegen Morgen herum, begleiteten uns gegenseitig nach Hause – da man aber nicht im Stande war, sich zu trennen, so wurde nicht selten bei diesem oder jenem gemeinschaftlich übernachtet.

Mit dem Komfort nahmen wir's dabei nicht sonderlich genau! Freund Moritz warf sich wohl gelegentlich, bloß in eine lederne Decke gehüllt, auf den nackten Fußboden hin, und mir schnitzte er einmal Schuberts Augengläser-Futteral als Pfeife zurecht, die eben fehlte. In der Frage des Eigentums war die kommunistische Anschauungsweise vorherrschend; Hüte, Stiefel, Halsbinden, auch Röcke und sonst noch eine gewisse Gattung Kleidungsstücke, wenn sie sich nur beiläufig anpassen ließen, waren Gemeingut, gingen aber nach und nach durch vielfältigen Gebrauch, wodurch immer eine gewisse Vorliebe für den Gegenstand entsteht, in unbestrittenen Privatbesitz über. Wer eben bei Kasse war, zahlte für den oder die andern. Nun traf sich's zeitweilig, daß zwei kein Geld hatten und der dritte – gar keins!

Natürlich, daß Schubert unter uns dreien die Rolle des Krösus spielte und ab und zu in Silber schwamm, wenn er etwa ein paar Lieder an Mann gebracht hatte oder gar einen ganzen Zyklus, wie die Gesänge aus Walter Scott, wofür ihm Artaria oder Diabelli 500 fl. Wiener Währung bezahlte – ein Honorar, mit welchem er höchlich zufrieden war, auch gut damit haushalten wollte, wobei es aber, wie stets bisher, beim guten Vorsatz blieb. Die erste Zeit wurde flott gelebt und traktiert, auch nach rechts und links gespendet – dann war wieder Schmalhans Küchenmeister! Kurz, es wechselte Ebbe und Flut. Einer solchen Flutzeit verdanke ich's, daß ich Paganini gehört. Die fünf Gulden, die dieser Konzertkorsar verlangte, waren mir unerschwinglich; daß ihn Schubert hören mußte, verstand sich von selbst, aber er wollte ihn durchaus nicht wieder hören ohne mich; er ward ernstlich böse, als ich mich weigerte, die Karte von ihm anzunehmen. »Dummes Zeug!« rief er aus – »ich hab ihn schon einmal gehört und mich geärgert, daß du nicht dabei warst! Ich sage dir, so ein Kerl kommt nicht wieder! Und ich hab jetzt Geld wie Häckerling – komm also!« Damit zog er mich fort. Wer hätte sich da nicht erbitten lassen? Wir hörten also den infernalisch-himmlischen Geiger, über dessen Phantasien Heine so schön phantasiert, und waren nicht minder entzückt von seinem wunderbaren Adagio als höchlich erstaunt über seine sonstigen Teufelskünste, auch nicht wenig humoristisch erbaut durch die unglaublichen Kratzfüße der dämonischen Gestalt, die einer an Drähten gezogenen, mageren schwarzen Puppe glich. Herkömmlicherweise wurde ich nach dem Konzert noch im Gasthause freigehalten und eine Flasche mehr als gewöhnlich auf Kosten der Begeisterung gesetzt.

Das war die Flutzeit! Dagegen kam ich ein andermal

zu früher Nachmittagsstunde in das Kaffeehaus beim Kärntnertor-Theater, ließ mir eine ›Melange‹ geben, verzehrte ein halb Dutzend Kipfel dazu. Bald stellte sich auch Schubert ein und tat desgleichen. Wir bewunderten gegenseitig unseren guten Appetit, der sich so früh nach Tisch eingestellt hatte.

»Das macht, ich hab eigentlich noch nichts gegessen«, erklärte mir der Freund, etwas kleinlaut. – »Ich auch nicht!« versetzte ich lachend.

So waren die beiden ohne Verabredung in das Kaffeehaus gekommen, wo wir hinlänglich bekannt waren, und hatten die Melange ›auf Puff‹ genommen, anstatt des Mittagsmahls, welches heute keiner von uns zu bestreiten imstande war. Es war zur Zeit der beiderseitigen völligen Ebbe.

In ähnlicher Lage hatten wir uns auch das ›Du‹ – mit Zuckerwasser zugetrunken! Dann kamen wohl wieder Schubert-Abende, sogenannte ›Schubertiaden‹ mit munteren und frischen Gesellen, wo der Wein in Strömen floß, der treffliche Vogl alle die herrlichen Lieder zum Besten gab und der arme Schubert Franz akkompagnieren mußte, daß ihm die kurzen und dicken Finger kaum mehr gehorchen wollten. Noch schlimmer erging es ihm bei unseren Hausunterhaltungen – nur ›Würstelbälle‹ in jener einfachen Zeit –, wobei es aber an anmutigen Frauen und Mädchen durchaus nicht fehlte. Da mußte nun unser ›Bertel‹, wie er im Schmeichelton bisweilen genannt wurde, seine neuesten Walzer spielen und wieder spielen, bis ein endloser Cotillon sich abgewickelt hatte, so daß das kleine, korpulente und schweißtriefende Männchen erst beim bescheidenen Souper sein Behagen wiederfinden konnte. Kein Wunder, daß er uns bisweilen ausriß und sogar manche ›Schubertiade‹ *ohne* Schubert stattfinden mußte, wenn er just nicht gesellig gestimmt war oder ihm dieser oder jener Gast nicht besonders zusagen wollte. Nicht selten, daß er eine geladene Gesellschaft vergebens auf sich warten ließ, während er mit einem halben Dutzend Schulgehilfen, seinen ehemaligen Kollegen, in einer verborgenen Kneipe behaglich beim Weine saß. Wenn wir ihm tags darauf Vorwürfe machten, so hieß es mit einem gemütlichen Kichern: »Ich war nicht aufgelegt!«

Hier mag es am Platze sein, gewisse Irrtümer zu berichtigen, welche über den ungeniert-genialen Künstler noch immer zeitweise in Umlauf sind, besonders unter Leuten, die sich auf ihre sogenannte Bildung nicht wenig zugute tun. »Das Talent ließ sich nun wohl dem guten Schubert nicht absprechen; aber der feine Schliff, der gute Ton, auch das Wissen, kurz jede weltmännische literarische Bildung fehlten ihm gänzlich«, behauptete man, und man war zuletzt nicht übel gewillt, sich den zarten Liedersänger als eine Art genialen ›besoffenen Wilden‹ vorzustellen, wie sich seinerzeit der prosaische Voltaire den Riesenpoeten Shakespeare *in usum Delphini* zurechtgelegt hatte.

Schubert besaß nun allerdings keine eigentliche akademische Bildung; seine Studien reichten kaum über das Gymnasium hinaus, und er blieb sein kurzes Leben lang Autodidakt.

In seinem Fache kannte er die Meister und Muster ziemlich genau, hatte sich auch, unter Salieris Leitung, mit der Theorie seiner Kunst hinlänglich abgegeben, wenn er auch gewisse Studien, wie ich in der Folge erzählen will, erst im letzten Jahre seines Lebens nachzuholen bemüht war. Auch in der Literatur war er übrigens nichts weniger als unbewandert, und die Art und Weise, wie er die verschiedensten dichterischen Individualitäten als Goethe, Schiller, Wilhelm Müller,

J. G. Seidl, Mayrhofer, Walter Scott, Heine poetisch-lebendig aufzufassen, in neues Fleisch und Blut zu verwandeln und eines jeden Wesen in schöner und edler musikalischer Charakteristik treu wiederzugeben verstand – diese Sanges-Palingenesien dürften allein genügen, um ohne allen weiteren Beweis bloß durch ihr eigenes Dasein darzutun, aus welchem tiefen Gemüt, aus welcher zartbesaiteten Seele diese Schöpfungen hervorquollen. Wer die Dichter so versteht, ist selbst ein Dichter! Und wer ein Dichter ist und mit Freunden und Gleichgesinnten ab und zu anakreontisch zecht, hat noch weit zum besoffenen Wilden! Auch hatte sich dieser Wilde nicht selten an ernste Lektüre gewagt, es finden sich Exzerpte von seiner Hand aus historischen, selbst philosophischen Schriften vor, seine Tagebücher enthalten seine eigenen, zum Teil höchst originellen Gedanken, auch Gedichte, und sein Lieblingsumgang waren Künstler und Kunstverwandte. Dagegen trug er eine wahrhafte Scheu vor gewöhnlichen und langweiligen Leuten, vor Spießbürgern, hoch oben oder in der Mitte, die man gewöhnlich die ›Gebildeten‹ nennt, und Goethes Aufschrei:

Lieber will ich schlechter werden
Als mich ennuyieren!

war und blieb sein, wie unser aller Motto. In mittelmäßiger Gesellschaft fühlte er sich einsam, unbehaglich, gedrückt und verhielt sich meist schweigsam, geriet wohl auch in üble Laune, so sehr man dem berühmt werdenden Manne entgegenkam. Kein Wunder, wenn er sich dann bei Tisch zuweilen ein herzhaftes Räuschchen antrank und sich nebstbei von der lästigen Umgebung durch einige derbe Ausdrücke zu befreien versuchte, so daß man erschrocken von ihm zurückwich. Ich selber hatte einer solchen, im Ganzen mehr lustigen als bedenklichen Szene beigewohnt. Es war an einem Sommer-Nachmittag, und wir waren mit Franz Lachner und andern nach Grinzing zum ›Heurigen‹ gewandert, welchem Schubert besonders zugetan war, so wenig ich dieser scharfen Säure Geschmack abzugewinnen wußte. Unter munteren Gesprächen saßen wir beim Weine, spazierten erst im Abenddunkel zurück; ich wollte gleich nach Hause, da ich damals in einer entlegenen Vorstadt wohnte, allein Schubert zog mich mit Gewalt ins Gasthaus, auch wurde mir das Kaffeehaus hinterher nicht geschenkt, mit welchem er den Abend, eigentlich die späte Nacht zu beschließen gewohnt war. Es war bereits ein Uhr, und eine äußerst lebhafte musikalische Diskussion hatte sich beim heißen Punsche entsponnen. Schubert setzte Glas auf Glas und war in eine Art Begeisterung geraten, in welcher er, beredter als gewöhnlich, Lachner und mir alle seine Zukunftspläne auseinandersetzte. Da mußte ein eigener Unstern ein paar ausübende Künstler, berühmte Orchester-Mitglieder des Operntheaters, ins Kaffeehaus führen. Beim Eintritt dieser Leute hielt Schubert mitten in seiner schwungvollen Rede inne; seine Stirn runzelte sich, seine grauen Äuglein glänzten wild unter den Augengläsern hervor, an denen er unruhig hin und her schob. Kaum hatten aber die Musiker den Meister erblickt, als sie eiligst auf ihn zuliefen, seine Hände ergriffen, ihm tausend Schönes sagten, ihn mit Schmeicheleien beinahe erdrückten. Schließlich kam heraus, daß sie eine neue Komposition für ihr Konzert sehnlichst wünschten, mit Solostellen für ihre besonderen Instrumente, Meister Schubert werde sich gewiß willfährig erweisen usw.

Der Meister zeigte sich aber nichts weniger als willfährig, sondern er schwieg. Auf wiederholtes Andringen sagte er kurzweg: »Nein! Für euch schreib ich nichts.«

»Nichts für uns?« fragten die Männer betreten.

»Nein! durchaus nicht.«

»Und warum nicht, Herr Schubert?« wurde in etwas gereiztem Tone erwidert. »Ich denke, wir sind Künstler so gut wie Sie! Man kennt in ganz Wien keine besseren.«

»Künstler!« rief Schubert, trank hastig das letzte Glas Punsch aus und stand vom Tische auf. Dann schob der kleine Mann den Hut übers Ohr und stellte sich dem einen körperlich großen und dem andern mehr korpulenten Virtuosen wie drohend entgegen. »Künstler?« wiederholte er. »Musikanten seid Ihr! Weiter nichts! Der eine beißt in das Messingmundstück seines hölzernen Prügels, der andere bläst sich die Backen auf an seinem Waldhorn! Nennt ihr das Kunst? Ein Handwerk ist's, eine Fertigkeit, die Geld einbringt, und damit holla! – Künstler ihr! Wißt ihr nicht, was der große Lessing sagt? – Wie kann einer sein ganzes Leben lang nichts tun, als in ein Holz mit Löchern beißen! – Das hat er gesagt – (zu mir gewendet) oder was Ähnliches! Gelt? (wieder zu den Virtuosen): Ihr wollt Künstler sein? Bläser und Fiedler seid ihr alle miteinander! Ich bin ein Künstler, ich! Ich bin Schubert, Franz Schubert, den alle Welt kennt und nennt! der Großes gemacht hat und Schönes, das ihr gar nicht begreift! und der noch Schöneres machen wird – (zu Lachner): Gelt, Bruder, gelt? – das Allerschönste! Kantaten und Quartetten, Opern und Symphonien! Denn ich bin nicht bloß ein Ländler-Komponisteur, wie's in der dummen Zeitung steht und wie's die dummen Menschen nachschwatzen – ich bin Schubert! Franz Schubert! daß ihr's wißt! Und wenn das Wort Kunst ausgesprochen wird, ist von mir die Rede, nicht von euch Würmern und Insekten, die ihr Soli verlangt, die ich euch niemals schreiben werde – ich weiß wohl warum! Ihr kriechenden und nagenden Würmer, die mein Fuß zertreten sollte – der Fuß des Mannes, der an die Sterne reicht – *sublimi feriam sidera vertice* (zu mir) übersetz ihnen das! – An die Sterne, sag ich, während ihr armen blasenden Würmer euch im Staube windet und mit dem Staube als Staub verweht und vermodert!«

Eine solche, wohl noch weit ärgere, aber dem Inhalte nach getreu wiedergegebene Tirade ward den verblüfften Virtuosen an den Kopf geworfen, die mit offenen Mäulern dastanden, ohne ein Wort der Gegenrede zu finden, während Lachner und ich uns bemühten, den erhitzten Kompositeur von dem Schauplatze des jedenfalls unliebsamen Auftrittes zu entfernen. Unter beschwichtigenden Worten brachten wir ihn nach Hause.

Am nächsten Morgen lief ich zu dem Freunde, um nachzusehen, da mir sein Zustand bedenklich erschienen war. Ich traf Schubert noch im Bette, fest schlafend, die Augengläser auf dem Kopf, wie gewöhnlich.

Im Zimmer lagen die Kleider von gestern, wild und wirr durcheinander geworfen. Auf dem Schreibtisch lag ein halbbeschriebener Bogen Papier, ein Meer von Tinte aus dem umgeworfenen Dintenfaß darüber hingegossen. Auf dem Blatte stand: »Um 2 Uhr nachts« – und nun folgten ein paar halb verworrene Aphorismen, heftige Gemütsausbrüche. Kein Zweifel, er hatte das gestern, nach der heftigen Szene niedergeschrieben.

So hatte ich mir die verwunderliche Stelle exzerpiert: »Beneidenswerter Nero, der Du so stark warst, bei Saitenspiel und Gesang eckles Volk zu verderben!!«

Ich wartete das Erwachen des Freundes ab. – »Du bist's?« sagte er, nachdem er mich erkannt, schob die Augengläser zurecht und reichte mir, freundlich lächelnd, obwohl beinahe verlegen, die Hand. – »Ausgeschlafen?« fragte ich mit einer gewissen Betonung. –

»Unsinn!« fuhr Schubert heraus und sprang lautlachend aus dem Bette. Ich konnte nicht umhin, der Szene zu erwähnen. – »Was werden sich die Leute von dir denken?« sagte ich, ein wenig im Hofmeisterton.

»Die Spitzbuben!« erwiderte Schubert ruhig und gutmütig. »Weißt du denn, daß es die intrigantesten Schlingel von der Welt sind? Auch gegen mich. Sie haben die Lektion verdient! Obwohl's mich reut. Aber ich werd ihnen die verlangten Solis schreiben, und sie küssen mir noch die Hand dafür. Ich kenn das Volk!«

Da habt ihr ein Stück Schubert.

Wenn sich dem von Kunstgesprächen und aufregenden Getränken Erhitzten den plumpen Gesellen gegenüber das Gefühl seines eigenen Wertes etwas lebhafter aufdrängte, als dem Ernüchterten selber lieb sein mochte, so war's das einemal und in einer besondern Gemütsstimmung. Wir haben sonst unsern Franz nie anders als liebenswürdig und bescheiden gekannt, den Freunden auf das innigste ergeben, wie die früher mitgeteilten Briefe dartun, und die Leistungen anderer liebevoll anerkennend, wie er sich denn auch über jedes Blättchen unseres genialen Schwind immer wieder aufs neue entzückte. Gegen das Schlechte und Verkehrte trug er dagegen einen wahren Haß.

Die Lebensweise Schuberts war einfach wie er selbst. Jeden Morgen um neun Uhr besuchte ihn die Muse und verließ ihn selten vor zwei Uhr mittags ohne eine bedeutende Gabe. Wenn ihm nun was recht Tüchtiges gelungen war, so schlug sein guter Humor vor und belebte des Abends den ganzen Freundeskreis. Aber man hat nicht lauter gute Stunden! Melancholie und zeitweiliger Katzenjammer bleiben keinem Sterblichen aus. Nebenbei lief es auch bei dem in gewissen Dingen ziemlich realistischen Schubert nicht ohne einige Schwärmerei ab. Eigentlich war er zum Sterben in eine seiner Schülerinnen verliebt, in eine junge Komtesse Esterházy, welcher er auch eine seiner schönsten Klaviersachen, die vierhändige Phantasie aus f-Moll, gewidmet hatte. Er kam auch außer den Lektionsstunden bisweilen in das gräfliche Haus, unter Schutz und Schirm seines Gönners, des Sängers Vogl, der mit Fürsten und Grafen wie mit seinesgleichen verkehrte, überall das große Wort führte und sich, wenn er den genialen Kompositeur unter seine Flügel nahm, wie der Kornak gebärdete, der eben eine besondere Rarität aus dem Tierreiche vorzuzeigen hat. Schubert ließ sich bei dieser Gelegenheit nicht ungern in Schatten stellen, hielt sich im Stillen zu der angebeteten Schülerin, drückte sich den Liebespfeil immer tiefer ins Herz. Für den lyrischen Dichter wie für den Tondichter ist eine unglückliche Liebe, wenn sie nicht gar zu unglücklich ist, vielleicht ein Vorteil, indem sie seine subjektive Empfindung erhöht und den Gedichten und Liedern, die ihr entströmen, Farbe und Ton der schönsten Wirklichkeit aufdrückt. Produktionen wie die beiden »Suleika«, die »zürnende Diana«, vieles aus den »Müllerliedern« und der »Winterreise«, lauter musikalische Selbstbekenntnisse, in die Glut einer wahren und tiefen Leidenschaft getaucht, sind geläutert und abgeklärt als echte Kunstwerke in schönster Form aus dem zarten Innern des Liebenden hervorgegangen. In Schubert schlummerte übrigens eine Doppelnatur. Das österreichische Element, derb und sinnlich, schlug im Leben vor wie in der Kunst. Neue und frische Melodien wie Harmonien und Rhythmen sprudelten in Hülle und Fülle aus einer reich begabten Brust, trugen auch nicht selten den Charakter des von jeher sangreichen Bodens an der Stirne, welchem ihr Schöpfer entsprossen war – was übrigens kein Tadel sein soll, weit davon! [...]

Wie das Volkslied überhaupt die Grundlage der Oper ist, so wird und muß sich auch Lied und Oper einer Nation nach ihrer eigentümlichen musikalischen Empfindungsweise gestalten und ausbilden. Es genügt, Rossini, Auber und Weber zu nennen und die verschiedensten nationalen Opernrichtungen anzudeuten. Die italienische Barcarole, die französischen Chansons und Romanzen verharren beiläufig in ihrer stereotypen Form; das deutsche Lied scheint einer unendlichen Weiterbildung fähig. Im Anfang war es einfaches Strophenlied, wie unter Reichardt und Zelter; späterhin brachte Zumsteeg die durchkomponierte Ballade in Schwung, bis Schubert seine kleinen lyrischen und Seelendramas schuf. Seitdem hat das deutsche Lied nun freilich keine weiteren erheblichen Fortschritte gemacht, denn wenn man auch die rein künstlerische, edle und poetische Form, welche ihm Mendelssohn aufzudrücken wußte, nicht gering anschlagen darf, so geht doch bei diesem Meister die Erfindung, das Ursprüngliche und Schöpferische nicht gleichen Schrittes mit seiner Bildung und Kunstausbildung. Bei Schubert dagegen läßt sich an der Form, an der musikalischen Deklamation, an den frischen Melodien selbst so manches tadeln. Die letzteren klingen bisweilen zu vaterländisch, zu österreichisch, mahnen an Volksweisen, deren etwas niedrig gehaltener Ton und unschöner Rhythmus nicht die volle Berechtigung hat, sich in das poetische Lied einzudrängen. In dieser Richtung kam es gelegentlich zu kleinen Diskussionen mit Meister Franz. So wenn wir ihm nachzuweisen suchten, daß gewisse Stellen in den »Müllerliedern« an einen alten österreichischen Grenadiermarsch und Zapfenstreich erinnerten, oder an Wenzel Müllers: »Wer niemals einen Rausch hat g'habt!« – Er wurde wohl ernstlich böse über solche kleinlich nörgelnde Kritik, oder er lachte uns aus und sagte: »Was versteht ihr? Es ist einmal so und muß so sein!« – Aber es mußte und sollte nicht sein, wie sich's die erste sprudelnde, übermütige und unausgebildete Jugend in den Kopf gesetzt, und in den späteren und reiferen Erzeugnissen ist auch keine jener von uns getadelten burschikosen und trivialen Weisen fürder zu entdecken.

Kam in dem kräftigen und lebenslustigen Schubert, so im geselligen Verkehr wie in der Kunst, der österreichische Charakter bisweilen allzu stürmisch zur Erscheinung, so drängte sich zeitweise ein Dämon der Trauer und Melancholie mit schwarzem Flügel in seine Nähe – freilich kein völlig böser Geist, da er in den dunkeln Weihestunden oft die schmerzlich-schönsten Lieder hervorrief. Allein der Kampf zwischen ungestümem Lebensgenuß und rastlos geistigem Schaffen ist immer aufreibend, wenn sich in der Seele kein Gleichgewicht herstellt. Bei unserm Freunde wirkte zum Glück eine ideelle Liebe vermittelnd, versöhnend, ausgleichend, und man darf Komtesse Karoline als seine sichtbare wohltätige Muse, als die Leonore dieses musikalischen Tasso betrachten.

FERDINAND HILLER

Der berühmte, aus Frankfurt stammende, in Paris, Italien und zuletzt in Köln lebende Klaviervirtuose, Dirigent und Komponist Ferdinand Hiller hatte Anfang 1827, als Fünfzehnjähriger, gemeinsam mit seinem Lehrer Johann Nepomuk Hummel eine Reise nach Wien unternommen, um Beethoven zu besuchen. In seinen 1877 erschienenen »Briefen an eine Ungenannte« erinnert er sich auch an einen Besuch bei Schubert, der damals mit seinem Freund Franz von Schober zusammenlebte.

Brief an eine Ungenannte

Auch mich, verehrteste Frau, beschleicht oft eine unendliche Sehnsucht nach dem schönen Süden, namentlich nach Italien. – Es gibt zwar Mittel genug, dem »kleinen Elend« des Tages zu entfliehen, man kann sich zurückziehen in Bachsche Kantaten und verflossene Jahrhunderte, in sich selbst und in andere, – aber frisch in der Außenwelt leben und zu gleicher Zeit in der Geschichte, eine Natur genießen, die sich zum Kunstwerk erhebt, und eine Kunst, deren Erzeugnisse einem wunderbaren Boden wie Blumen entsprossen scheinen, das kann man nur in jenem bevorzugten Lande. Vergangenheit und Gegenwart verschlingen sich dort in so einziger Weise, daß man, wie es uns von Urwäldern geschildert wird, Mühe hat, die alten Stämme zu unterscheiden in all dem frischen blühenden Pflanzenwuchs, von welchem sie umgeben sind. Auch die schroffen Gegensätze, die uns im Norden so viel zu schaffen machen, Bildung und Rohheit, Armut und Reichtum, sie erscheinen dort in einem viel milderen, ich möchte sagen, viel versöhnlicheren Lichte. Wir Nordländer begreifen das Elend kaum, wenn es von der Bläue des südlichen Himmels überschattet wird, und alle Welt zeigt dort einen Abglanz des alten Kultus der allgemeinen Schönheit. Als ich zum ersten Male über die Alpen gelangte, hatte ich den Weg über den St. Gotthard eingeschlagen. Die Nacht war ich in Andermatt geblieben, am folgenden Morgen zum Spital gelangt, wo ich einen kleinen Einspänner nahm, dessen Leiter ein schwarzgelockter, sehr dunkelbraun gefärbter Italiener war. Er jagte sein armes Roß die Höhe hinunter, daß schon die tolle Bewegung mein Blut in Wallung setzte. Und wie es denn immer grüner und blühender wurde und an den Seiten des Weges die Weingehänge von Baum zu Baum schwankten, als seien es Festgirlanden, die man aufgehängt, um den Einzug des Wanderers zu feiern, da überkam mich eine freudige Rührung, wie ich sie nicht oft in gleicher glückseliger Weise empfunden. Der Vetturino mochte mir ansehen, wie es mir zu Mute, und um sich mit mir in Harmonie zu setzen, rief er fortwährend aus: »Che bel paese!« – und ich wiederholte: »Oh sì, che bel paese!« – und auch heute ruft es laut und sehnsüchtig in mir, wenn ich an Italien denke: Che bel paese!

Wenn eine halbwegs künstlerisch angelegte Natur sich einmal an- und ausgefüllt hat mit aller Schönheit, die uns dort auf Tritt und Schritt entgegenleuchtet, müßte sie von Rechts wegen gefeit sein fürs ganze Leben. Es ist leider nicht so! Manche Schönheitsblüte entwickelt sich in unserer Phantasie zum Fruchtkern, und es erwächst mit der Zeit auch eine neue Blume daraus. Das echte Erdreich, den reichsten Samen wird jedoch immer Mutter Natur in unserem Innern bereitet haben müssen. Und wie viel hängt dann noch für die Entwicklung von

Wind und Wetter ab. Es gibt Zeiten und Epochen, in welchen den künstlerisch Schaffenden fast jeder Sinn für die Schönheit abhanden zu kommen scheint, und ich fürchte, wir leben in einer solchen. Man strebt nach Neuem, Aufregendem, Aufstachelndem, Wirkungs- oder besser Effektvollem, – man will überraschen, ja, betäuben, man will, koste es, was es wolle, tief und geistreich sein, – man verwechselt das Schöne mit dem Konventionellen, mit dem Oberflächlich-Glatten, und verachtet es wohl gar, weil man's kaum begreift. Es ist freilich nur den auserlesensten Genies in Kunst und Poesie gegeben gewesen, zu gleicher Zeit tief und schön zu sein, – aber warum ihnen nicht wenigstens nachstreben!? Das Schöne ist und bleibt doch – das Schönste.

Glauben Sie jedoch nicht, verehrteste Frau, daß ich gegen die große Zeit, in der ich das Glück habe, zu atmen, ungerecht sei. Vollbringt sie auch ihre höchsten Taten auf Gebieten, welche mit allem, nur nicht mit dem Schönen zu tun haben, so hat sie nichts desto weniger auch herrliche Schöpfungen im Reiche des Idealen aufzuweisen. Sie sprechen mir von dem unerschöpflichen Reichtum der Schubertschen Gesänge (die freilich schon ein halbes Jahrhundert alt sind) und Ihrer Freude, immer wieder etwas neues von ihm zu finden, was Sie entzückt oder doch wenigstens reizt. Auch hier bietet sich mir die Gelegenheit dar, Ihnen von ersten Eindrücken zu erzählen, denn ich habe Schubert gekannt und seine Lieder durch ihn selbst kennen lernen. Das geschah folgender Maßen.

Als ich im Winter 1827 mit meinem Meister nach Wien reiste, wo ich Beethoven wenige Wochen vor seinem Tode noch sehen und sprechen sollte, hatten wir Schubert nie nennen hören. Eine Jugendfreundin Hummels, die frühere Sängerin Buchwieser, damals die Gattin eines reichen ungarischen Magnaten, schwärmte für ihn, oder vielmehr für seine Gesänge, und in deren Hause wurde er dem berühmten Kapellmeister vorgestellt. Wir speisten dort mehrmals in Gesellschaft des stillen, jungen Mannes und seines Leibsängers, des Tenoristen Vogel [richtig: Vogl]. Letzterer, schon ältlich, aber voller Feuer und Leben, hatte sehr wenig Stimme mehr, – und das Klavierspiel Schuberts war, trotz einer nicht unbedeutenden Fertigkeit, weit entfernt, meisterlich zu sein. Und doch habe ich die Schubertschen Gesänge nie wieder gehört wie damals! Vogel [Vogl] wußte seinen Mangel an Stimme durch innigsten, treffendsten Ausdruck vergessen zu machen, und Schubert begleitete, – wie er begleiten mußte. Ein Stück folgte dem andern – wir waren unersättlich, – die Ausführenden unermüdlich. Ich habe noch meinen dicken, treuherzigen Meister vor Augen, wie er in dem großen Salon seitwärts vom Piano auf einem bequemen Sessel saß, – er sagte wenig, aber die hellen Tränen liefen ihm über die Wangen. Wie mir dabei zu Mute, vermag ich nicht zu schildern. Es war eine Offenbarung.

An einem der folgenden Tage machte ich Schubert einen Besuch in seinem hochgelegenen, dürftig ausgestatteten Zimmer. Ein ziemlich breites, in ursprünglichster Einfachheit konstruiertes Stehpult ist mir noch gegenwärtig, – es lagen frisch geschriebene Manuskripte darauf. »Sie komponieren so viel«, sagte ich zum jungen Meister. »Ich schreibe jeden Vormittag einige Stunden«, erwiderte er im bescheidensten Tone, – »wenn ich ein Stück fertig habe, fange ich ein anderes an.« Der geniale Maler Schwind, den ich in späteren Jahren kennen lernte, erzählte mir viel von jenem, in seiner unbefangenen Größe so wunderbaren Künstlerleben. Schwind war mit Schubert aufs innigste befreundet und wohnte wohl ein

Jahr lang mit ihm auf demselben Hausgange. »Kein glücklicheres Dasein konnte es geben«, rief er in seiner humoristischen Weise aus. »Jeden Morgen komponierte er etwas Schönes, und jeden Abend fand er die enthusiastischsten Bewunderer. Wir vereinigten uns in seinem Zimmer, – er spielte und sang uns vor, – wir waren begeistert, und dann ging es in die Kneipe. Geld hatten wir keins – aber wir waren selig.«

Schuberts Leben rauschte hin, – ein schäumender Melodienstrom. Er durchlebte zu gleicher Zeit einen Frühling voller Blüten, einen Herbst voller Früchte. Er kannte den sengenden Sommer nicht, der vielleicht manche der letzteren zu vollständigerer Reife gebracht haben würde. Und der Winter wurde ihm ganz und gar erspart.

Auch hier tritt die Frage nach dem Glück wieder heran, verehrte Frau. Ist ein früher Tod wünschenswert? Daß er einen begabten, geliebten Menschen poetisch verklärt, kommt diesem ja nicht zustatten. Die Frage wird immer die sein, ob er sich ausgelebt, – wer vermag sie zu beantworten? Waren Raffael und Mozart erschöpft, als sie starben? Ihre letzten Werke zeigen nichts davon. Oder waren ihre körperlichen Hüllen zu schwach gewesen für die Arbeit, die ihr Genius ihnen ohne Unterlaß auferlegte? Aber Leib und Seele, das sind ja veraltete, überwundene Begriffe. Mir scheint in meiner philosophischen, psychiologischen und physiologischen Laienhaftigkeit, daß die Rätsel des Daseins immer unauslöslicher werden, je mehr man davon auflöst oder aufzulösen glaubt.

Jedenfalls wünsche ich Ihnen, verehrteste Frau, ein langes und volles Leben, um so mehr, als das längste nicht lang und das vollste nicht voll ist.

Gustav Theodor Fechner

Der berühmte Physiker und Philosoph Gustav Theodor Fechner tendierte nach einem gesundheitlichen Zusammenbruch 1840 immer mehr auch zu spekulativem Denken. Er suchte nach einer Synthese zwischen naturwissenschaftlich-exaktem und poetisch-spekulativem Denken. In seiner 1876 erstmals erschienenen »Vorschule der Ästhetik« versuchte Fechner, der eine der wichtigsten und einflußreichsten Persönlichkeiten in der Geistes- und Wissenschaftsgeschichte des 19. Jahrhunderts war, den spekulativ-deduktiven Ästhetik-Systemen des Idealismus, die besonders bei Hegel und seinen Nachfolgern entfaltet worden waren, eine ›Ästhetik von unten‹ entgegenzusetzen: eine Ästhetik, die versucht, allgemeine Grundsätze auf ›empirische‹ Erkenntnisse über das, was faktisch als schön empfunden wird, zurückzuführen. Im zweiten Teil dieses Werkes behandelt Fechner im Kapitel über das »Idealisieren« auch die Frage, inwiefern bei der künstlerischen Darstellung von Individuen (bei der er im Zweifelsfall eher den treffenden und realistischen Porträts den Vorzug gibt) doch auch eine gewisse Idealisierung möglich sei: Das gelte dann, wenn – so Fechner – »die Darstellung eine monumentale sein soll, indem Monumente gewissermaßen zugleich Apotheosen sind, und es einen gerechtfertigten Zweck haben kann, einen großen Mann nur nach der Seite seines Wesens, die ihm das Monument verdient hat, für die Nachwelt zur charakteristischen Darstellung zu bringen«. Dabei kann sich nach Fechner der Konflikt im Einzelfall durchaus verschärfen, »wenn die äußere Erscheinung des Menschen dem monumentalen Charakter widerspricht«. Als ein Beispiel für die widerstrebenden Tendenzen der realistischen Dar-

stellung einerseits und der monumentalen Idealisierung andererseits führt Fechner – und das ist für das Schubert-Bild jener Zeit sehr charakteristisch – die Debatten um das Schubert-Denkmal im Wiener Stadtpark an. Der Auftrag ging schließlich an den von Fechner erwähnten Karl Kundmann. – Fechner zitiert in seinen Ausführungen aus einem Artikel im Beiblatt zu »Lützows Zeitschrift für bildende Kunst«, Nr. 20, 1866.

Über das Schubert-Denkmal im Wiener Stadtpark

Ein frappantes Beispiel der Verlegenheit, den Konflikt zu lösen, ja der Unmöglichkeit ihn glücklich zu lösen, bot das im Wiener Stadtpark aufzustellende Monument für den Lieder-Komponisten Franz Schubert dar. Zur Errichtung desselben war ein Kapital zusammengebracht und drei Künstler Wiedemann in München, Kundtmann in Rom und Pilz in Wien eingeladen, sich mit Skizzen an der Konkurrenz um die Ausführung zu beteiligen. Keine der drei Skizzen genügte, und wie war es auch möglich, sagt der Berichterstatter »wo wie bei Schubert nicht nur der geistige Mensch, mit seinem tiefinnerlichen, feinbesaiteten Seelenleben, sondern auch die äußere Erscheinung in ihrer charaktervollen unschönen Derbheit sowohl unter sich, als mit den Stilgesetzen der Plastik in Widerspruch geraten. Diesen fast wie der edle John ins Breite gegangenen Körper, ... diesen feisten Krauskopf mit den Schlemmerlippen und der bebrillten Stumpfnase, wer will ihn uns bilden in ganzer Figur, wer k a n n es, ohne seinem eigenen, dem Genius des göttlichen Sängers Eintrag zu tun, der für uns der Inbegriff alles Zarten und Innigen, die Psyche des deutschen Liedes selber ist.«

Wiedemann hatte die Erscheinung Schuberts mit der Unordnung seiner Haare, dem freistehenden Vatermörder, dem ausgerundeten Bäuchlein, so naturalistisch wiedergegeben, daß die geistige Bedeutung des Mannes darüber nicht zur Aussprache kam, vielmehr derselbe erschien »wie ein äußerlich wohlkonditionierter Beamter, der sich in nachdenklicher Stellung zwischen Daumen und Zeigefinger eine Prise aufbewahrt, mit der er, sobald ihm der richtige Gedanke gekommen, seine Nase belohnen wird«; wogegen der Pilzsche Schubert »in seiner echt plastischen, das Kleine und Kleinliche verschmähenden Haltung, mit dem Ausdrucke des Nachdenkens, des künstlerischen Denkens einen günstigen Gesamteindruck machte, aber sich ganz fremdartig gegen den wirklichen Schubert darstellte, »keinen traulich ansprechenden Zug desselben enthielt«. Ebensowenig befriedigte Kundtmanns Skizze.

Der Berichterstatter empfiehlt nun, um die Schwierigkeit der Aufgabe die sich einmal nicht heben ließ, wenigstens zu reduzieren, statt einer ganzen Porträtstatue bloß eine Büste zu geben, und diese mit reliefartigem, an die Architektur sich anschließenden Schmuck zu umgeben. Vielleicht aber wäre es besser, bei so starken Konflikten von einer Porträtstatue überhaupt abzusehen und dem Andenken des Mannes lieber eine Stiftung mit dem Namen und im Sinne desselben zu widmen.

August Wilhelm Ambros

Aus Anlaß der Errichtung des Wiener Schubert-Denkmals im Mai 1872 suchte der berühmte Prager Musikhistoriker August Wilhelm Ambros das Wiener Schubertbild zurechtzurücken, ihm einen eigenen, selbständigen Platz neben Beethoven zuzuweisen und zu zeigen, wie viel die damals »neue« Musik gerade ihm verdankt. Die Studie war ihm wichtig genug, sie in seine Aufsatzsammlungen »Bunte Blätter« aufzunehmen.

Schubertiana

Für die Musik beginnt jetzt im Wonnemonat Mai die Zeit des (wie ein Geolog sagen würde) »Totliegenden« – die musikalischen Instrumente rücken, zum Widerspiele der Soldaten, nach der Wintercampagne in die Ruhe der Sommerquartiere, die Sänger nehmen reisefertig den Bädecker zur Hand oder entfliehen mindestens der stauberfüllten, glutheißen Residenz, um sich in der Sommerfrische irgendeines Alpentales Erholung zu gönnen, wenn sie nicht etwa den ehrgeizigen Appetit verspüren, zu den Lorbeerkränzen, die sie daheim unter dem Zeichen des Steinbocks erhalten haben, in der Fremde gastspielend unter dem Zeichen des Krebses neue Lorbeern zu erringen. Auch die musikalische Kritik, die in ihrem offenen, Krieg versündigenden Janus-Tempel dagesessen (sie selbst kann recht gut den Gott Janus vorstellen, mit einem musikhistorisch rückwärts schauenden und einem nach »Zukunftsmusik« vorwärts blickenden Gesicht – nur das, was ihr als Gegenwart vor der Nase liegt, sieht sie nicht immer ganz genau und richtig), die

Karl Kundmann: Schubert-Denkmal im Wiener Stadtpark (1872). Photographie

Kritik schließt zum Zeichen des Friedens die Tempelpforten.

Es ist ein wahrer Trost, daß die zu Ende gehende Saison 1872 in Wien mit einem so rein künstlerischen Wohllaute schloß, wie die Schubert-Feier war; daß nicht die Eruption des welthistorischen Wagner-Konzertes mit ihren Laven, Rapilli, Bomben und Aschengüssen, sondern jene reine, stillere, aber erwärmende Opferflamme das Ende bezeichnete. Über Feier und Konzert erlasse man uns zu berichten, man möge es uns nur zugutehalten, wenn wir diese Blätter eben auch auf jenem Opferaltare als anspruchslose Gabe niederlegen.

Schwerlich aber würde sich irgendein Mensch in der weiten Welt über das Monument und das solenne Konzert mehr verwundert haben als Franz Schubert selbst, der seine Musik machte, wie der Vogel [Vogl] singt, wie die Blume blüht, und keineswegs verlangte, daß die Welt über etwas ihm so Natürliches aus Rand und Band gerate. »Es steckt etwas in Ihnen, aber Sie sind zu wenig Komödiant, zu wenig Scharlatan«, sagte der Hofopernsänger Vogel [Vogl] zum jungen Schubert, als er dessen erste Lieder kennengelernt. So lange Schubert lebte, war von ihm nicht eben viel die Rede, doch fing man endlich an, von dem Liederkomponisten Notiz zu nehmen, und noch bis heute hat sich dieser erste Eindruck nicht völlig verloren. Bei seinem Namen denkt noch jetzt die Mehrzahl sofort an »Erlkönig« und »Wanderer« – denn auch aus der nicht zu erschöpfenden Schatzkammer der Schubertschen Lieder hat sich das Publikum eben nur eine gewisse, nicht allzu große Zahl von Lieblingsstücken ausgesucht, welche es immer wieder hören will.

[...]

Schuberts Lebenslauf bietet dem Biographen kaum

ein genügendes Material; es war schon ein »Ereignis«, wenn er westwärts bis Salzburg, ostwärts einige Meilen über die Leitha hinüber in ein ungarisches Grafenschloß kam. Übrigens blieb er in seinem lieben Wien und dessen herrlicher nächster Umgebung sitzen, als echtes Wiener Kind, dem sonst nirgends in der Welt so wohl werden mag. Denn in der Tat könnte man bekannte Verse Lenaus also parodieren: »Weiter soll sich nie von Wien je der Wiener wagen, als man sieht den Stephansturm in die Lüfte ragen.« Über den »austriazisierenden« Zug in Schuberts Musik hat noch kaum jemand ein Wort verloren; Schumann ahnte ihn wohl, aber er ahnte ihn eben nur. [...] Und doch ist dieser Zug so entschieden ausgesprochen wie an anderen Stellen der »hungarisirende«, wiewohl letzterer allerdings mehr in die Augen, oder, besser gesagt, in die Ohren fällt. Austriazismen und Hungarismen treten vorzüglich in den Instrumentalwerken Schuberts zu Tage. Aus gewissen Trios der Scherzi (a-Moll-Quartett, Phantasiesonate u. a. m.) lächelt uns der behagliche, gemütliche »Ländler« vertraulich an, aber in künstlerischer Veredlung.

Und nun sehe man vollends diese zahlreichen Hefte voll Walzer und Ländler an (man findet sie in der neuen vortrefflichen Cotta-Ausgabe zu einem Bande vereinigt), diese unerschöpfliche Fülle von Lust und Jubel – hier erscheint Schubert oft geradezu als der Vorläufer des Walzerfürsten Johann Strauß. Mit Unrecht scheint mir, macht Bülow zur Beethovenschen Sonatine op. 79 und dem sie eröffnenden Presto alla tedesca die Bemerkung: »Es sei interessant zu bemerken, um wie viel genialer, d.h. männlicher, ohne deshalb die Anmut zurückzusetzen, Beethoven, wenn ihn die Laune dazu trieb, das charakteristische musikalische Lokalmoment seiner Wiener Umgebung, den Ländler, zu verwerten verstand, als Franz Schubert.«

[...]

Was sollen wir von den beiden bisher bekannten Symphoniewerken Schuberts sagen? In all diesen Werken ist in gleichem Maße interessant, worin er Beethoven ähnlich und worin er von Beethoven verschieden ist. Der Zug lebensfrischer, starker, aber gesunder Sinnlichkeit, der unverkennbar in allen diesen Tonwerken Schuberts lebt, ist keineswegs ihre schlimmste Eigenschaft. Beethoven blickt bei seinem Geisterfluge mit ernstem Auge zu den ewigen Sternen, zu den unendlichen Tiefen des Himmels empor, wo dem Geiste, der überfliegen möchte, endlich die Flügel ermatten müßten. Schubert verliert bei seinem Fluge, indem er lächelnd herabblickt, die schöne Erde mit ihren Blumengärten, Fruchtfeldern und Weinbergen keinen Moment aus dem Auge. Man spricht in der Optik von komplementären Farben – es ist, als ob zwischen Beethoven und Schubert ein ähnliches Verhältnis obwalte. Allerdings aber weiß Beethoven seinen Tonstoff in seinen Symphoniewerken ganz anders zu beherrschen als Schubert, dem die eigene Fülle oft über den Kopf wächst. Beethoven hat auf der Schulbank gesessen; sie war sehr hart und der Titane mag oft genug ungeduldig hin- und hergerückt, ja gelegentlich etwas Weniges mit den Füßen gestampft haben, aber er blieb sitzen, bis Lektion und Lehrstunde aus war. Schubert lernte musikalisch die Regel und das Gesetz, wie ein Kind die Sprache seiner Heimat lernt und vortrefflich redet, ohne sich nach Grammatik und Syntax über das Gesprochene Rechenschaft geben zu können. »Er hat's vom lieben Gott gelernt«, meinte kopfschüttelnd der erste musikalische Scholarch, in dessen Zucht und Lehre Schubert kam.

[...]

Es gibt zwei, wenn man will drei Arten thematischer Durchführung; die eine ältere ist die wesentlich formelle, die kontrapunktische, wo das Thema nach den verschiedenen polyphonen Kombinationen, die es zuläßt, entwickelt wird – eine wesentlich der Kunstform als solcher angehörige Richtung – einer Form freilich, bei welcher nichts im Wege steht, so viel Geist hineinzupacken, als darin Platz hat. Die zweite Art der Durchführung könnte man die poetisch-charakteristische nennen, bei welcher dem Thema die ganze darin latente Ausdrucksfähigkeit durch mannigfache Gestaltungen abgewonnen wird. Die erste finden wir bei Bach, bei Händel und ihren Zeitgenossen, die zweite bei Beethoven. Zwischen beiden steht gewissermaßen als Übergang Mozart. Es ist bezeichnend, daß er, nach vorliegenden Berichten, beim Phantasieren verstanden haben soll, ein Thema bald majestätisch und prächtig, bald scherzhaft, bald klagend und trauervoll vorüberzuführen – die Form der Variationen mit ihrem wechselnden Charakter war schon ein Wegweiser dahin. Bei Beethoven finden wir diese Art von Durchführung auf ihrer Höhe. Statt alles anderen möge man sich nur z. B. der thematischen Arbeit im ersten Satze der Eroica, der Pastoralsymphonie, der neunten Symphonie, der Klaviersonate op. 106, des F-Dur-Quartettes op. 59 (Nr. 1) erinnern. Die dritte Art von Durchführung – es ist die moderne – begnügt sich, das Thema, ohne es wesentlich zu verändern, in allerlei wechselnde Beleuchtung zu rücken, es in allerlei wechselndes Farbenspiel (wozu vorab die Instrumentierung das Meiste und Beste tun muß) zu bringen. Den Zug dahin spürt man in Schuberts Instrumentalsachen schon deutlich genug. [...]

Die Phantasie Schuberts, die es, wie Jean Paul sagen würde, vor lauter Strömungen nicht zu Tropfen brachte, zerriß ihm in den großen Instrumentalstücken den einengenden, begrenzenden Damm; ein reicher Erguß folgt dem andern, die Stücke fluten oft zu unmäßiger Breite auseinander. Diese Fülle, wo es aller Ecken und Enden sproßt und treibt und grünt und blüht, könnte einen poetisch gesinnten, auf Gleichnisse erpichten Touristen vielleicht an jenen Park des Fürsten Chigi bei Aricia erinnern, welchem nach einer Verfügung des Besitzers zum Besten der studierenden Landschaftsmaler keine Gärtnerschere, keine rodende Axt sich nähern darf. In ungebändigter Naturkraft wuchert hier das Grün, vielverschlungene Schlingpflanzen spinnen die gewaltigen Baumstämme ein, in undurchdringlichem Dickicht liegen gestürzte Bäume, daneben eine Blumenwildnis – es ist für promenierende Damen gar nicht praktisch, aber wir würden dafür nicht den bestgeschorenen Park nehmen, wo jede Blume nur mit Einwilligung des Herrn Obergärtners aufblühen darf und jeder hereinflatternde Schmetterling um den Reisepaß befragt wird.

Will man dieses Gleichnis mit der nötigen Einschränkung (denn Schuberts Symphonien, Quartette und Sonaten sind nichts weniger als unkultivierter Naturwuchs) auf die Instrumentalwerke Schuberts anwenden, so haben wir nichts dagegen. Anders und ganz wunderbar anders ist es bei den Vokalsachen, den Liedern. Hier wirkt der Worttext bändigend, begrenzend, formend auf die Musik ein. Die Geister des poetischen Rhythmus reichen den Geistern des musikalischen Rhythmus die Hand, die Architektonik des Versbaues wird zur Architektonik des Tongebildes. Man muß hier Schubert bewundern, wie er feinsinnig die einander analogen Stellen im Gedichte herausfindet oder sagen wir vielmehr: herausfühlt, um seiner Musik durch analog wiederkehrende Motive eben jene Architektonik der Verhältnisse, der gegen einander gestellten, je nachdem auch wohl einander kontrastierenden Massen zu geben, ohne welche die Musik immer doch mehr oder minder wie ein Haufwerk willkürlicher Einfälle aussehen würde. Der allbekannte »Erlkönig«, der »Lindenbaum«, die »Erstarrung« (in der »Winterreise«) und anderes Ähnliche sind dafür bedeutende Beispiele. Es ist bei den Liederkompositionen Schuberts oft, als habe das Wort, das Bild, welches uns der Vers des Dichters bringt, irgendwo auf dem unabsehbaren Gebiete der Musik ein Gegenbild gehabt, das gar nichts anderes ist als eben das Wort, das Bild, aber in Töne übersetzt – und als sei es nur die Aufgabe des Komponisten gewesen, unter dem Zahllosen gerade dieses e i n e, Rechte zu ergreifen, es jedesmal mit leichter, sicherer Götterhand herauszuholen.

Wie wunderbar fein charakterisierend Schubert ins Detail zu malen versteht, hat schon Schumann hervorgehoben: »er hat Töne für die feinsten Empfindungen, Gedanken, ja Begebenheiten und Lebenszustände.« Die Anregung, welche man durch Schubertsche Musik (auch und besonders durch seine Instrumentalmusik, wo kein Texteswort direkte Vorstellungen weckt) zu visionenhaften Bildern erhält, ist erstaunlich, selbst wenn man sonst erklärter Feind der leidigen Manier ist, in die Musik mit ihren unbestimmten Klängen ganze Historien erzählen zu wollen. Als Schumann mit einem musikalischen Freunde einen Schubertschen Marsch zu vier Händen spielte, trafen beide, einer unabhängig vom anderen, in der Vorstellung überein: sie seien in Sevilla, aber vor mehr als hundert Jahren, Dons und Donnas spazieren auf dem Platze umher u. s. w. Mir selbst ging es ähnlich, als ich mit einem musikalischen Freunde das treffliche vierhändige Arrangement des d-Moll-Quartettes (von C. Hübschmann) spielte. Wir kamen zum Ende der

Variationen, denen, wie bekannt, als Thema das Lied: »Der Tod und das Mädchen« zu Grunde liegt. Bei dem Pianissimo, zwölf Takte vor dem Schluß, fragte ich: »Siehst du nichts? wahrhaftig, ich sehe am fernen Horizont ein leichtes Wölkchen, das sich in hellem Rosenlicht verklärt – da schwebt aber der Tod mit der Seele des Mädchens davon.« Mein Freund fuhr in die Höhe: »Ja, wahrhaftig, du hast recht – ich sehe es auch!« Bei dem ersten Stücke des B-Dur-Quartettes ist es kaum möglich, nicht an einen Herbstabend am traulichen Kaminfeuer zu denken, draußen aber saust der Herbstwind in den Bäumen und peitscht den Regen gegen die klirrenden Fenster.

Es ist zum Erstaunen, wie Schubert intuitiv mit dem divinatorischen Takt des Genies Dinge bringt, denen er leibhaft im Leben nie begegnet. Man streiche mir folgendes kleine Beispiel nicht weg: in dem Chore mit begleitendem Klavier »Gondelfahrt« weiß Schubert nicht nur die eigene träumerische, behagliche Stimmung die uns auf dem Wasserspiegel des Canal grande oder vor der Riva in der gleich einer Wiege schaukelnden Gondel überkömmt, das Vorbeiziehen von Bild nach Bild herrlich zu treffen, sondern er trifft auch, wo vom Glockenschlag der Uhr von S. Marco die Rede ist, durch eine sinnige, akkordliche Kombination der Klavierbegleitung bis zur vollkommenen Täuschung den Klang, den die ehernen Riesen der Mercerie allstündlich über Venedig hindröhnen lassen – und doch war Schubert nie in Venedig. Oft wurde ihm die exoterische Tonmalerei esoterisch zum Symbol der Seelenbewegung, so malt in dem »Meine Ruh ist hin« die unruhige Bewegung des begleitenden Klaviers nicht bloß Gretchens rollendes Spinnrad, sondern auch das leidenschaftliche Pochen ihres Herzens – so ist im »Leiermann« (»Winterreise«) der monotone Baß zunächst die naturtreue Nachahmung des Bourdonnierens der Drehleier, aber auch das unheimliche Bild des starr vor sich hinbrütenden, stets in eine Vorstellung befangenen Wahnsinns [...].

Wer aus der Kunstgeschichte ein Bild der mit unsinniger Verschwendung der Mittel arbeitenden, die Größe in Schwulst, Augenblendung und Masseneffekten suchenden und hinwiederum stumpf und roh gewordenen Kunst der späteren römischen Kaiserzeiten, also ein Bild der nach glorreichster Blüte im Untergange begriffenen antiken Kunst gewonnen hat, der kann auf den Zustand der jetzigen Musik nur mit Schmerz blicken. – Die Verhältnisse haben sehr viel Analoges. Wir sind am Ende, und das ist relativ noch das Erfreulichste, in ein alexandrinisches Zeitalter geraten: die Musikforschung, historisch und theoretisch, hat einen früher gar nicht geahnten Aufschwung genommen; im Musikschaffen aber ist jene unsinnige Verschwendung der Mittel, ist jener Schwulst die Augenblendung bei innerer Stumpfheit und Rohheit da, und man kann sich der Besorgnis nicht erwehren, daß die Musik einer völligen Barbarisierung entgegengeht. Freilich hören wir hunderttausend Stimmen Hosiannah singen, »wie wir's zuletzt so herrlich weit gebracht.« Ist doch Beethoven für gewisse Leute nur noch »der große Vorgänger (!) Wagners«. [...]

Wahrlich, man mag noch so billig, noch so gerecht denken: wer die Musik mit ihren unendlichen Schätzen nicht in Frage gestellt, ja dem baren Verderben und Untergange preisgegeben sehen will, der muß sich endlich diesem Treiben ganz entschieden entgegenstellen. Ob man deswegen ein klein wenig gesteinigt oder verbrannt wird, darf dabei nicht weiter in Frage kommen. Und wie einst die Mystiker, ein Tauler, Suso, Thomas a Kempis, zur Zeit, als das Schisma die Kirche in unendliche Verwirrung stürzte und eine fast allgemeine Entartung ihr den Untergang zu drohen schien, sich ins eigene Innere wie in ein unnahbares Heiligtum flüchteten und dort mit der ganzen Kraft des Gemütes ihren Gott suchten, so mögen wir uns – nicht in den musikalischen Salon – aber in die einfache bürgerliche Wohnstube, wo ein Klavier steht, als in eine Arche flüchten, die uns über die wilden Wasser der jetzigen musikalischen Sündflut hinübertragen möge. Und hier wird auch Franz Schubert unter denen in erster Reihe stehen, an deren Werken wir immer wieder lernen, was wahre, wirkliche, echte und gesunde Musik sei. Aber auch eine öffentliche Feier, wie wir sie zu Ehren Schuberts erlebt, tut gelegentlich not. Die Gleichgesinnten mögen sich auch finden: sei es nur, um die eigene Zahl und Stärke kennen zu lernen. Man hat jüngst wohl die Frage hören können, warum in Wien nicht vor allen anderen Beethoven mit einem Denkmale geehrt worden. Allein man hat wohl ganz recht getan. Denn Franz Schubert gehört eigenst eben Wien an; er ist die musikalische Verkörperung aller jener guten und liebenswürdigen Eigenschaften, welche den echten Wiener (den wienerischen »Aboriginer«) auszeichnen. Möge uns das schöne Marmorbild im Stadtpark eine Mahnung sein, der Musik Schuberts eine stete, liebevolle Pflege angedeihen zu lassen, und wer dabei gewinnen wird, das ist die Musik und sind – wir. Es geht, wie so ziemlich durch alles übrige, auch durch die Musik in unseren Tagen ein Zersetzungsprozeß: halten wir denn unsere besten geistigen Besitztümer fest, so lange wir können, so lange man sie uns nicht gewaltsam aus den Händen windet; und lassen wir uns ja nicht statt der Götter Götzen zum Anbeten aufdringen.

Eduard Genast

Goethe nahm Schubert, der so viele seiner Gedichte vertonte, praktisch nicht zur Kenntnis. Von der Verlegenheit des Weimarer Ministers zeugt etwa der Bericht, den der Leipziger Kaufmann und Kunstfreund Johann Gottlob von Quandt (1787–1859) in seinen Erinnerungen über seine ›Berührungen mit Goethe‹ gibt. Dort heißt es einmal über die Unterhaltungen in Weimar um 1830: »Unter anderm erwähnte Goethe: ›Ihre Madame D[evrient] war auch vor kurzem hier und hat mir eine Romanze vorgesungen – nun man muß sagen, daß der Komponist das Pferdegetrappel vortrefflich ausgedrückt hat. – Es ist nicht zu leugnen, daß in der von sehr vielen bewunderten Komposition das Schauerliche bis zum Gräßlichen getrieben wird, zumal wenn die Sängerin die Absicht hat, sich hören zu lassen.‹« – Der Schauspieler und Opernsänger Eduard Genast berichtet in seinem ›Tagebuch eines alten Schauspielers‹ aus dem Jahr 1862 über dasselbe Thema folgendes:

Aus dem Tagebuche eines alten Schauspielers

1862

Wilhelmine Schröder-Devrient besuchte auf ihrer Kunstreise nach Frankreich auch Weimar. Der Herr von Spiegel wünschte sehr, sie auftreten zu lassen, aber sie hatte für die Rolle dreißig Louisdor verlangt, und das ging über unsere finanziellen Kräfte. Auf Wunsch des Intendanten trat ich als Vermittler ein; ich legte meiner lieben Freundin die Verhältnisse dar, und sie verstand sich nun ohne weiteres dazu, fast mit dem dritten Teile ihrer ursprünglichen, im Hinblick auf ihren Ruf auch keineswegs übertriebenen Forderung sich zu begnügen. Sie stellte nur zwei Bedingungen, eine an den Intendanten, daß die Rollen rasch aufeinander folgten, weil sie zum 1. Mai in Paris eintreffen müsse, und eine an mich, ihr die Bekanntschaft mit Goethe zu verschaffen.

Voll Freude eilte ich erst zu Herrn von Spiegel, um ihm die gute Nachricht zu bringen, und dann zu Goethe, um ihn zu fragen, ob er die Schröder-Devrient empfangen wolle? »Es wird mich freuen, diese Künstlerin, von der ich schon so Treffliches gehört, kennen zu lernen«, erwiderte er. Ich fragte ihn noch, ob sie ihm etwas vorsingen dürfe, da er ja wegen der Trauer das Theater nicht besuche. »Das wird meine Freude nur noch erhöhen«, sagte er. Ich bemerkte, daß er dazu keinen Akkompagnisten bestellen möge, dieses Amt könne meine Frau übernehmen, und er versetzte lächelnd: »Ei sieh, da lerne ich ja ein weiteres Talent an Deiner lieben Frau kennen.«

Am andern Tage [24. April 1830] empfing er die Devrient höchst freundlich und liebreich. Sie sang ihm unter anderm auch die Schubertsche Komposition des »Erlkönig« vor, und obgleich er kein Freund von durchkomponierten Strophenliedern war, so ergriff ihn der hochdramatische Vortrag der unvergleichlichen Wilhelmine so gewaltig, daß er ihr Haupt in beide Hände nahm und sie mit den Worten: »Haben Sie tausend Dank für diese großartige künstlerische Leistung!« auf die Stirn küßte; dann fuhr er fort: »Ich habe diese Komposition früher einmal gehört, wo sie mir gar nicht zusagen wollte, aber so vorgetragen, gestaltet sich das Ganze zu einem sichtbaren Bild. Auch Ihnen, meine liebe Frau Genast«, wandte er sich zu meiner Frau, »danke ich für Ihre charakteristische Begleitung.«

Wilhelmine war entzückt über sein Lob und über die Aufnahme, die ihr von ihm wie von seiner Schwiegertochter zuteil geworden war. Beim Nachhausefahren sagte sie: »Das ist der schönste alte Mann, den ich je gesehen, in den könnte ich mich sterblich verlieben.«

Robert Schumann

Während seiner Reise nach Wien 1838/39 hatte Schumann Ferdinand Schubert, den Bruder des Komponisten, besucht, der dessen Nachlaß verwaltete, darunter auch die sieben vollendeten, damals noch ungedruckten und weithin unbekannten Sinfonien. Schumann war fasziniert von diesen Werken und erbot sich sofort, sich bei dem berühmten Verlag Breitkopf und Härtel dafür zu verwenden. Der Verlag wollte jedoch zunächst den Erfolg einer Aufführung einer dieser Sinfonien abwarten – so wurde am 21. März 1839 die große C-Dur-Sinfonie (D 944) in Leipzig, dem Sitz des Verlages, unter der Leitung Felix Mendelssohn Bartholdys zum erstenmal vollständig aufgeführt. Robert Schumann hörte die Sinfonie in einer späteren Aufführung im Dezember desselben Jahres und berichtete darüber am 10. März 1840 in einer für die Rezeption der Schubertschen Instrumentalwerke bahnbrechenden Besprechung in seiner »Neuen Zeitschrift für Musik«.

Die C-Dur-Sinfonie von Franz Schubert

Der Musiker, der zum erstenmal Wien besucht, mag sich wohl eine Weile lang an dem festlichen Rauschen in den Straßen ergötzen können und oft und verwundernd immer vor dem Stephansturme stehen geblieben sein; bald aber wird er daran erinnert, wie unweit der Stadt ein Kirchhof liegt, ihm wichtiger als alles, was die Stadt sonst an Sehenswürdigem hat, wo zwei der Herrlichsten seiner Kunst nur wenige Schritte voneinander ruhen. So mag denn, wie ich, schon mancher junge Musiker bald nach den ersten geräuschvollen Tagen hinausgewandert sein zum Währinger Kirchhof, auf jenen Gräbern ein Blumenopfer niederzulegen, und wär es ein wilder Rosenstrauch, wie ich ihn an Beethovens Grab hingepflanzt fand. Franz Schuberts Ruhestätte war ungeschmückt. So war endlich ein heißer Wunsch meines Lebens in Erfüllung gegangen, und ich betrachtete mir lange die beiden heiligen Gräber, beinahe den einen beneidend, irr' ich nicht, einen Grafen O'donnel, der zwischen beiden mitten innen liegt. Einem großen Mann zum erstenmal ins Angesicht zu schauen, seine Hand zu fassen, gehört wohl zu jedes ersehntesten Augenblicken. War es mir nicht vergönnt, jene beiden Künstler im Leben begrüßen zu dürfen, die ich am höchsten verehre unter den neueren Künstlern, so hätte ich nach jenem Gräberbesuch so gern wenigstens jemanden zur Seite gehabt, der einem von ihnen nähergestanden, und am liebsten, dachte ich mir, einen ihrer Brüder. Es fiel mir ein auf dem Zuhausewege, daß ja Schuberts Bruder, Ferdinand, noch lebe, auf den er, wie ich wußte, große Stücke gehalten. Bald suchte ich ihn auf und fand ihn seinem Bruder ähnlich, wie mir nach der Büste schien, die neben Schuberts Grabe steht, mehr klein, aber kräftig gebaut, Ehrlichkeit wie Musik gleichviel im Ausdruck des Gesichts. Er kannte mich aus meiner Verehrung für seinen Bruder, wie ich sie oft öffentlich ausgesprochen, und erzählte und zeigte mir vieles, wovon auch früher unter der Überschrift »Reliquien« mit seiner Bewilligung in der Zeitschrift mitgeteilt wurde. Zuletzt ließ er mich auch von den Schätzen sehen, die sich von Franz Sch.s Kompositionen in seinen Händen befinden. Der Reichtum, der hier aufgehäuft lag, machte mich freudeschauernd; wo zuerst hingreifen, wo aufhören! Unter andern wies er mir die Partituren mehrerer Sinfonien, von denen viele noch gar nicht gehört worden sind, ja oft vorgenommen, als zu schwierig und schwülstig zurückgelegt wurden. Man muß Wien kennen, die eignen Konzertverhältnisse, die Schwierigkeiten, die Mittel zu größeren Aufführungen zusammenzufügen, um es zu verzeihen, daß man da, wo Schubert gelebt und gewirkt, außer seinen Liedern von seinen größeren Instrumentalwerken wenig oder gar nichts zu hören bekommt. Wer weiß, wie lange auch die Sinfonie, von der wir heute sprechen, verstäubt und im Dunkel liegen geblieben wäre, hätte ich mich nicht bald mit Ferdinand Sch. verständigt, sie nach Leipzig zu schicken an die Direktion der Gewandhauskonzerte oder an den Künstler selbst, der sie leitet, dessen feinem Blicke ja kaum die schüchtern aufknospende Schönheit entgeht, geschweige denn so offenkundige, meisterhaft strahlende. So ging es in Erfüllung. Die Sinfonie kam in Leipzig an, wurde gehört, verstanden, wieder gehört und freudig, beinahe allgemein bewundert. Die tätige Verlagshandlung Breitkopf und Härtel kaufte Werk und Eigentum an sich, und so liegt sie nun fertig in den Stimmen vor uns und vielleicht auch bald in Partitur, wie wir es zu Nutz und Frommen der Welt wünschten.

Sag ich es gleich offen: wer diese Sinfonie nicht kennt, kennt noch wenig von Schubert, und dies mag nach dem, was Schubert bereits der Kunst geschenkt, allerdings als ein kaum glaubliches Lob angesehen werden. Es ist so oft und zum Verdruß der Komponisten gesagt worden, »nach Beethoven abzustehen von sinfonistischen Plänen«, und zum Teil auch wahr, daß außer einzelnen bedeutenderen Orchesterwerken, die aber immer mehr zur Beurteilung des Bildungsganges ihrer Komponisten von Interesse waren, einen entschiedenen Einfluß aber auf die Masse wie auf das Fortschreiten der Gattung nicht übten, das meiste andere nur mattes Spiegelgebild Beethovenscher Weisen war, jener lahmen langweiligen Sinfoniemacher nicht zu gedenken, die Puder und Perücke von Haydn und Mozart passabel nachzuschatten die Kraft hatten, aber ohne die dazu gehörigen Köpfe. Berlioz gehört Frankreich an und wird nur als interessanter Ausländer und Tollkopf zuweilen genannt. Wie ich geahnt und gehofft hatte, und mancher vielleicht mit mir, daß Schubert, der formenfest, phantasiereich und vielseitig sich schon in so vielen anderen Gattungen gezeigt, auch die Sinfonie von seiner Seite packen, daß er die Stelle treffen würde, von der ihr und durch sie der Masse beizukommen, ist nun in herrlichster Weise eingetroffen. Gewiß hat er auch nicht daran gedacht, die 9. Sinfonie von Beethoven fortsetzen zu wollen, sondern, ein fleißiger Künstler, schuf er unausgesetzt aus sich heraus, eine Sinfonie nach der andern, und daß jetzt die Welt gleich seine siebente zu sehen bekömmt, ohne der Entwickelung zugesehen zu haben und ihre Vorgängerinnen zu kennen, ist vielleicht das einzige, was bei ihrer Veröffentlichung leid tun könnte, was auch selbst zum Mißverstehen des Werkes Anlaß geben wird. Vielleicht daß auch von den andern bald der Riegel gezogen wird; die kleinste darunter wird noch immer ihre Franz Schubertsche Bedeutung haben; ja die Wiener Sinfonienausschreiber hätten den Lorbeer, der ihnen nötig war, gar nicht so weit zu suchen brauchen, da er siebenfach in Ferdinand Schuberts Studierstübchen in einer Vorstadt Wiens übereinander lag. Hier war einmal ein würdiger Kranz zu verschenken. So ist's oft: spricht man in Wien z. B. von – –, so wissen sie des Preisens ihres Franz Schubert kein Ende; sind sie aber unter sich, so gilt ihnen weder der eine noch der andere etwas Besonderes. Wie dem sei, erlaben wir uns nun an der Fülle Geistes, die aus diesem kostbaren Werke quillt. Es ist wahr, dies

Wien mit seinem Stephansturm, seinen schönen Frauen, seinem öffentlichen Gepränge, und wie es, von der Donau mit unzähligen Bändern umgürtet, sich in die blühende Ebene hinstreckt, die nach und nach zu immer höherem Gebirge aufsteigt, dies Wien mit all seinen Erinnerungen an die größten deutschen Meister muß der Phantasie des Musikers ein fruchtbares Erdreich sein. Oft, wenn ich es von den Gebirgshöhen betrachtete, kam mir's im Sinn, wie nach jener fernen Alpenreihe wohl manchmal Beethovens Auge unstet hinübergeschweift, wie Mozart träumerisch oft den Lauf der Donau, die überall in Busch und Wald zu verschwimmen scheint, verfolgt haben mag und Vater Haydn wohl oft den Stephansturm sich beschaut, den Kopf schüttelnd über so schwindlige Höhe. Die Bilder der Donau, des Stephansturms und des fernen Alpengebirgs zusammengedrängt und mit einem leisen katholischen Weihrauchduft überzogen, und man hat eines von Wien, und steht nun vollends die reizende Landschaft lebendig vor uns, so werden wohl auch Saiten rege, die sonst nimmer in uns angeklungen haben würden. Bei der Sinfonie von Schubert, dem hellen, blühenden, romantischen Leben darin, taucht mir heute die Stadt deutlicher als je wieder auf, wird es mir wieder recht klar, wie gerade in dieser Umgebung solche Werke geboren werden können. Ich will nicht versuchen, der Sinfonie eine Folie zu geben, die verschiedenen Lebensalter wählen zu verschieden in ihren Text- und Bilderunterlagen, und der 18jährige Jüngling hört oft eine Weltbegebenheit aus einer Musik heraus, wo der Mann nur ein Landesereignis sieht, während der Musiker weder an das eine noch an das andere gedacht hat und eben nur seine beste Musik gab, die er auf dem Herzen hatte. Aber daß die Außenwelt, wie sie heute strahlt, morgen dunkelt, oft hineingreift in das Innere des Dichters und Musikers, das wolle man nur auch glauben, und daß in dieser Sinfonie mehr als bloßer schöner Gesang, mehr als bloßes Leid und Freud, wie es die Musik schon hundertfältig ausgesprochen, verborgen liegt, ja daß sie uns in eine Region führt, wo wir vorher gewesen zu sein uns nirgends erinnern können, dies zuzugeben, höre man solche Sinfonie. Hier ist, außer meisterlicher musikalischer Technik der Komposition, noch Leben in allen Fasern, Kolorit bis in die feinste Abstufung, Bedeutung überall, schärfster Ausdruck des Einzelnen, und über das Ganze endlich eine Romantik ausgegossen, wie man sie schon anderswoher an Franz Schubert kennt. Und diese himmlische Länge der Sinfonie, wie ein dicker Roman in vier Bänden etwa von Jean Paul, der auch niemals endigen kann und aus den besten Gründen zwar, um auch den Leser hinterher nachschaffen zu lassen. Wie erlabt dies, dies Gefühl von Reichtum überall, während man bei anderen immer das Ende fürchten muß und so oft betrübt wird, getäuscht zu werden. Es wäre unbegreiflich, wo auf einmal Schubert diese spielende, glänzende Meisterschaft, mit dem Orchester umzugehen, hergenommen hätte, wüßte man eben nicht, daß der Sinfonie sechs andere vorausgegangen waren, und daß er sie in reifster Manneskraft schrieb*. Ein außerordentliches Talent muß es immer genannt werden, daß er, der so wenig von seinen Instrumentalwerken bei seinen Lebzeiten gehört, zu solcher eigentümlichen Behandlung der Instrumente wie der Masse des Orchesters gelangte, die oft wie Menschenstimmen und Chor durcheinander sprechen. Diese Ähnlichkeit mit dem Stimmorgan habe ich, außer in vielen Beethovenschen,

* Auf der Partitur steht »März 1828«; im November darauf starb Schubert.

nirgends so täuschend und überraschend angetroffen; es ist das Umgekehrte der Meyerbeerschen Behandlung der Singstimme. Die völlige Unabhängigkeit, in der die Sinfonie zu denen Beethovens steht, ist ein anderes Zeichen ihres männlichen Ursprungs. Hier sehe man, wie richtig und weise Schuberts Genius sich offenbart. Die grotesken Formen, die kühnen Verhältnisse nachzuahmen, wie wir sie in Beethovens spätern Werken antreffen, vermeidet er im Bewußtsein seiner bescheideneren Kräfte; er gibt uns ein Werk in anmutvollster Form und trotzdem in neuverschlungener Weise, nirgends zu weit vom Mittelpunkt wegführend, immer wieder zu ihm zurückkehrend. So muß es jedem erscheinen, der die Sinfonie sich öfters betrachtet. Im Anfange wohl wird das Glänzende, Neue der Instrumentation, die Weite und Breite der Form, der reizende Wechsel des Gefühllebens, die ganze neue Welt, in die wir versetzt werden, den und jenen verwirren, wie ja jeder erste Anblick von Ungewohntem; aber auch dann bleibt noch immer das holde Gefühl etwa wie nach einem vorübergegangenen Märchen- und Zauberspiel; man fühlt überall, der Komponist war seiner Geschichte Meister, und der Zusammenhang wird dir mit der Zeit wohl auch klar werden. Diesen Eindruck der Sicherheit gibt gleich die prunkhaft romantische Einleitung, obwohl hier noch alles geheimnisvoll verhüllt scheint. Gänzlich neu ist auch der Übergang von da in das Allegro; das Tempo scheint sich gar nicht zu ändern, wir sind angelandet, wissen nicht wie. Die einzelnen Sätze zu zergliedern bringt weder uns noch andern Freude; man müßte die ganze Sinfonie abschreiben, vom novellistischen Charakter, der sie durchweht, einen Begriff zu geben. Nur vom zweiten Satze, der mit so gar rührenden Stimmen zu uns spricht, mag ich nicht ohne ein Wort scheiden. In ihm findet sich auch eine Stelle, da, wo ein Horn wie aus der Ferne ruft, das scheint mir aus anderer Sphäre herabgekommen zu sein. Hier lauscht auch alles, als ob ein himmlischer Gast im Orchester herumschliche.

Die Sinfonie hat denn unter uns gewirkt, wie nach den Beethovenschen keine noch. Künstler und Kunstfreunde vereinigten sich zu ihrem Preise, und vom Meister, der sie auf das sorgfältigste einstudiert, daß es prächtig zu vernehmen war, hörte ich einige Worte sprechen, die ich Schuberten hätte bringen mögen, als vielleicht höchste Freudenbotschaft für ihn. Jahre werden vielleicht hingehen, ehe sie sich in Deutschland heimisch gemacht hat; daß sie vergessen, übersehen werde, ist kein Bangen da; sie trägt den ewigen Jugendkeim in sich.

So hat denn mein Gräberbesuch, der mich an einen Verwandten des Geschiedenen erinnerte, mir einen zweiten Lohn gebracht. Den ersten erhielt ich schon an jenem Tage selbst; ich fand auf Beethovens Grab – eine Stahlfeder, die ich mir teuer aufbewahrt. Nur bei festlicher Gelegenheit, wie heute, nehm' ich sie in Brauch: mög' ihr Angenehmes entflossen sein!

Franz Liszt

Seit dem Beginn seiner Kapellmeistertätigkeit in Weimar, spätestens seit dem Februar 1848 hatte Liszt die Absicht, Schuberts Oper »Alfonso und Estrella« (D 732) auf der Bühne herauszubringen, wahrscheinlich unter dem Einfluß seines Freundes Franz von Schober, des Librettisten der Oper, der zuvor Schuberts vielleicht wichtigster Freund gewesen war. Die Aufführung selbst – in einer stark gekürzten Fassung des Werkes – verzögerte sich zunächst bis zum 24. Juni 1854 und war dann nicht mehr als ein Achtungserfolg. Liszt gab daran vor allem dem Textdichter die Schuld; aus einem kleinen Aufsatz, den er am 1. September 1854 in der »Neuen Zeitschrift für Musik« veröffentlichte, geht dies deutlich hervor.

Schuberts »Alfons und Estrella«

Dies Werk ist 1818, zehn Jahre vor dem Tode des Komponisten geschrieben und 1854, also sechsunddreißig Jahre später, zum ersten Male aufgeführt worden.

Es ist bekannt, welch große Aufgabe Schubert in der musikalischen Kunst löste, wie sein Leben gleichsam aufging in der Tondichtung. Während für manche Künstler das Produzieren nur eine episodische Beschäftigung ihres, durch allen möglichen Sturm und Drang und persönliche Nebentätigkeiten, absorbierten Lebens ist, andere über mühsam ausgearbeiteten Werken grübeln, diese nur einige Stunden des Tages, jene nur einige Jahre ihr widmen, hatte sich Schubert der wirklichen Welt, dem Treiben persönlicher Leidenschaft, sozusagen seinem individuellen Leben entzogen, um einzig nur

Elias Hütter: Das Kärntnertortheater, in dem einige von Schuberts Opernversuchen über die Bühne gingen. Aquarell

Poesie zu erstreben, Musik zu atmen. Er hauchte in ihrem Duft die ganze Seele aus, seine Lebenskraft schien in vollem Erguß seiner Feder zu entströmen. So verdoppelte sich für ihn die Zeit, Jahre drängten sich in Monden zusammen, und wiewohl frühe der Kunst entrissen, ward es ihm gegeben die Reife seines Genius zu erleben, denn die letzten zehn Jahre seines Wirkens wiegen durch Zahl und Bedeutung der geschaffenen Werke das dreifache im Leben eines anderen auf. Diese seine letzte Lebensepoche war für ihn am reichsten an Erfahrungen, die ihn Natur und Tragweite seines Genius kennen lehrten. Das in Rede stehende Werk darf demnach als ein Produkt seiner Jugend gelten. Die Schwächen desselben wurden außerdem durch die Schnelligkeit erklärlich, mit welcher er zu Werke ging, die ihm nicht Zeit ließ, den Plan seiner Produktionen lange zu überlegen, während der Arbeit oder nach ihrer Vollendung sorglich zu feilen, oder sich von dem Verhältnis Rechenschaft zu geben, in welchem sie zur vergangenen und gegenwärtigen Kunst stehen mochte. Rasch seiner Eingebung gehorchend, gab er den in seiner Seele glühenden Gefühlen unmittelbar Ausdruck, belebte wie am Feuer eines edlen Weines an großer Poesie seinen Enthusiasmus und fand nur Genuß, wenn er in göttliche Gesänge die Überfülle seines geistigen und poetischen Lebens ausströmen konnte.

Man findet sich schwer in die Voraussetzung, daß ein wie Schubert an substantielle, feine, poetische Nahrung gewöhnter Geist, die Unzulänglichkeit des gewählten Libretto nicht hätte wahrnehmen sollen. Wie er aber die warm und lebendig aus der Lyrik geschöpften Eindrücke wiederzugeben pflegte, ohne die literarische Konzeption seines Gegenstandes, abgesehen von den in den Versen ausgesprochenen Gefühlen zu untersuchen, so ging er auch an die Komposition seiner Oper, ohne dies Gedicht einer ausnahmsweisen Kritik zu unterziehen. Außerdem sah er ja tagtäglich italienische Opern mit den mittelmäßigsten Texten große Erfolge feiern, wie leicht verfiel er da nicht dem Irrtum, daß die Geringfügigkeit des literarischen Wertes von Opernbüchern ein unvermeidliches Übel sei, ohne sich über den Grund desselben lange den Kopf zu zerbrechen. Von den literarischen Heroen seiner Zeit durfte er kein Textbuch erwarten, er lebte ohne nähere Berührung mit ihnen; es ist übrigens zweifelhaft, ob ihm selbst im glücklichsten Fall diese ein Libretto geliefert haben würden, das die Mängel des zu komponierenden einleuchtend gemacht hätte. Wenn man sich die poetischen Unterlagen ansieht, die ein Goethe für Opern oder Kantaten bestimmte, kann man sich überzeugen, wie abfertigend höchst begabte Poeten zur Musik bestimmte Stoffe damals behandelten. – Schubert lebte in zu bescheidener, ruhmloser Zurückgezogenheit, um bis zu den beneideten Regionen aufgeführter Komponisten vorzudrängen. Alfons und Estrella ist niemals gespielt, noch herausgegeben. Wäre sie aufgeführt worden, so konnte die Oper gefallen und hätte ihn vermutlich zu einer schnelleren Berühmtheit gelangen lassen, als seine genialeren, aber nur langsam sich geltend machenden Lieder. Die dramatischen Anforderungen waren noch nicht zu solcher Entwickelung gediehen, daß das Gedicht für die vorige Generation ebenso unverzeihlich fade hätte scheinen sollen, als für die unsrige. Die Literatur des französischen Kaiserreichs hatte den Geschmack für idyllische Situationen, unverhoffte Wiedererkennungsszenen, Entwickelungen zu allgemeiner Zufriedenheit, für ein Gemisch von militärischen Peripetien und eklogischen Szenen verbreitet; umgestürzte Königreiche, zärtliche Liebe übten täglichen Einfluß auf ihre gegenseitigen Geschicke und ihre Ereignisse mischten sich damals in die Wirklichkeit. Paris fand in jener Zeit großes Gefallen an den *Battueca's* der Mad. de Genlis, und der darin enthaltenen Schilderung eines in den spanischen Sierren verborgen lebenden Volkes, ganz wie jenes, welches in Schuberts Oper von dem entthronten König Froila zu pastoralem Glück erzogen wird. An melodischem Wert wiegt die Oper jede von den damals so beliebten Gyrowetz-, Winter- oder Weiglschen auf. So wie aber die eben genannten heute fast von der Bühne verschwunden sind, so kann auch die Aufführung von Alfons und Estrella nur als ein Akt der Pietät angesehen werden: es ist die Erledigung einer Ehrenschuld an den fremden Erben, die man dem Gläubiger zu seinen Lebzeiten nicht entrichten konnte. Wäre das Werk zur Zeit seines Entstehens mit Erfolg gegeben worden, so möchte es schwerlich eine Auferstehung gefeiert haben, da es aber unter Ungerechtigkeit zu leiden hatte, so ist es Sache der Künstler, es als ein historisches Faktum darzubieten, welches zu interessanten Beobachtungen veranlassen kann.

Im ersten Akt sehen wir einen König von León (Froila), der von einem Gegenkönig entthront sich in eine Bergschlucht zurückgezogen hat, wo er ein unbekanntes Häuflein Bevölkerung beglückt. Sein Sohn (Alfonso) hat soeben den Preis in den Spielen und Übungen davongetragen, welcher den Sieger auf die Dauer eines Jahres zum Oberhaupt der Jünglinge des Tales macht. Aber dieser Ruhm genügt nicht seinem tatendurstigen Triebe, er möchte die Grenzen überschreiten, in welchen strenge Gesetze seines Vaters seit längeren Jahren die neuen Untertanen zurückhalten. Er drückt diesem den Kummer aus, den er ob diesen hemmenden Schranken empfindet, zähmt aber dennoch den stürmischen Drang in die Ferne; der Vater verspricht ihm dagegen, daß zu seinen

Gunsten jenes Verbot eines Tages aufgehoben werden solle, und reicht ihm als Pfand für die Erfüllung des Gelobten eine goldene Kette. Die Szene verwandelt sich in den Palast des Usurpators (Mauregato), dessen siegreich zurückkehrender Feldherr um die Hand seiner Tochter (Estrella) wirbt, da der König ihm versprochen, jeden Lohn gewähren zu wollen, den er für seine Heldentaten fordere. Aber Estrella ist ihm abgeneigt; ihr Vater, wenn auch als grausamer Tyrann verschrien, will dem Herzen seiner Tochter keine Gewalt antun und erklärt, daß nach einem heiligen Spruch nur der Estrellas Hand besitzen werde, der ihm St. Eurichs goldene Kette wiedergewänne, die seit dem Sturz des früheren Königs aus dem Schatze verschwunden sei. Im zweiten Akt sehen wir Estrella sich während einer Jagd in Froilas Gebirge verirren und Alfonso begegnen. Die jungen Herzen entbrennen durch das Anschauen gegenseitiger Schönheit zu loher Liebe, und als sie sich trennen, gibt Alfonso ihr zum Andenken dieser Stunde die goldene Kette, die er von seinem Vater erhalten. Der verliebte Feldherr hatte währenddem alle möglichen Mauren- und Christenschlösser in der Umgegend verheert und geplündert, nirgends aber die fatale Kette entdeckt, und findet es nun viel einfacher, seinen König vom Thron zu stürzen. Er verschwört sich zu dem Zweck mit den Häuptern der Armee, und das kommt sehr gelegen, denn es gibt dieser Entschluß zu zwei der besten Stücke aus der Oper Veranlassung, zu dem Chor der nächtlich in Ruinen sich versammelnden Verschworenen und dem Chor der Edlen, die Mauregato treu bleiben und ihm Verteidigung geloben. Letzterer empfängt in dem Augenblick die Kunde des Aufruhrs, als seine von der Jagd zurückgekehrte Tochter ihm erzählt, wie ein schöner Unbekannter ihr die Kette geschenkt habe, die dann alsbald als

St. Eurichs Kleinod erkannt wird, welche der *Orlando furioso ed innamorato* so vergeblich gesucht hatte. Im dritten Akt liefern die Empörer in einer Froilas Gebirgen nahgelegenen Gegend eine siegreiche Schlacht; der Feldherr begegnet der fliehenden Estrella und ist eben im Begriff, sie mit sich fortzuziehen, als auf ihren Hülferuf Alfonso herbeieilt, sie befreit und den Schuldigen gefangen nimmt. Da er erfährt, daß die Flamme seines Herzens die Tochter des besiegten Königs ist, ruft er seine Genossen zu den Waffen und eilt, die durch die Niederlage zerstreuten, treugebliebenen Soldaten unter seinem Kommando zu versammeln. Die junge Prinzessin findet so lange ein Asyl in diesen einsamen Talen, wohin das Geschick auch den von den Insurgenten verfolgten Mauregato führt, der nun Froila plötzlich erblikkend, diesen für das rachedrohende Gespenst des legitimen Königs hält und von Entsetzen ergriffen, Gnade flehend, die geraubte Krone ihm zu Füßen legt. Estrella und bald nach ihr Alfons, als Sieger über die rebellischen Truppen, kommen dazu. Die beiden Könige entsagen dann, nach getroffener Übereinkunft, ihren Rechten an den Thron von León, um ihn dem Liebespaar zu überlassen, welches so die Parteien vereinigt und den Spruch zur Erfüllung bringt. Die Rolle des Froila ist für den Sänger Vogel [Vogl] in Wien geschrieben und enthält mehrere der schönsten Stellen aus der Oper, in der eben alles von Anfang bis zu Ende nobel gehalten, vieles graziös und anmutig ist, immer den bedeutenden Komponisten verrät, während nur eines fehlt: das dramatische Element.

Die Oper ist im vollsten Sinn ein Singspiel; sie besteht aus einer Folge von leicht, schön und breit melodisch gehaltenen Gesangstücken. Alles trägt den Stempel von Schuberts Lyrik und manches dürfte unter das Beste seiner Liedersammlungen aufgenommen werden. Häufig begegnet man seinen Lieblingsintervallen, Schlüssen und Satzwendungen. Aber der Mangel an szenischer Erfahrung und dramatischer Auffassung wird jeden Augenblick bemerklich und die musikalische Wirkung ist an keiner Stelle mächtig genug, um etwa durch symphonische Vorzüge die Mängel zu vergüten. Die Instrumentation spielt eine sehr untergeordnete Rolle und ist eigentlich nur eine für Orchester arrangierte Klavierbegleitung. Besonders sind die häufig angewandten Violenarpeggien, sogenannte Batterien, ermüdend und die Monotonie, mit welcher Akkorde, Figuren oder Passagen in verschiedenen Instrumenten verdoppelt sind, ohne daß die anderen auch nur die geringste Episode oder Abwechselung hineinbrächten. Schubert läßt das die Oper begleitende Orchester weit unter die Bedeutung sinken, die ihm durch Gluck und Mozart geschweige denn Beethoven eingeräumt war, während er in seinen Liedern das Piano so wichtigen Anteil nehmen läßt, es meistens zum integrierenden Teil des Ganzen macht, in dem seine Begleitungen eine instrumentale Miniatur, landschaftlichen Hintergrund und Staffage zum Gesang bilden. Duette und Trios erscheinen hier wie eine Folge von Romanzen, die eine nach der anderen von den handelnden Personen absingt, bis sie zum Schluß ihre Stimmen zu einem kleinen Ensemble vereinigen. So naiv und einfach das ist, so wenig genügt es.

Der in kleinerem Rahmen so große Schubert, büßt in weiterem Raum viel von seiner natürlichen Größe ein. Er erfüllte die wichtige Mission, das Niveau lyrischer Komposition zu erhöhen, ihr eine ungeahnte künstlerische Bedeutsamkeit zu verleihen, sie den höchsten Kunstgattungen gleichberechtigt an die Seite zu stellen; während er aber die Proportion der Lyrik erweiterte, gingen die der Szene über seine Kräfte hinaus und hätten sie vielleicht zerdrückt. Der reiche, mächtige Strom seiner Melodien verlor an Tiefe, da er in ein zu breites Bette geleitet wurde. Man möchte sagen, daß die Strahlen seines Genies mehr Intensität als Tragweite hatten und zu sehr aus der Ferne die Bühne erreichten, als daß die von ihnen getroffenen Gegenstände den zum Hervortreten nötigen Schatten geworfen hätten, und so seine Oper mit Peter Schlemihl vergleichen, der dieses zur Wirklichkeit der Körper so notwendigen Eigentums beraubt war. So ist auch hier melodisches Wesen in Wahrheit und Realität vorhanden wie Peter Schlemihls lebendige Person, und doch ist man versucht, sein Dasein zu bezweifeln, weil es den unentbehrlichen Schatten nicht wirft.

Wenn auch allerdings das Libretto sich zu keiner szenischen Entwickelung anließ, so möchten wir fragen, inwiefern Schubert selbst aus einem besseren Süjet Besseres gemacht haben würde? Er ergoß seinen vollen melodischen Gesang in dieser Oper, läßt aber dramatische Zeichnung und deklamatorischen Ausdruck überall vermissen. Wer dessen bedarf, kann darin einen Beweis finden, in wie verschiedenartigen Verhältnissen der lyrische und dramatische Tondichter sich bewegen, und wie kindisch die allgemein geltende Meinung ist, daß man mit allen speziellen musikalischen Fachkenntnissen auch zugleich die nötigen Eigenschaften zum Opernkomponieren besitze. Wir sehen hier nicht nur einen bedeutenden Musiker, sondern einen seltenbegabten, glanzstrahlenden Tondichter die Bedingungen szenischer Wirksamkeit ganz und gar verkennen und uns zu dem Zweifel berechtigen, ob er sie jemals vollständig erfüllt haben würde, da seine Versuche für die Bühne, unter welchen »Alfons und Estrella« wenn nicht der letzte, doch der bedeutendste ist, unsere Ansicht unterstützen. Wir möchten gewiß am wenigsten reichbegabten Organisationen die Fähigkeit absprechen, sehr unähnliche Leidenschaften und Gefühle in den verschiedensten Formen einer Kunst, selbst in verschiedenen Künsten auszudrücken. Wir haben immer aus Prinzip gegen die gewöhnliche Manier protestiert, mit welcher man die Künstler nach gewissen Bestimmungen in Kategorien reiht und dann solche Werke vorurteilsvoll entgegennimmt, die einer anderen Gattung als der früher mit Glück von ihnen kultivierten angehören. Ohne uns auf das Beispiel eines Mozart oder Michelangelo und anderer zu stützen, werden wir nie zugeben, daß man Künstler wie Kaufläden oder Städte klassifiziert, die durch irgendwelche Lebensmittel oder Leckerbissen, die durch ihre Weine, jene durch ihre Käse, die einen durch ihre Pasteten, die anderen durch Zuckerwaren berühmt sind. Trotzdem wäre es unnütz, verkennen zu wollen, daß ein Genie nicht immer die Fähigkeit besitzt, alle Formen einer Kunst zu handhaben. Wie die Formen der Natur und alle jene, die das Gefühl in unserer Brust annimmt, haben alle einzelnen Kunstformen ihr berechtigtes Dasein, und jede wird unter dem mächtigen Hauch eines speziell begabten Genies zur glänzendsten und vollsten Entfaltung ihrer Blüte gelangen. Wir bewunderten in Chopin das Beispiel einer außerordentlichen Fähigkeit, die sich in dem ihr zusagendsten Rahmen zu beschränken wußte; Schubert gewährt ein ähnliches. In seiner arbeitsreichen Laufbahn können die dramatischen und symphonischen Versuche nur als akzessorisch betrachtet werden. Besonders hatte das Theater für seinen Blick einen zu weit gedehnten Umfang und für seine plötzliche, unmittelbare Inspiration war das Gewebe zu kompliziert, welches die Bühne erfordert.

Ein anderes ist es, Gefühle in begrenzte, aber scharf ausgeprägte Konturen, in sympathische, aber kurze Formeln, in energische, aber gedrängte Ausdrücke zu fassen, die man Aphorismen des Herzens nennen möchte, ein anderes, sie erdichteten Personen zu inkarnieren, diese in widersprechenden Handlungen einen folgerichtigen festen Charakter bewahren zu lassen, ihnen in komplizierten Situationen die natürliche eindringliche Sprache, den wahren Akzent zu verleihen, durch welchen inmitten ihrer Kämpfe die Leidenschaften zu Tage kommen. Schubert hatte die Gabe, lyrische Inspirationen im höchsten Grade zu dramatisieren. Er verstand die ganze Quintessenz von Gefühl, alle leidenschaftliche Attraktion aus wenig umfangreichen Gedichten zu entwickeln, indem er den in wenigen Versen oft mehr offenbarten als geschilderten Schmerzen, Freuden und Empfindungen eine Gewalt des Ausdrucks, blendenden Glanz, durchdringende Intensität, wunderbare Zartheit und Farbenschmelz verlieh, daß wir sie vor unseren Augen emporflammen, von unserer Seele Besitz nehmen sehen, und den wonnigen oder bitteren Nachgeschmack der Eindrücke genießen, die er gewissermaßen durch Tropfen eines magischen Elixiers unseren Herzen mitteilt. In dem kurzen Spielraum eines Liedes macht er uns zu Zuschauern rascher, aber tödlicher Konflikte, läßt uns die abgebrochenen Seufzer und rinnenden Tränen der Agonie schauen und vernehmen, oder den wallenden Pulsschlag beglückter Liebe fühlen, führt uns durch alle Not und Trauer trostloser Schmerzen oder hebt uns hinauf in die Regionen des Idealen, Unendlichen. Hätte er aber in ausgedehntem Rahmen, durch erhöhte Stufenleiter seiner Personen, dasselbe Ziel erreicht?

Moralische Organisationen sind wie physische verschieden, geistige Eigenschaften und Vorzüge eben so mannigfaltig als körperliche. Bald ist das Auge mehr, bald weniger scharf und durchdringend, das Gehör mehr oder weniger fein und richtig, die Muskel- oder nervösen Kräfte bei dem einen besser entwickelt, als bei dem anderen. In einem Gemüt ist Melancholie, Träumerei, Gefühl vorherrschend, im anderen Nachdenken, Kombination, Berechnung; hier lebhafte, vorübergehende, dort verschlossene, dauernde Leidenschaftlichkeit. Diese sind voll Einfachheit wie einsaitige Instrumente, jene bilden einen ganzen harmonischen Akkord. Die letzten sind die Seltensten und nur ihnen ist es verliehen, selbst das scheinbar sich Ausschließende in sich zu schließen, die entgegengesetztesten Eigenschaften zu vereinigen, zugleich unmittelbar und reflektiert, begeistert und gelehrt, gewaltsam und sanft, lebhaft und tief zu sein. Und wer die Bühne zu seinem Bereich wählen will, muß in die Reihe der Letzten gehören, denn während die Lyrik größtenteils Sache der Subjektivität ist, verlangen dramatische Werke Objektivierung von Charakteren und Handlungen. So mag es eher vorkommen, daß ein dramatischer Dichter als Lyriker sich auszeichnet, als daß eine lyrische Natur sich mit nachhaltigem Erfolg dramatischer Elemente bemächtigte. Besonders seitdem vom Musiker zur Beherrschung der Szene alle Eigenschaften des Tragikers verlangt werden, wird man unter uns so selten als unter den Schriftstellern Talente finden, die mit den erforderlichen mannigfachen Geistesvorzügen ausgerüstet sind, und es wird vor dem Ergreifen dramatischer Arbeiten ein immer ernstlicheres Prüfen der Kräfte stets dringender notwendig.

Schubert war dazu bestimmt, indirekt der dramatischen Muse einen immensen Dienst zu erweisen. Er hat einen vielleicht größeren Einfluß, als man sich bis jetzt klar geworden ist, auf den Opernstil ausgeübt, indem er in noch höher potenzierter Weise als Gluck die harmonische Deklamation anwendend und ausprägend sie zu einer bisher im Liede nicht für möglich gehaltenen Energie und Gewalt steigerte, und die Meisterwerke der Poesie mit ihrem Ausdruck verherrlichte. So verbreitete und popularisierte er die Deklamation, erleichterte Eingang und Verständnis derselben und indem er uns die Verbindung edler Dichtung mit gediegener Musik schätzen lehrte, sie mit den pathetischen Akzenten der Poesie durchdrang, naturalisierte er gleichsam den poetischen Gedanken im Gebiete der Musik, verschwisterte ihn mit derselben wie Seele und Körper und flößte uns Ekel und Überdruß gegen Gesang ein, der sich leidig anklebt an schlechte, herz- und geistlose Verse.

Schubert war eine Natur von reinstem Klang voll Mark und Leben, er glühte von göttlichem Feuer und war gesalbt vom Chrysam des Geistes, aber seine himmlische Muse mit dem in den Wolken verlorenen Blick ließ am liebsten die Falten ihres Azurmantels über Äthergefilde, Wälder und Berge wehen, in denen sie mit launischem Schritt bald sinnend, bald hüpfend umherirrte, und war der künstlich gewundenen Pfade unkundig, auf welchen die dramatische Muse vorsichtig zwischen Kulissen und Lampenreihen einherwandelt; seine geflügelte Strophe fühlte ein unheimliches Bangen vor dem Rasseln des Maschinen- und Räderwerkes. Er ist eher dem Bergstrom zu vergleichen, der sich losreißt von der Brust schneeiger Gipfel und in jähem, schäumendem Wassersturz mit tausend buntfunkelnden Tropfen den Felsenabhang netzt, als dem majestätischen Fluß, der die Ebenen befeuchtet und der Dome Bild in seinem Spiegel verdoppelt. Er ist und bleibt groß in der Kunst, weil in ihr wie in der Natur Größe, Noblesse und Erhabenheit nicht nach materiellen Dimensionen gemessen, – weil ihre Schöpfungen nicht mit Maß und Gewicht von Handelsprodukten gewogen werden, sondern nach jenen unkörperlichen Gesetzen, deren Geheimnis der menschliche Geist besitzt, ohne es entschleiern zu können.

Eduard Hanslick

In der Konzertsaison 1856 sang Julius Stockhausen (1826–1906), der berühmte, mit Brahms befreundete Bariton, Schuberts »Müllerlieder« zum erstenmal als vollständigen Zyklus. Der ebenso umstrittene wie gefürchtete Wiener Musikkritiker Eduard Hanslick berichtete darüber in einer seiner bedeutsamen Konzertkritiken. Es ist bezeichnend, wie die in Hanslicks Zeit unbezweifelte Vorstellung von einem nicht nur frei und leicht, sondern auch ohne Rücksicht auf verbindliche Kompositionsregeln dahinschreibenden Komponisten das Urteil auch über diesen Zyklus bestimmt.

Die schöne Müllerin

(Liederzyklus von Franz Schubert, gesungen von Julius Stockhausen)

Stockhausen nahm Abschied vom Publikum, und zwar mit dem einfachsten Programm der Welt. Anstatt des gewöhnlichen Sammelsuriums von Stücken, deren eines nicht zum andern gehört, lasen wir auf dem Anschlagzettel bloß: »Die schöne Müllerin«, ein Liederzyklus von Franz Schubert. Die Idee ist unseres Wissens eine neue; daß sie zugleich eine glückliche war, zeigte der wahrhaft überraschende Besuch des Konzertes. Wie durch stillschweigende Verabredung hatten sich alle echten Anhänger deutscher Musik zu dieser Produktion eingefunden, welcher zu einem eigentlichen Schubertfeste nichts als die ausdrückliche Bezeichnung fehlte. Wenig Tondichter genießen in Wien eines so allgemeinen und warmen Kultus, wie Schubert. Die Erwartung, einen seiner duftigsten Liedersträuße in ganzer Fülle und nicht bloß, wie bisher, in einzelnen herausgerissenen Blumen zu empfangen, wirkte wie ein allgemeines Aufgebot auf Schuberts gesamte »Freundschaft«. Indem Stockhausen es unternahm, den ganzen, aus zwanzig Nummern bestehenden Zyklus der »Müllerlieder« vorzutragen, gewährte er fürs erste dem Publikum eine unschätzbare Anschauung des Zusammenhangs eines Werkes, das in einigen seiner Teile allbekannt, in anderen hingegen auffallend zurückgesetzt ist. Sodann gewann der Sänger durch diesen Zusammenhang den wichtigen Vorteil, das bisher nur lyrisch Vereinzelte dramatisch auffassen zu können. Er mußte sich nicht mehr streng als Konzertgeber, er durfte sich als den lebendigen individuellen Mittelpunkt des Ganzen fühlen, der, all die verschiedenen Empfindungen ausströmend, sie wieder auf sich zurückbezieht.

Die »schöne Müllerin« ist ein kleiner, einfacher Roman in Liedern. Der Müllerbursche folgt auf seiner Wanderschaft dem Lauf eines Bächleins, das, geheimnisvoll lockend, ihn zu einer Mühle führt. Er erblickte die schöne Müllerstochter und sucht nicht weiter; als Knappe tritt er in ihren Dienst (Nr. 1 bis 4). Bald gibt die Liebe dem guten Jungen arg zu schaffen; der Morgengruß, den er der Teuren bietet, die Blumen, die er ihr reicht, alles lockt ein ahnungsvolles Hoffen in seinem Herzen; laut in die Welt möcht er seine Liebe hinausrufen, sie jedem Baume, jedem Stein vertrauen. Das ist ein gutes Zeichen, – und das dringend befragte Orakel des Baches wird wohl »Ja« lauten (Nr. 5 bis 9). Es erblüht eine wonnevolle Zeit des Besitzes, so kurz als glücklich (Nr. 10 bis 12). Die schöne Müllerin scheint etwas flattersinnig zu sein; einem stattlichen Jäger wird es nicht schwer, unsern Müllerburschen aus ihrem Herzen zu verdrängen. Alle Qualen der Eifersucht und verschmähten Neigung bemächtigen sich des treuen hoffnungslos liebenden Jungen (Nr. 13 bis 17). Tödliches Leid im Herzen flieht er die Ungetreue, und sucht in dem Geflüster seines Bächleins Trost und Vergessenheit (Nr. 18 bis 20). Die Geschichte ist, wie man sieht, höchst einfach. In ihrer schlichten, innigen Weise erregt sie aber dennoch unsere ganze Teilnahme, an Rückerts sinniges Wort erinnernd:

»Liebe ist die ältest neu'ste,
Einz'ge Weltbegebenheit.«

Wir haben den geschichtlichen Faden, welcher durch des Müllers bald fröhliche, bald traurige Lieder durchzieht, flüchtig aufgezeigt, um die günstigere und größere Aufgabe zu erklären, welche der Sänger dadurch gewinnt. Herr Stockhausen hat diese Aufgabe so vollkommen begriffen und durchgeführt, als man es von dem feingebildeten Künstler nur erwarten konnte. Der Vortrag hob frohmütig und unbefangen an, steigerte sich alsbald zu jener leichten, glücklichen Aufregung, welche das Anbrechen einer neuen Liebe verkündigt, vertiefte sich allmählich in die Leidenschaft, um nach kurzem frohen Aufjauchzen in Wehmut sanft auszuklingen. Lieder wie »Stolz und Eifersucht«, »Mein Schatz hat's Grün so gern« u. a. gewannen nunmehr ein ungewohntes dramatisches Leben, wußte ja der Hörer, wem Stolz und Eifersucht galt und warum den Müller das Grün so traurig macht. Überblicken wir den Liedervortrag Stockhausens im Ganzen, so müssen wir ihm vor allem das Lob, auch seinerseits ein Ganzes gebracht zu haben, rückhaltlos zollen. Die stärksten wie die weichsten Töne lösten sich nicht aus dem organischen Bau des Liederkreises los, weil die Einheit der Empfindung sie erfüllte und band.

Von den einzelnen Liedern selbst waren die elegischen, überhaupt die von einer milden, ruhigen Empfindung getragenen, vortrefflich. Der volle Ausbruch der Leidenschaft hingegen, wie wir ihn z. B. in dem Refrain des Liedes: »Ungeduld«, »Dein ist mein Herz!« und ähnlichem wünschen, blieb von Stockhausen unerreicht. Die Wahrnehmung, daß Stockhausens Organ seit seinem ersten Besuch in Wien empfindlich gelitten habe, ist uns nach dem Anhören der Müllerlieder zur Gewißheit geworden. Der geschätzte Künstler sang in den höhern Lagen mit Anstrengung und nicht ohne Schwanken, obgleich er oft genug zum Falsett seine Zuflucht nahm. Auch schien die Ermüdung gegen das Ende des Konzertes unleugbar. Welcher unschätzbare künstlerische Erwerb für diese natürlichen Mängel entschädigt, haben wir wiederholt auf das freudigste anerkannt, und erinnern diesmal nur noch besonders an seine treffliche Deklamation. Im reichsten Ausströmen der Melodie artikulierte Stockhausen bis in die einzelne Silbe verständlich und dabei flüssig, ohne die mindeste Härte, – ein Vorzug, der bei einem zusammenhängenden Liederzyklus doppelt schwer ins Gewicht fällt.

Die »Müllerlieder« kannte vielleicht die Hälfte der Besucher bis auf die Note; und dennoch wird kaum einer gewesen sein, der nicht abermals gestaunt hätte über die geniale Kraft des Tondichters, der im Stande war, einen Zyklus von 20 Liedern aus einem Guß zu komponieren, alle schön, die meisten unübertrefflich, nur wenige geringfügiger. Ein Seitenstück dazu ist bekanntlich Schuberts »Winterreise« (ebenfalls von W. Müller gedichtet), aus 24 Nummern bestehend, worunter »Die Post«, »Gute Nacht«, »Der Lindenbaum« u. a. wohl unter den Liedern aller Zeiten die ersten in erster Reihe stehen. Auffallend ist, daß zwischen der Musik zur »Winterreise« (Schuberts 89. Werk) und der »schönen Müllerin« (seinem 25.) durchaus nicht jener Abstand, sei es an Verfeinerung der Technik oder an Verarmung der Phantasie, vorliegt, welcher sonst so weit entlegene Opuszahlen kennzeichnet. In beiden Liederkreisen blüht dieselbe Ursprünglichkeit und Tiefe der Empfindung, derselbe verschwenderische musikalische Reichtum, womit Schubert so beneidenswert ausgestattet war. Diese Fülle musikalischen Stoffs, verbunden mit einer Leichtigkeit der Produktion, wie sie vielleicht nur noch Mozart eigen war, bedingten freilich bei Schubert ein so befreiungslustiges rücksichtsloses Ausströmen, daß von einem strengen Feilen und Prüfen des Einzelnen nicht immer die Rede sein konnte. War einmal der Hauptgedanke erfaßt, so schritt Schubert kühn und warm auf die Hauptsache los, nicht rechts, nicht links schauend. So kommt es, daß selbst in seinen besten Werken sich Verleugnungen eines feineren musikalischen Geschmackes finden, wie man sie bei den minder reichbegabten aber gebildeteren Liederkomponisten Mendelssohn und Schumann vergeblich suchen würde. Es ist nicht hier der Ort, wohl aber wäre er es in jeder höheren Musikschule, auf die zahlreichen Unschicklichkeiten des genialen Mannes aufmerksam zu machen. Auch die Ansicht, daß Schubert die eigentümliche Stimmung jedes Gedichtes stets auf das genaueste traf, scheint uns nicht in dieser Allgemeinheit richtig zu sein. Oft beherrschte ihn eine musikalische Idee so kräftig, daß sie sich ihm mit einer nicht ganz homogenen poetischen assimilierte; an ein nachträgliches Ändern war dann nicht zu denken. Man höre, um ein Beispiel aus den »Müllerliedern« zu wählen, den Anfang des Liedes »Die böse Farbe.« Schubert singt die Worte: »Ich möchte ziehen in die Welt hinaus« frisch und kühn ausgreifend, wie ein tatenlustiger Reitersmann, während die

Worte nur den gepreßten Drang eines von Liebesleid Gequälten aussprechen. Man vergleiche damit die Komposition desselben Gedichts von Ludwig Berger, dessen ungleich geringeres, aber sorgsamer prüfendes Talent hier in ganz entgegengesetzter Weise das Richtige und Schöne traf. Will man sich vollends auf einzelne Strophen einlassen, so wird man Beispiele in Menge finden, wie Schuberts märchenhafter musikalischer Reichtum die besonnene Arbeit seines Kunstverstandes oft überwucherte.

In einer einzigen Kunstgattung hat die Musik seit Beethoven einen unbestreitbaren Fortschritt getan: im Liede. Wir danken dies vor allem Franz Schubert. Seit er den ersten Takt schrieb, ist jene alte geistlose Liederfabrikation, welche Text und Musik über dürftigen Dreiklängen nebeneinander herlaufen ließ, unmöglich geworden. Weder Riehls geharnischte Vorreden, noch seine zahme »Hausmusik« werden dieselbe zurückrufen.

Leopold von Sonnleithner

Zu den wichtigsten halböffentlichen Hausmusikveranstaltungen im Wien der Schubertzeit zählten die »Abendkonzerte« in dem musikalischen Salon Ignaz von Sonnleithners, dessen Sohn Leopold seit 1816 mit Schubert befreundet war. Johann Michael Vogl, der berühmte Sänger, sang dort immer wieder auch Schubertsche Lieder. Sonnleithner besorgte durch Übernahme der Kosten und Verhandlungen mit den Verlegern, gemeinsam mit Josef Hüttenbrenner, Schuberts erste Lieddrucke. Sein 1860 erschienener Aufsatz über den »Vortrag des Liedes« ist Teil einer größeren Abhandlung »Bemerkungen zur Gesangskunst«.

Über den Vortrag des Liedes, mit besonderer Beziehung auf Franz Schubert

Wenn wir in der Geschichte der Konzerte etwa vierzig bis fünfzig Jahre zurückblättern, so finden wir, daß in jener Zeit bei öffentlichen Konzerten, welche dazumal ohne Orchesterbegleitung kaum denkbar waren, von dem Vortrage eines Liedes nicht im entferntesten die Rede war. Das Lied wurde ausschließend als ein Teil der Hausmusik zum eigenen Genusse und höchstens zur Unterhaltung eines kleinen Privatkreises betrachtet, aber der Form und dem Inhalt nach für viel zu unbedeutend angesehen, um sich da geltend zu machen, wo nur der Konzert- oder Opernarie in ihrer aristokratischen Großartigkeit der Zutritt gestattet war.

Es ist hier nicht der Ort, um den Begriff des Liedes als Gedicht oder als Gesang einer strengen Prüfung zu unterziehen. Die älteren Ästhetiker sagten, das Lied sei eine lyrische Dichtungsart, deren Charakter auf der Darstellung nur eines Gefühles beruht, welches die Seele sanft bewegt. Über die Grenzen dieser Begriffsbestimmung sind unsere Dichter und Tonsetzer längst hinausgeschritten; die Einheit des Gefühles und die Sanftheit der Seelenbewegung sind in den wenigsten der neueren Lieder mehr zu finden. Ja, die lyrische Dichtung nähert sich nicht selten der epischen, da wir uns gewöhnt haben, auch Romanzen und Balladen unter der Aufschrift »Lied« vorzufinden.* Es wird daher auch von der sonst üblichen Einteilung der Lieder in geistliche und weltliche, und der letzteren in leidenschaftliche, National-, Volks- und scherzhafte Lieder hier abgesehen.

Man mag nun das Lied in seiner ursprünglichen oder in der erweiterten Form betrachten, so gehört es doch immer in dem Sinne zur lyrischen Gattung, daß dabei der Dichter eigene oder fremde Gefühle und Ereignisse nur schildert und erzählt, aber niemals selbst als handelnd auftritt oder die geschilderte Person handelnd und sprechend auftreten läßt; mit anderen Worten gesagt: das Lied kann nie dramatisch werden, ohne seine Wesenheit zu vernichten. – Diese Bemerkung, so einfach und natürlich sie scheint, wird doch bei dem deklamatorischen und musikalischen Liedervortrage nur gar zu oft außer acht gelassen, und darin liegt der Hauptvorwurf, welcher dem Vortrage dieser Gattung gemacht werden muß, seit dieselbe sich in die Konzertsäle eingedrängt und dort teilweise die Stelle der großen Arie eingenommen hat.

* Schon Bürger und Schiller dichteten ein »Lied vom braven Mann« und ein »Lied von der Glocke«, ersteres eine Ballade, letzteres dem Lehrgedichte sich nähernd, – jedenfalls kein Lied im herkömmlichen Sinne.

Es läßt sich nicht leugnen, daß die Konzertarie, in der ursprünglichen Bedeutung des Wortes, sich bereits überlebt hat. Die Konzertarie, wie sie vor etwa hundert Jahren sich ausbildete, war gewöhnlich nichts weiter, als eine in Musik gesetzte dramatische Situation, welche nur zum Vorwande diente, um in der herkömmlichen Form eine Probe des schönen getragenen Gesanges und der Kehlenfertigkeit abzulegen. Große Meister (wie z. B. Mozart) wußten damit auch interessante Melodie und lebhaften Gefühlsausdruck zu verbinden; und da zu jener Zeit die eigentlichen Opernarien sich gleichfalls noch in strenger Form bewegten, so konnten diese ganz wohl auch für die Konzerte benützt werden. Die Arien aus Mozarts »Titus«, Zingarellis: »Ombra adorata aspetta«, Glucks: »Che farò senza Euridice« waren noch vor kurzem wesentliche Stützen des Konzert-Repertoires, und die Opern von Paër, Weigl, Winter, vorzüglich aber jene von Rossini, Pacini, Mercadante u.s.w. wurden von den Konzertsängern als gute Beute betrachtet. Diese Dinge haben sich jedoch teils abgenützt, teils übersteigen sie die Kräfte der jetzigen Sänger; die neueren Opern aber enthalten keine oder sehr wenige zu diesem Zwecke taugliche Arien. Während einerseits die älteren, streng gegliederten Formen als für das musikalische Drama minder geeignet erkannt wurden; während man jetzt überhaupt die Arie mehr mit der Handlung in Verbindung bringt und sie daher durch Zwischenreden, durch Chöre oder auf andere Weise unterbricht, haben gar die neuesten Reformatoren es darauf angelegt, alle abgeschlossenen Formen aus der Oper zu verbannen, so daß sich aus Werken dieser Art in der Neuzeit keine Ausbeute für das Konzert gewinnen läßt. Dazu kam aber noch der Umstand, daß überhaupt die großen Unkosten, welche die Mitwirkung des Orchesters verursacht, die durch die Überzahl der Konzerte verminderte Teilnahme des Publikums, endlich die bei gesteigerten Ansprüchen erforderlichen vermehrten Proben zu dem Auswege führten, Konzerte ganz ohne Orchester zu geben und sich mit der Aufführung von Instrumental-Trios oder Quartetten, ja mit Solovorträgen ohne alle Begleitung zu behelfen und dazwischen Gesangstücke mit einfacher Klavierbegleitung einzuschalten. Bei einer so bescheidenen Gestaltung des Ganzen erscheint dann eine anspruchsvolle große Arie auch nicht mehr als am rechten Platze, zumal mit der dürftigen Unterstützung des Pianoforte; und so hat sich denn nach und nach das Lied in diese öffentlichen Hausmusikaufführungen eingeschlichen und dort behaglich niedergelassen. Aber damit war es noch nicht genug. Die Bequemlichkeit, die Erleichterung und Abkürzung der Proben und, wie bereits gesagt, der Mangel an passenden neuen Arien gaben Anlaß, daß auch in großen Orchesterkonzerten das Lied Eingang fand, so daß wir nicht selten in Sälen, die einige Tausende von Zuhörern fassen, ja in den Theaterräumen zwischen einer großen Symphonie und einem rauschenden Chore oder Instrumentalsolovortrage, irgend ein Lied vernehmen müssen, das vielleicht am häuslichen Herde wunderhübsch klingt, an diesem Orte aber sich ausnimmt wie ein Miniaturbild, in der Kuppel des Pantheons aufgehangen.

Da hält es denn gar oft der Sänger für seine Hauptaufgabe, sich auch in dieser ungünstigen Stellung geltend zu machen, – und das soll nun der Vortrag bewirken. Was Wunder, daß es dann dem Armen nicht selten so geht wie dem Frosche in der Fabel, der, um nicht dem gehörnten Vierfüßler nachzustehen, sich so lange aufblähte, bis er platzte. Und wenn auch glücklicher Weise dem Sänger kein derlei Unheil widerfährt, so muß es doch meistens das arme Lied entgelten, dessen bescheidene Form und Eigentümlichkeit so lange gedehnt, gedrängt und gequält wird, bis es ganz aus Rand und Band geht, – bis es seine Wesenheit durch Übertreibung verliert, ohne etwas anderes oder Besseres zu werden, als eben nur ein zerplatzter Frosch.

[...]

Nach diesen allgemeinen Bemerkungen möge es noch vergönnt sein, einige Worte mit besonderer Beziehung auf Franz Schubert beizufügen, der wohl das Recht hat, überall, wo vom Liede die Rede ist, vorzugsweise berücksichtiget zu werden. Der Verfasser dieser Zeilen hatte die Freude, dem kleinen Kreise anzugehören, welcher zuerst Schuberts höhere Begabung erkannte, der sich bemühte seine Werke bekannt zu machen und zu verbreiten, und der ihn selbst in die musikalische Welt einführte. Er hörte ihn sehr oft seine Lieder mit schwacher aber sympathischer Stimme, mit häufiger Falsettanwendung, wo ihm die Höhe fehlte, selbst singen; er hörte ihn noch öfter seine Arbeiten mit den vorzüglichsten Künstlern und Kunstliebhabern jener Zeit einüben und ihnen auf dem Pianoforte begleiten. Um so schmerzlicher findet er sich jetzt berührt, wenn er die herrlichen Gesänge seines längst vorausgegangenen Freundes heut zu Tage gewöhnlich in einer Art vortragen hört, welche der Absicht ihres Schöpfers geradezu entgegengesetzt ist.

Ein Hauptvorzug von Schuberts Liedern besteht in der durchaus edlen, reiz- und ausdrucksvollen Melodie; diese bleibt bei ihm stets die Hauptsache, und so interessant auch gewöhnlich seine Begleitung gesetzt ist, so wirkt diese doch immer nur unterstützend, und bildet häufig nur den Hintergrund, die allgemeine Stimmung, oder eine eigentümliche Bewegung, z. B. des Reitpferdes, des Spinnrades, des Ruders, der Mühlräder, der Meeresbrandung u. s. w. – Die Schönheit seiner Melodien ist auch (mit wenigen Ausnahmen) eine selbständige, rein musikalische, d. h. sie ist von den Worten ganz unabhängig, wenn sie gleich sich diesen in jeder Beziehung treu anschließt und die Empfindung des Dichters stets tief auffaßt, ja oft noch veredelt. Man kann diese Melodien (wie jene von Mozart) auf dem Leierkasten oder auf der Stockflöte spielen, und sie bleiben doch reizend; ihre musikalische Schönheit ist durch einen deklamatorischen Vortrag keineswegs bedingt. – Schubert forderte daher vor allem, daß seine Lieder nicht sowohl deklamiert, als vielmehr fließend gesungen werden, daß jeder Note mit gänzlicher Beseitigung des unmusikalischen Sprachtones der gebührende Stimmklang zu Teil, und daß hiedurch der musikalische Gedanke rein zur Geltung gebracht werde. Damit in notwendigem Zusammenhange steht die strengste Beobachtung des Zeitmaßes. Schubert hat überall genau angemerkt, wo er eine Verzögerung, eine Beschleunigung, oder überhaupt einen freieren Vortrag wünschte oder erlaubte. Wo er dies nicht angezeigt hat, duldete er aber auch nicht die geringste Willkür, nicht die leiseste Abweichung im Zeitmaße. Wenn dies auch nicht durch das einstimmige Zeugnis seiner Zeitgenossen erweislich wäre, so müßte es jeder Sachverständige schon aus der Art seiner Begleitungsformen zweifellos erkennen. Ein im Trabe oder Galoppe laufendes Pferd läßt sich nicht aus dem Takte bringen; ein laufendes Spinnrad kann wohl stehen bleiben, wenn die Spinnerin von Leidenschaft bewegt in einem Augenblicke vergißt, es anzutreiben, es kann aber unmöglich in einer Sekunde schnell und in der nächsten langsam laufen, und so taktweise abwechseln; – ein lebhaft pochendes Herz kann (abgesehen von einem Blutschlagflusse) nicht plötzlich stille stehen, damit der Sänger auf den Worten: »Dein ist mein Herz, und wird es ewig bleiben« – sein hohes A recht lange klingen und seine Gefühlsüberschwenglichkeit austönen lassen könne; wenn der Marsch der Kreuzfahrer in der Ferne erklingt, und der Mönch seine Betrachtungen diesen Tönen anschließt, so muß er im strengsten Zeitmaße fortsingen; der Marsch richtet sich nicht nach seinen sentimentalen Zögerungsparoxismen. Diese Erbärmlichkeiten, die wir leider nur zu oft anhören müssen, mögen nur als vereinzelte Beispiele gelten, denn diese sinnlose Auffassungsweise ist leider schon zur Regel geworden, und die Vollzieher solcher Kunstfrevel tun sich nicht wenig auf ihr tiefes Verständnis des unsterblichen Meisters zu Gute, der, wenn er noch lebte, sich die Ohren verstopfte, oder meilenweit davonlaufen würde, da seine Gutmütigkeit ihm nicht gestattete, die Frevler nach Gebühr mit dem Taktstabe zu bestrafen.

Es soll damit durchaus nicht gesagt sein, daß Schubert seine Lieder nur mechanisch abgeleiert wissen wollte. Ein getreuer, rein musikalischer Vortrag schließt ja Gefühl und Empfindung keineswegs aus; aber der Sänger soll nur nicht sich überheben, soll nicht poetischer und geistreicher sein wollen als der Tonsetzer, der mit deutlichen Noten und Zeichen ganz genau angegeben hat, was und wie er es gesungen haben wolle, – dessen Werk durch jede Willkürlichkeit in seinem innersten Wesen verletzt und verdorben wird. Bei einem Komponisten wie Schubert ist der schlichteste aber natürlichste Gesang, wie er z. B. dem bekannten Sänger Titze (einem stimmbegabten Naturalisten) eigen war, dem raffiniertesten deklamatorischen Vortrage weit vorzuziehen, den wir denjenigen überlassen wollen, die hinter der musikalischen Idee (welche sie als solche nicht begreifen und daher verschmähen) immer noch eine andere poetische oder philosophische Idee suchen. – Es lebt noch ein alter Zeitgenosse Schuberts [verm. Karl von Schönstein], ein edler Kunstfreund, der ganz in seinem Geiste sang, und den wir nur deshalb nicht nennen, um seiner Bescheidenheit nicht zu nahe zu treten. Allein wir gestehen, daß im allgemeinen die Ankündigung eines Schubertschen Liedes auf einem Konzertprogramm uns jederzeit mit der Besorgnis erfüllt, die fließenden und zugleich tief empfundenen Schöpfungen unseres genialen Freundes verzerrt, entstellt und ihres größten Reizes beraubt zu hören. Mögen die Sänger diese Andeutungen wohl beherzigen und beachten! Die Anerkennung der wahren Kenner wird ihr Streben belohnen.

Peter I. Tschaikowsky

Vor allem in den Jahren 1871–1876 hat Tschaikowsky für die Moskauer Zeitungen »Sovremennaja letopis« und »Russkie vedomosti« Musikkritiken geschrieben. Deutlich läßt sich aus ihnen ablesen, daß für ihn die Geschichte der modernen sinfonischen, aber auch der Kammermusik bei Beethoven ihren Ausgang nimmt und sich dann vornehmlich in Schuberts und Schumanns Werken manifestiert (denen Tschaikowsky auch Wagner noch an die Seite stellen würde, wenn dieser sich nicht unglückseligerweise darauf verlegt hätte, Opern zu schreiben an Stelle von Sinfonien).

Schuberts C-Dur-Sinfonie

Zum Abschluß wurde die berühmte *C-Dur-Sinfonie* von Schubert aufgeführt. Dieses gigantische Werk, das sich sowohl durch riesige Ausmaße als auch durch unerhörte Kraft und Reichtum der Eingebung auszeichnet, wurde von Schumann in den dreißiger Jahren unseres Jahrhunderts unter einer großen Anzahl anderer Manuskripte aufgefunden, die dieser geniale, von seinen Zeitgenossen nicht anerkannte Komponist hinterlassen hat. Die Biographen behaupten, daß er neun Sinfonien geschrieben habe, aber nur eine davon ist bis jetzt zum Eigentum des Publikums geworden, wenn man nicht noch die zwei Sätze der reizvollen, unvollendeten *h-Moll-Sinfonie* dazu zählen will. Aus der gewaltigen Menge von Schuberts Schöpfungen ist die *Sinfonie in C-Dur* wohl das bedeutendste Werk. Die Fülle schöner, origineller Melodien und ihre oft ausgezeichnete Verarbeitung, die

Ungekünsteltheit und Schlichtheit der Gestaltung, die Mannigfaltigkeit der kontrastierenden Wirkungen, ein besonderer eigenständiger Reiz der Harmonisierung, die Frische des volkstümlichen Elements, das in der melodischen Zeichnung dominiert – all das gibt dieser Sinfonie einen besonderen Zauber, der die Aufmerksamkeit des Hörers unwiderstehlich fesselt. Im Finale erhebt sich Schubert zu einem erschütternden Pathos, zu idealer Schönheit und Kraft des musikalischen Ausdrucks.

Dietrich Fischer-Dieskau

Es gibt wohl nur wenige Sänger, die sich in ähnlicher Weise für das Liedschaffen Schuberts eingesetzt und zugleich den modernen Liedgesang überhaupt geprägt haben, wie Dietrich Fischer-Dieskau. Unzählige Konzerte und Schallplatten-Einspielungen zeugten und zeugen davon. In drei großen Schallplattenkassetten hat er sämtliche Männerlieder Schuberts vorgelegt und für die erste dieser Kassetten mit den Liedern aus der Zeit von 1817–1828 auch selbst die Einführung geschrieben: »Franz Schubert, der Liederkomponist«. In seinem Buch »Auf den Spuren der Schubert-Lieder« (1971) hat er die hier vorgetragenen Überlegungen weiter ausgeführt.

Franz Schubert, der Liederkomponist

Ziel einer so umfangreichen tönenden Publikation von Schubert-Liedern kann es nur sein, den weiten Umkreis an ästhetischem, geschichtlichem und gedanklichem Gut darzulegen, den Schubert mit seiner Musik umschloß. Es gilt, Zeugnis abzulegen für die Universalität des häufig immer noch für eine Art kleinbürgerlichen Musikers angesehenen Franz Schubert. Das Geschichtchen, Schubert habe eines seiner eigenen Lieder nach geraumer Zeit nicht gleich wiedererkannt, wurde als Beweis dafür genommen, daß der Schöpfer von weit über 600 Liedern eine solche Leistung gar nicht hätte bewußt bewältigen können. Man beachtete bei einer solchen Beurteilung jedoch nicht, daß sich Schubert auf dem Gebiet seiner Instrumentalmusik absolut bewußt mit den formalen und inhaltlichen Problemen auseinandersetzte und daß dies auch allgemein anerkannt worden ist. Aus der Tatsache, daß Schubert an manchem Tag eine ganze Reihe von Liedern hinschrieb (am 19. August 1815 fünf, am 25. desselben Monats sechs und am 15. Oktober 1815 sogar acht), glaubten jene Leute folgern zu sollen, ein solches Arbeitsmaß könne nur das Ergebnis instinktiver Eingebungen sein. Dagegen spricht ein von Anselm Hüttenbrenner überlieferter Ausspruch Schuberts: »Na, das ist halt ein gutes Gedicht; da fällt einem gleich was Gescheites ein. Die Melodien strömen herzu, daß es eine wahre Freude ist. Bei einem schlechten Gedicht geht nichts vom Fleck; man martert sich dabei und es kommt nichts heraus als trockenes Zeug. Ich habe schon viele mir aufgedrungene Gedichte zurückgewiesen.«

Neben dieser Erkenntnis stellte sich aber, überraschend und in diesem Umfang nicht vorausgesehen, ein Literaturbild her, das, in großen Zügen und typischen Beispielen die Entwicklung von der deutschen Anakreontik über die Klassik bis zur Romantik umschließend, ein wichtiges Jahrhundert deutscher Lyrik vorführt. Die Gedichte aus der weiter zurückliegenden Weltliteratur, die Schubert vertonte, stammen ausnahmslos von Persönlichkeiten wie Aischylos, Anakreon, Dante, Petrarca, Shakespeare, Pope, Ossian und Scott, die in Schuberts Jahrhundert wesentliche Einflüsse auf die deutschen Schriftsteller ausübten und Schubert durch Übersetzungen seiner Freunde oder bekannter Dichter seiner Zeit geläufig waren.

[...]

Schon mit zwölf und dreizehn Jahren schrieb Schubert eine Anzahl von Liedern, die jedoch nicht erhalten sind. Einzig »Eine Leichenphantasie«, quasi schauervoller Thriller-Ersatz für die damalige Zeit, konnte in unsere Sammlung aufgenommen werden und zeigt erstaunliche harmonische Zukunftsahnungen, wenn kurz nach Erwähnung des Wortes Walhall musik-dramatische »Siegfried-Klänge« auftönen. 1811 setzte der Strom des Liedschaffens ein mit »Hagars Klage« und »Des Mädchens Klage«. Dem häuslichen Quartettspiel, an dem Schubert seit 1813 als Bratschist teilnahm, verdankte er eine erhebliche Erweiterung seines musikalischen Horizonts. In diese Zeit fällt die Entstehung der großen Ballade »Der Taucher« nach Schiller, die in ihrer dramatischen Ausdruckskraft eine Vorstufe zum »Erlkönig« darstellt. Es war immer problematisch, die stark gedankliche Lyrik Schillers in Musik zu setzen, weshalb auch Beethoven für seinen Schlußchor zur Neunten Symphonie nur die sich eignenden Strophen aus der Ode »An die Freude« auswählte. Trotz dieser Schwierigkeiten hat sich Schubert immer wieder an die Vertonung Schillerscher Verse gewagt und 42 Schiller-Gedichte komponiert. Zu bewundern ist, wie er die Länge und das ausgesprochen Intellektuelle der Schillerschen Dichtkunst zu einer organischen Verschmelzung mit der Musik brachte.

[...]

Schuberts Bemühen war groß, an die Gedichte der besten Lyriker vergangener Zeiten und seiner Zeit heranzukommen, um sie sich nachschaffend zueigen zu machen. Auch das verrät eine bewußte künstlerische Arbeit, die von der früher Schubert zugeschriebenen Unbewußtheit im Schaffen weit entfernt ist. Was macht es dagegen schon aus, wenn Schubert sich manchmal bereitfand, nicht so bedeutende, ihn aber durch bildhafte Wendungen anregende Verse seiner fast sämtlich dichterisch dilettierenden Freunde zu komponieren? Wenn man gerecht ist, muß man feststellen, daß unter den engeren oder weiteren Schubert-Freunden wackere Schrift-

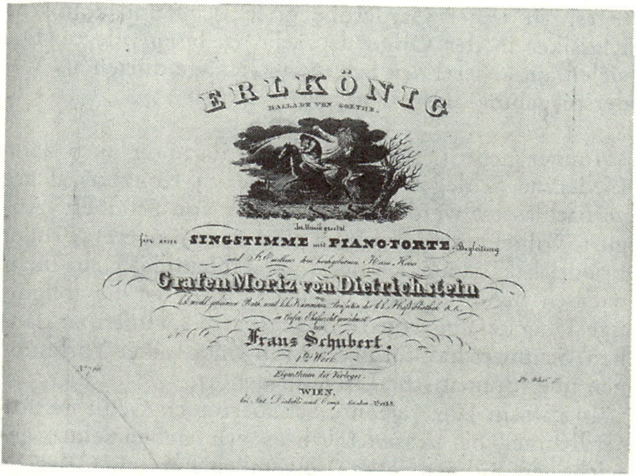

Franz Weigl (?): Titelvignette zur zweiten Ausgabe des »Erlkönig« (nach 1828)

steller waren, die heute freilich ohne seine Musik längst vergessen wären.

[...]

Schuberts Blick in die Welt der Dichtung reichte weit. Noch zu seiner Zeit war die Begeisterung für die Werke der Antike lebendig, die schon in der zweiten Hälfte des 18. Jahrhunderts kräftig anregend auf das Geistesleben gewirkt hatte. Die Ehrfurcht vor dem klassischen Gleichmaß von Form und Inhalt durchglühte auch die Lesegesellschaft der Schubertianer und fand ihren Niederschlag besonders im künstlerischen Schaffen Mayrhofers und in den Anregungen, die der Komponist durch den Sänger Vogl fand, der vor seinen Bühnenauftritten in seiner Garderobe griechische und römische Klassiker in der Originalsprache zu lesen pflegte. Die vielen antikisierenden Schubert-Gesänge dürfen als Widerspiegelung dieser Vorgänge gelten.

[...]

Immer neue Lieder entstanden, darunter auch zehn Lieder zu Schlegel-Gedichten, die im Konzertsaal arg vernachlässigt werden wie so vieles von Schubert. August Wilhelm von Schlegel und sein jüngerer Bruder Friedrich kamen aus einer Literatenfamilie. Dem mehr nachschaffend begabten August Wilhelm ist die vollgültige Übersetzung von 16 Shakespeare-Dramen zu danken. Schubert hat ihn in Wien in einer seiner Vorlesungen über dramatische Literatur gehört.

In diesem Jahr vertonte Schubert auch Gedichte von Grillparzer, bei dessen Lyrik es sich (neben seinen gewichtigen Bühnenwerken) eigentlich nur um Gelegenheitsdichtungen handelte. Verbittert durch die Verständnislosigkeit des Publikums und durch unausgesetzte Zensurschwierigkeiten zog sich der Dichter schon verhältnismäßig früh zurück und verbarg seine Schöpfungen vor der Öffentlichkeit. Schuberts schönste Grillparzer-Komposition ist das »Ständchen« für Altsolo mit Chor und Klavier, daneben wohl das »Lied der Nacht« aus der »Ahnfrau«. Von Grillparzer, der die Trauerrede für Beethovens Begräbnis verfaßte, stammt auch die Inschrift auf Schuberts Grabstein: »Die Tonkunst begrub hier einen reichen Besitz, aber noch viel schönere Hoffnungen«.

Nikolaus Harnoncourt

In zunehmendem Maße hat sich Nikolaus Harnoncourt in den letzten zehn bis fünfzehn Jahren für Schuberts Werk eingesetzt, zunächst für das sinfonische Schaffen (mit großer Verve hat er etwa eine Ehrenrettung der meist eher abschätzig beurteilten vierten, der »Tragischen Sinfonie« versucht), seit kurzem aber auch für das Bühnenwerk des Komponisten. Für das Programmbuch der Schubertiade Hohenems 1984 (und im Hinblick auf zwei Konzerte mit Werken Mozarts einerseits und Beethovens und Schuberts andererseits) hat der Wiener Musikkritiker Peter Cossé mit dem Dirigenten ein Gespräch geführt, an dessen Ende die Rede auch auf Schubert kommt.

Ein Gespräch mit Peter Cossé

Cossé: Die »Unvollendete« kann man als historisch-ästhetisch ungemein belastetes Werk bezeichnen, dessen beide Sätze oft wie zwei langsame, zumindest aber einander ähnelnde Teile gespielt werden.

Harnoncourt: Das ist ein wirkliches Problem. Der zweite Satz ist ja in 3/8 notiert, wodurch sich ein anderes Tempogefühl ergibt. Natürlich wird der erste Satz oft sehr langsam gespielt. Aber ich halte es für problematisch, wenn man sich aus dieser Situation der Tempo-Ähnlichkeit zweier Sätze künstlich herauswinden möchte. Besser ist es, sich dem Problem zu stellen. Nach meinem Gefühl liegt in der Art dieser beiden Sätze auch der Grund, daß Schubert die Symphonie nicht weitergeschrieben hat. Im Gegensatz zu Mozart, der immer Gesamtkonzeptionen hatte, arbeitete Schubert nach dem Fortschreitungsprinzip. Und daß Schubert angesichts dieser beiden Sätze an der Weiterarbeit gescheitert ist, kann ich mir gut denken.

Sehen Sie in der »Unvollendeten« auf gedanklichen und emotionalen Ebenen eine Manifestation des »Österreichischen« schlechthin?

Ich kenne kaum ein Werk von Schubert, das nicht spezifisch österreichisch ist. Und zwar von der Instrumentation her. Die klangliche Dominanz der Klarinetten und wie sie geführt sind, aber auch die Melodik der großen und kleinen Segmente - das folgt einem ganz österreichischen Idiom. Ich bin von der früheren Musik her gewohnt, der Musik irgendeinen Affekt zu entnehmen. Mit Ausnahme der Fünften Symphonie kenne ich bei Schubert nichts, was nicht traurig ist. Und da meine ich nicht diese wienerische Jammer- oder Raunztraurigkeit, sondern eher eine verborgene Traurigkeit hinter den heiteren Dingen. Ich habe festgestellt: Wenn ein C-Dur traurig ist, wirkt es noch viel trauriger als eine traurige Moll-Tonart.

Solche Ambivalenzen sind ja auch bei Mozart zu beobachten.

Das ist wahr. Besonders erschreckend wurde das bei der Arbeit an der »Jupiter-Symphonie« deutlich. Als ich in die Vorbereitungen gegangen bin, habe ich gedacht, ein strahlendes C-Dur-Stück zu musizieren. Dorthin ist es überhaupt nicht gekommen.

Um aber bei der »Unvollendeten« zu bleiben: Eine besondere Bedeutung kommt auch den »Pausen« zu.

Die Länge einer Pause und die damit verbundene Spannung oder Elektrizität ist einem Körpergefühl vergleichbar. Wenn man ein schweres Gewicht hochhebt und dann in einem bestimmten Moment fallenläßt, entsteht ein ähnliches Gefühl. Und die Art und Weise, wie man das Gewicht hochhebt, wird das Niederfallenlassen vorausbestimmen. Es gehört sicher zum Wichtigsten, daß Generalpausen vom Dirigenten nicht durchgeschlagen und dadurch irgendwie metrisiert werden. In meiner Zeit als Orchestermusiker habe ich es immer wieder bemerkt, daß viele Dirigenten den Rhythmus über die Pause weiterlaufen lassen. Eine Generalpause bedingt eine Aufhebung des Rhythmus, einen Stillstand. Die alte Bedeutung der Fermate steht da im Raum, wie sie in den Beschreibungen von früher überliefert ist. Wo dieses Zeichen steht, gibt es keinen Rhythmus. Und meiner Meinung nach trifft das auf Pausen, aber auch auf »lange Noten« zu.

Das heißt aber auch, daß beispielsweise in der »Unvollendeten« die Pausen variabel zu behandeln sind, dem jeweiligen musikalischen und wohl auch psychisch-physischen Zustand entsprechend. Der von Ihnen erwähnte rhythmische Stillstand erzeugt ja eine Art Vakuum im musikalischen Prozeß, oder poetischer ausgedrückt: der Zuhörer steht vor einem Abgrund.

Ja, es ist ein Vakuum. Aber dieses Vakuum muß in einem ganz bestimmten Moment zu einer Eruption – ich denke an die Forteeinsätze – führen. Aber es gibt natürlich auch Pausen, nach denen es Piano weitergeht. Grundsätzlich ist die Pause als stärkste rhetorische Figur überhaupt zu beachten. Sie bedeutet das Schweigen.

Alfred Brendel

In zunehmendem Maße tritt im Laufe unseres Jahrhunderts der Instrumentalkomponist Schubert in den Vordergrund, der Schöpfer von Streichquartetten, Sinfonien und Klaviersonaten. Letzteren widmet der große Pianist Alfred Brendel einen seiner unter dem Titel »Nachdenken über Musik« gesammelten, 1976 in München erschienenen Aufsätze.

Schuberts Klaviersonaten 1822–1828

Die Einsicht, daß Schubert ein großer Klavierkomponist und einer der überragenden Meister der Sonate war, hat lange auf sich warten lassen. Unser Dank gebührt Artur Schnabel und Eduard Erdmann, die als Interpreten und einflußreiche Lehrer den Weg dazu bereitet haben. Sie blieben innerhalb ihrer Generation die Ausnahmen, über die man den Kopf schüttelte. 1928, hundert Jahre nach Schuberts Tod, war es einer Berühmtheit wie Rachmaninow noch verborgen geblieben, daß es Sonaten von Schubert überhaupt gab. Und selbst heute begegnet man bei manchen älteren Musikern einem erstaunlichen Maß an Unwissenheit, Zweifel und Verachtung, wo von Schubert-Sonaten die Rede ist. Ich möchte versuchen, einigen Vorurteilen auf den Grund zu gehen; vielleicht läßt sich auf diese Weise erklären, warum diese Werke so lange vernachlässigt wurden.

Erstes Vorurteil: Schuberts Stil blieb ohne Entwicklung

Diese Annahme beruht auf der Tatsache, daß die Chronologie seiner Werke trotz Otto Erich Deutschs Schubert-Verzeichnis noch weithin unbekannt ist. Die Reihenfolge, in der Schuberts Werke veröffentlicht und mit Opus-Zahlen versehen wurden, hat mit der Reihenfolge ihrer Entstehung wenig oder nichts zu tun. Mit Ausnahme seiner vierhändigen Kompositionen – die zeitgenössische Nachfrage nach diesem Genre muß gewaltig gewesen sein – sind nur wenige seiner Instrumentalwerke zu Schuberts Lebzeiten gedruckt worden: es waren dies nicht mehr als drei seiner Sonaten (op. 42, 53, 78), die Wanderer-Fantasie, die Moments musicaux und die ersten beiden Impromptus aus op. 90; alle übrigen Impromptus sind erst zehn Jahre nach Schuberts Tod im Druck erschienen, wobei der Verleger in den Text eingriff. Das dritte der Stücke transponierte er von Ges- nach G-Dur, verkürzte die Notenwerte um die Hälfte und veränderte die Taktart; im ersten Impromptu des zweiten Heftes (op. 142) unterschlug er zwei Wiederholungszeichen.

Schuberts Instrumentalmusik läßt sich in zwei Perioden teilen. Die erste reicht bis 1819 und enthält sechs Symphonien und fünfzehn Sonaten, von denen elf unvollendet blieben. Es folgt eine Zäsur von drei Jahren, in deren Verlauf sich Schubert, neben dem stetigen Fluß seiner Liedkomposition, hauptsächlich und erfolglos um das Singspiel bemühte. Abgesehen von Skizzen für eine e-Moll-Symphonie bleibt der Streichquartettsatz in c-Moll das einzige Instrumentalwerk, das während dieser Zeit entstanden ist. Er nimmt bereits den Stil seiner zweiten, »reifen« Periode voraus, die im Herbst 1822 beginnt und mit Schuberts Tod endet.

Mit Ausnahme weniger, für den Gebrauch im Konzertsaal angefertigter Bravourstücke, also eines Teiles der Violinmusik und den Variationen über »Trockene Blumen« für Flöte und Klavier, sind nahezu alle Werke der späten Jahre auf einer Höhe der Meisterschaft angesiedelt, die jenen der ersten Periode unerreichbar war – mag diese auch so kostbare Werke enthalten wie die frühen Symphonien, das Forellen-Quintett und die »kleine« A-Dur-Sonate, die in vielen Ausgaben fälschlich als eine Komposition von 1825 angeführt ist. Schubert erscheint uns in diesen Werken als junger Komponist, der sich in fast spielerischer Weise und ohne Überstürzung mit großen Formen vertraut macht.

Ein Blick auf die »Unvollendete« und die Wanderer-Fantasie, beide im Herbst 1822 entstanden, ergibt ein völlig neues Bild. Daß Schuberts Syphilis sich anscheinend zur selben Zeit zum erstenmal bemerkbar machte, könnte ein Zufall sein. Ich möchte gewiß nicht den Wein neuer Mythen in die Schläuche alter Vorurteile gießen. Es wäre aber doch denkbar, daß Schubert unter dem Eindruck seiner Erkrankung seine Kräfte in einer plötzlichen, geradezu verzweifelten Anstrengung zusammenfaßte, wie einer, dem es zum erstenmal zum Bewußtsein kommt, daß der Zeitspanne seines Lebens Grenzen gesetzt sind.

Die Reihe der späteren Sonaten beginnt mit dem streng konzentrierten op. 143 (a-Moll, dreisätzig), das kurz nach der Wanderer-Fantasie komponiert wurde. Es folgt in den Jahren 1824/26 eine mittlere Gruppe von vier Sonaten, nämlich die C-Dur-Sonate (deren letzte beiden Sätze verdientermaßen Fragment blieben), die große, viersätzige a-Moll-Sonate op. 42, die D-Dur-Sonate op. 53 mit der seltsamen, nicht ohne weiteres überzeugenden Unschuld ihres Finales und die traumverlorene G-Dur-Sonate op. 78. Am Ende der Reihe stehen die drei Sonaten von 1828 in c, A und B.

Einige allgemeine Charakteristika:

Der erste Satz steht immer in Sonatenform und umfaßt einen weiten emotionellen Bereich. Das Tempo ist öfter mäßig als rasch. In den Werken von 1824 und 1825 ist das Seitenthema als Variante des Hauptthemas erfunden.

Sonate C-Dur D. 840, 1. Satz

Sonate a-Moll op. 42 D. 845, 1. Satz

Grand Duo C-Dur D. 812, 1. Satz

Der Gedanke, monothematisch zu komponieren, ist in der Wanderer-Fantasie am konsequentesten verwirklicht. Er hat Liszt beeinflußt und fand seine strengste Ausprägung in der Zwölfton-Komposition. Exposition und Reprise sind fast identisch. Ich halte daher das Wiederholen der Exposition in mindestens der Hälfte aller Fälle nicht nur für überflüssig, sondern geradezu für schädlich. Einzig in der D-Dur-Sonate scheint mir die Wiederholung notwendig, in drei anderen Fällen (a-Moll op. 143, a-Moll op. 42, c-Moll) finde ich sie immerhin möglich, weil Schubert hier das Material verhältnismäßig straff exponiert hat.

Schon bei Haydn stößt man auf Wiederholungszeichen, die ihr Vorhandensein dem Zufall zu verdanken scheinen. Der späte Beethoven ignoriert in den Diabelli-Variationen die simpelsten Gewohnheiten der Symmetrie und läßt Wiederholungen in jenen Variationen entfallen, die auf ein einziges kurzes rhythmisches Motiv gestellt sind. Ich frage mich, wie der erfahrene Meister seine frühe Sonate op. 10 Nr. 2 beurteilt haben mag: angesichts des sehr kargen motivischen Materials der Durchführung wird ihn die zweite Wiederholung des ersten Satzes wohl gereut haben.

Dem Spieler, der zu Hause die Exposition einer Schubert-Sonate zehnmal wiederholt, sei seine Freude herzlich gegönnt. Im Konzertsaal wird er gut daran tun, die Konzentration des Publikums (und seine eigenen Kräfte) nicht zu überfordern. Wiederholungszeichen sind nicht immer Befehle: daß sie unweigerlich von Erwägungen der Proportion bestimmt seien, ist ein moderner Köhlerglaube. Auch dort, wo der Komponist einige Takte der Rückleitung, die zum Beginn des Satzes führen, eigens komponiert hat, ist damit ein Wiederholungszwang nicht immer gegeben. In Schuberts B-Dur-Sonate, die so oft als Beispiel herangezogen wird, verzichte ich auf diese Überleitung mit besonderem Vergnügen: so ohne jede logische oder atmosphärische Beziehung steht dieser zuckende Ausbruch da, als hätte er sich aus einem fremden Stück in die großartige Harmonie dieses Satzes verirrt.

Auf die Reprisen folgen wichtige Codas, die wie in einem Brennspiegel das Wesen des Stückes zusammenfassen.

Der zweite Satz ist gewöhnlich ein Andante; wie ein idealisierter Tanz schreitet oder schwebt es vorbei. Dieser tänzerische Charakter fehlt den beiden Adagios – dem grübelnden der Wanderer-Fantasie und dem hymnisch-friedevollen der c-Moll-Sonate – ebenso wie dem Con moto der D-Dur-Sonate, das man fast nur in melancholischer Zerdehnung hört. Wenn er nicht in Variationenform steht, folgt der zweite Satz einem drei- oder fünfteiligen Schema (ABA, ABABA). Die kontrastierende Episode ist jeweils bewegter, in den Werken der letzten Jahre manchmal geradezu von Fieber geschüttelt. Die Erregung von B hinterläßt gewöhnlich in der Reprise von A ihre Spuren. Gegen Ende des Satzes kann zumindest ein Teil des Anfangsthemas in seiner ursprünglichen Schlichtheit wiederkehren.

Der dritte Satz ist ein Scherzo oder ein fließendes Menuett, sein Trio ein Ländler. Nur die B-Dur-Sonate verzichtet auf den wienerischen Charakter des Trios. Die Sonate op. 143 kommt ohne Scherzo oder Menuett aus.

Das Finale kann graziös, sprühend, aber auch erschreckend makaber sein. Finali der letzteren Art sind eine Spezialität Schuberts: wir finden diese Totentänze im d-Moll- und G-Dur-Quartett ebenso wie in der c-Moll-Sonate und der a-Moll-Sonate op. 143. Der Rhythmus vieler Schlußsätze Schuberts zeigt ungarischen oder spanischen Einfluß. Die Finali der drei letzten Sonaten enthalten nun ebenfalls wörtliche Reprisen, und aus ihren langsamen Sätzen sind alle alpenländischen Züge verschwunden. Es gibt in diesen Werken tatsächlich nur zwei Stellen mit österreichischem Lokalkolorit, nämlich die Trios in den Menuetten der c-Moll- und der A-Dur-Sonate.

Zweites Vorurteil: Schubert folgte als Sonatenkomponist dem Vorbild Beethovens, ohne es zu erreichen

Schuberts Verehrung für Beethoven grenzte an Anbetung. Daß seine Freunde ihm, auf seinen Wunsch hin, Bücher Fenimore Coopers, des Autors von »Lederstrumpf«, ans Totenbett brachten, ist bekannt; weniger bekannt ist, daß er sie um eine Aufführung des cis-Moll-Quartetts op. 131 von Beethoven bat, das im Jahr davor im Druck erschienen, aber noch nicht gespielt worden war. Es war vielleicht Schuberts letzte große Freude, dieses Werk zu hören. Später, im Delirium, soll er gesagt haben: »Nehmt mich fort von hier, unter der Erde. Hier liegt Beethoven nicht.« Bei aller Verehrung ließ der Komponist Schubert sich doch von Beethovens Größe nicht überwältigen. Er bewunderte Beethoven zu sehr, als daß er es gewagt hätte, ihn mit dessen eigenen Waffen herauszufordern. Und er muß die Verschiedenheit ihrer musikalischen Naturen gespürt haben. Im Vergleich zu Beethoven, dem Architekten, komponierte Schubert wie ein Schlafwandler. In Beethovens Sonaten verlieren wir nie die Orientierung; sie rechtfertigen sich selbst in jedem Augenblick. Schuberts Sonaten ereignen sich auf eine rätselhaftere Weise; um es österreichischer zu sagen: sie passieren. Es ist etwas entwaffnend Naives in diesen Stücken, und damit meine ich nichts Primitives oder gar Dilettantisches. Naivität und Verfeinerung sind in dieser Musik so verschwistert wie nur noch in jener Haydns. Ich möchte auch davor warnen, Naivität mit Einfachheit zu verwechseln: Schuberts Musik ist oft alles andere als einfach. [...]

Drittes Vorurteil: Schuberts Musik gleicht den lieblichen Konturen der österreichischen Landschaft

Dem Urheber dieser Beschreibung scheinen die bizarren, abweisenden und majestätischen Seiten der österreichischen Landschaft verborgen geblieben zu sein. Schuberts Musik sei gemütlich, gefällig, sentimental und von rundlicher Sanftmut – diese Vorstellung stammt aus jenen Zeiten, da Schuberts Melodien in Operetten mißbraucht wurden. Gewiß, Schubert konnte auch das alles sein – obwohl ich Sentimentalität nur selten an ihm entdecken kann. Aber welche Vielfalt von wesentlicheren Charakteren steht ihm zu Gebot! Wie alle wirklich großen Komponisten läßt Schubert sich nicht in ein Charakterfach zwängen. Es war Schnabel, der in einem Aufsatz für den »Musical Courier« 1928 darauf aufmerksam machte, daß Schubert mehr sei als ein bloßer Melodiker, nämlich der Schöpfer höchst dramatischer Sonaten. Allein schon an seinen dynamischen Zeichen läßt sich der Radius seiner Ausdruckskraft ablesen; sie widerlegen den milden Lyriker. Nicht nur in seinen Klavierwerken geht er, in *ppp* und *fff*, über die gewohnten Grenzen der Dynamik hinaus (und folgt darin Weber, dessen Es-Dur-Polonaise des Jahres 1808 ein *fff* enthält). Auch Gesänge wie »Der Doppelgänger« beweisen Schuberts Drang, vom Flüstern bis zum Schrei das Extremste zu sagen. Seine emotionelle Reichweite führt uns von der entschlossenen Strenge der Sonate op. 143 bis zur abenteuerlich schweifenden, fast improvisatorischen Freiheit der beiden ersten Sätze der großen A-Dur-Sonate, deren dramatischer Höhepunkt, der Paroxysmus des Andantes, konventionelle Formvorstellungen so weit hinter sich ließ, daß erst Schönbergs drittes Klavierstück aus op. 11 diesen Grad von Anarchie übertroffen hat.

Viertes Vorurteil: Schuberts Klavierwerke sind unpianistisch

Dieser Vorwurf hat heute, da wir Strawinskys »Petrouchka» und die unüberbotenen pianistischen Perversionen des zweiten Brahms-Konzerts akzeptieren gelernt haben, jeden Sinn verloren. Wer würde solche Herausforderungen allen Ernstes mit jenen wenigen Stellen in der D-Dur-, c-Moll- und C-Dur-Sonate oder jenen häufigeren in der Wanderer-Fantasie vergleichen, in denen Schubert dem Klavier Dinge zumutet, die auf anderen Instrumenten bequemer auszuführen wären? Robert Schumann war übrigens ein großer Bewunderer von Schuberts Klaviersatz, der ihm aus den Tiefen des Pianofortes zu kommen schien. Schubert selbst war wohl kaum ein sehr brillanter Spieler. (Einen Flügel scheint er nicht besessen zu haben. Wann hätte er auch üben sollen?) Sein Spürsinn für die virtuosen Möglichkeiten des Instruments war dennoch außerordentlich, doch wird instrumentaler Glanz kaum jemals um seiner selbst willen aufgesucht.

Schubert hofiert weder den glatten Spieler noch die konventionell eingeengten Vorstellungen des Klaviergemäßen. Sein Klavierstil ist um nichts weniger orchestral als gesanglich. In der Wanderer-Fantasie wird das Klavier so konsequent in ein Orchester verwandelt, wie dies bis dahin ohne Beispiel war. Nicht nur die Farben individueller Orchesterinstrumente werden suggeriert, sondern auch die Gewalt des Tutti. Wer versucht, die Wanderer-Fantasie und Beethovens Hammerklavier-Sonate auf einem zeitgenössischen Instrument zu spielen, wird bemerken, wieviel stärker Schubert auf die Flügel der Zukunft angewiesen war. Ähnliches läßt sich, im Hinblick auf die zeitgenössischen Orchester, über seine C-Dur-Symphonie im Vergleich zu Beethovens Neunter sagen. Die Wanderer-Fantasie hat Liszt nicht nur in ihrer neuen Klangästhetik und ihren Anforderungen an die physische Ausdauer des Spielers, sondern auch in ihrer monothematischen Anlage nachhaltig beeinflußt. Die Sonaten der Jahre 1823 bis 1826 setzen diesen orchestralen Klavierstil fort, zu dessen Merkmalen Tremolos, schnelle Oktaven und vibrierende Tonwiederholungen gehören. Der erste Satz der unvollendeten C-Dur-Sonate sieht schon fast wie der Klavierauszug eines Symphoniesatzes aus. Und die D-Dur-Sonate weist auf die Möglichkeit hin, daß eine erste Fassung der großen C-Dur-Symphonie ebenfalls in Gastein im Jahre 1825 entstanden sein könnte. Die letzten drei Sonaten hingegen wirken eher wie latente Streichquintette: sie wurden ja auch 1828, im Jahr des Streichquintetts, komponiert, kurz bevor Schubert starb.

Wir müssen uns fragen, ob diese Werke ihre Bestimmung verfehlt haben. Sind sie nur aus Versehen aufs

Klavier geraten? Ein Vergleich der Originalfassung der Wanderer-Fantasie mit der Lisztschen Bearbeitung für Klavier und Orchester gibt uns die Antwort: eine gute Aufführung des Schubertschen Originals bleibt überzeugender. Wo Schubert auf dem Klavier ein Orchester, ein Kammermusikensemble oder einen Liedersänger beschwört, tut er dies mit pianistischen Mitteln; er ist darin sogar »klaviergemäßer« als alle seine Vorgänger. Nehmen wir den langsamen Satz der B-Dur-Sonate als Beispiel.

Wir könnten uns den Beginn ohne weiteres von einem Streichquartett gespielt vorstellen, und ich habe tatsächlich einen Pianisten gehört, der versuchte, diese Klangvorstellung auf dem Klavier wörtlich – mit gezupften Bässen – auszuführen. Dies ist ein Mißverständnis: die *pianissimo*-Kantilene der beiden Geigen (oder Gesangsstimmen) bezieht ihren milden Glanz durch das Pedal, in dessen Hall auch die Begleitungsnoten zur Farbe der Gesangslinie beitragen; ohne Pedal bleibt der Gesang matt und zerfällt in Einzeltöne. Selbst wenn Schubert uns in seinem Autograph am Beginn der Zeile nicht eine seiner seltenen Pedalvorschriften hinterlassen hätte, wüßten wir, daß die Verteilung des Klanges im Klaviersatz nach Pedal verlangt: es muß die Harmonien jeden Takt lang festhalten. Daß kurze Baßnoten im Pedal weiterklingen müssen, kommt bei Schubert häufig vor:

Für Schuberts Klaviermusik, wie sonst nur für jene Liszts, gilt Anton Rubinsteins Wort, das Pedal sei die Seele des Klaviers. Ohne freigebigen, kontrollierten und höchst phantasievollen Pedalgebrauch verkümmert diese Musik in der Selbstgenügsamkeit des Allzu-Klavierhaften. Leider wird Schuberts Notation oft mißverstanden. Es gibt grundsätzlich zwei Möglichkeiten der Notation: die erste zeigt, wie lange eine Note klingen soll; die zweite, wie lange der Finger die Taste niederdrücken soll oder kann. Man könnte sie als die musikalische und die technische Notation bezeichnen. Die beiden können, müssen aber nicht, identisch sein, denn das Pedal vermag den Klang noch festzuhalten, nachdem der Finger die Taste verlassen hat. Schuberts Notation ist technisch. Die Notenwerte, die Schubert hingeschrieben hat, entsprechen nicht immer der Dauer des Klanges, die musikalisch notwendig ist.

[. . .]

Zu den Neuerungen, die Schubert in die Klavierliteratur eingeführt hat, gehört der ausdrucksvolle Gebrauch von Streichertremoli wie in der Wanderer-Fantasie

oder im ersten der posthumen Klavierstücke. Schubert schreibt Tremoli so einfach wie möglich nieder, doch sollte seine Notation für die Vorstellungskraft des Spielers nur der Ausgangspunkt sein. Die Tremolofiguren im ersten Satz der Sonate op. 143 etwa müssen erst in eine Spielweise übertragen werden, die der musikalischen Atmosphäre und der orchestralen Farbe gerecht wird; hier wie so oft sollte der Interpret am Flügel zugleich sein eigener Dirigent sein.

Allzu wörtliche und prosaische Ausführungen sind wohl der Grund dafür, daß Tremoli als unpianistisch gelten. Man sollte in Erinnerung behalten, daß Liszt sein ganzes Leben hindurch das Tremolo kultivierte, ob nun auf orchestrale Weise in »Valleé d'Obermann«, als Zimbal-Imitation in der 11. Ungarischen Rhapsodie oder als poetische Beschwörung des Wassers in »Les jeux d'eau à la Villa d'Este«.

Schubert starb als junger Komponist. Er war nicht daran gewöhnt, seine Werke im Konzertsaal zu hören. »Die Klaviersonate hatte etwas Altmodisches an sich« – ich zitiere John Reed – »die öffentliche Aufführung einer Sonate war ein sehr seltenes Ereignis (man sagt, nur eine von Beethovens Sonaten sei zu seinen Lebzeiten öffentlich gespielt worden), und der Bedarf des heimischen Marktes richtete sich auf Fantasien, Tänze, vierhändige Stücke (›brillant, aber nicht zu schwierig‹) und triviale Salonstücke.« Schuberts Notation hat nicht immer die praktische Klarheit des mittleren und späten Beethoven.

Wie jene Mozarts, ist sie die Notation eines Kantabile-Komponisten, eines Streichers oder Sängers. Mozart und Schubert haben gemeinsam, daß ihre melodischen Einfälle oft vokaler Natur sind. Mozart wurde von Nägeli, einem der führenden Musikästhetiker am Beginn des 19. Jahrhunderts, dafür gescholten, daß seine Symphonien zu opernhaft seien; sie gehörten nicht, wie jene Haydns, zur reinen Instrumentalmusik. In Schuberts Sonaten hören wir den Liedersänger (A-Dur D. 959, Finale), den Erzähler (op. 42, Anfang) oder sogar die seltsame Kombination eines erzählenden Männerchors (D-Dur, Beginn des zweiten Satzes).

Es genügt aber nicht, sich Schuberts Melodien gesungen oder gegeigt vorzustellen: wir müssen ihr *cantabile* in pianistische Verhältnisse übertragen. Die Hauptschwierigkeit liegt im Verständnis der *Akzente*. Kantable Akzente können auf dem Klavier oft nicht als positive, d. h. unvermittelt lauter hervortretende Noten, gespielt werden. Sie müssen gewöhnlich vorbereitet werden und verlagern dabei einen Teil – und manchmal sogar den größten Teil – ihres Nachdrucks in den Auftakt. Gelegentlich wird ein Wechsel der Klangfarbe, etwa der Balance der Stimmen, den Akzent vertreten; oder eine Begleitfigur kann unmerklich ein Anschwellen auf der akzentuierten Note suggerieren. Schubert war ein Akzent-Narr – einige seiner Akzente sind überflüssig oder störend. Ich höre den Beginn der C-Dur-Symphonie lieber ohne jeden merklichen Hornakzent.

Manches an Schuberts Notation ist erstaunlich altmodisch. Die Appoggiaturen seiner Lieder haben seit Friedländers Ausgabe nicht mehr allzuviel Schaden angerichtet. Hingegen gibt es kaum einen Komponisten seit dem Barock, dessen Rhythmus so häufig mißverstanden wurde. Wann immer Schubert Triolen innerhalb eines Quartolen-Taktschemas notieren will, schreibt er nicht ♩³♪, sondern ♪.♬. Punktierte Rhythmen dieser Art müssen bei ihm oft in barocker Weise an die rhythmische Umgebung angeglichen werden.

Weder das Manuskript noch der Erstdruck des Liedes »Wasserfluth« aus der »Winterreise« (siehe Abb. S. 171) erlauben auch nur den leisesten Zweifel daran, daß der brahmsische Polyrhythmus, der hier üblicherweise dem Publikum vorgesetzt wird, falsch ist; der punktierte Rhythmus des Liedes ist übrigens nicht nur dort anzugleichen, wo er mit Triolen zusammen auftritt – dies beweisen eindeutig die Quellen –, sondern höchstwahrscheinlich auch dort, wo er allein steht, der Kontinuität zuliebe.

Auf Grund meiner Erfahrungen mit Schuberts Musik und mit seinen Autographen und Erstdrucken neige ich zu der Annahme, daß Polyrhythmus die Ausnahme sei und Angleichung punktierter Rhythmen, selbst in langsamen Zeitmaßen, die Regel. (Wenn es irgendwo ein Anzeichen von sanften Konturen in Schuberts Musik gibt, dann hier.) Im Mittelteil des Andantes der B-Dur-Sonate müssen die punktierten Noten selbstverständlich mit der letzten Sextolennote zusammenfallen.

Es gibt allerdings Ausnahmen und zweifelhafte Stellen zur Genüge. Ein besonderer Fall ist das Adagio der c-Moll-Sonate. Zunächst, in T. 29, widerspräche ein Angleichen der Zweiunddreißigstel dem rhythmischen Zusammenhang mit den vorangehenden Takten; zugleich würde die drohende Wirkung der nachfolgenden Oktavsprünge verringert.

Nach der ersten Wiederkehr des Anfangsthemas im selben Satz, T. 62 usw., ist die Situation jedoch verändert; sie verlangt nun vom Spieler eine andere Entscheidung. Die Episode beginnt hier bereits mit einer Triolenbewegung; solange diese anhält, also bis T. 78, sollte diesmal der Rhythmus angeglichen werden. Erst wo die Begleitung von Sechzehnteltriolen auf Zweiunddreißigstel umschaltet, ist dies für den punktierten Rhythmus das Signal, sich in seine »wörtliche« Natur zurückzuverwandeln. In beiden Fällen beherrscht ein größerer rhythmischer Zusammenhang die Ereignisse im kleinen.

Schubert war nicht der letzte Komponist, der punktierte Triolen schrieb; wir begegnen ihnen in Schumanns erster Novellette und, besonders zahlreich, in Chopins Polonaise-Fantaisie.

[...]

Ich stelle mir, zum Abschluß, noch einmal die Anfangsfrage: *Warum wurde der Instrumentalkomponist Schubert vernachlässigt?* Hier sind einige Antworten:

1. Die Vernachlässigung beginnt schon zu Schuberts Lebzeiten. Schubert, die Person, war eine unansehnliche Erscheinung. Er sah nicht aus, wie man sich Genies vorstellt.
2. Schubert war weder ein konzertierender Virtuose noch ein Lehrer, der das Fundament für eine Tradition der Aufführungspraxis gelegt hätte.
3. Mit Ausnahme seiner vierhändigen Musik sind die meisten seiner Instrumentalwerke erst posthum, und manchmal erst viele Jahre nach seinem Tod, im Druck erschienen. Die große C-Dur-Symphonie wurde (wenn wir John Reed glauben wollen) in ihrer ersten Fassung 1826 in Wien durchgespielt, aber wegen ihrer Länge und Schwierigkeit ad acta gelegt. Ein nächster Versuch wurde 1839 unternommen, doch lehnten die Orchestermusiker die für das ganze Werk notwendigen Proben ab. Im selben Jahr präsentierte Mendelssohn den Leipzigern das Werk in beträchtlich gekürzter Form. Die erste ungekürzte Aufführung kam 1850 in Wien zustande.
4. Der Sänger Vogl überzeugte das Publikum der Schu-

bertiaden davon, daß Schubert ein Genie des Liedes war. Man sah Schubert als Miniaturisten. Dies und Schuberts Alter schien gegen die Beherrschung großer Formen zu sprechen. Grillparzers Grabspruch »Die Musik begrub hier einen reichen Besitz, aber noch viel schönere Hoffnungen« faßte das Urteil des Freundeskreises zusammen.

5. Der klassizistische Geschmack der Musikliebhaber. Schuberts expansive, statische und unberechenbare Musik widersprach der Folgerichtigkeit Beethovens oder Mendelssohns selbstgefälliger Klarheit.

6. Der romantische Geschmack. Man mißtraute dem Gebrauch offenbar konventioneller Formen.

7. Schuberts Klavierwerke gingen über die Möglichkeiten seiner Instrumente oft hinaus, wie auch die C-Dur-Symphonie Umfang und Spielgewohnheiten der Orchester überstieg. Als im Jahre 1839 schließlich zwei Sätze der C-Dur-Symphonie gespielt wurden, sang man dazwischen eine Arie aus »Lucia di Lammermoor«. Von den wichtigen Sachwaltern Schuberts – Schumann, Mendelssohn, Liszt, Brahms, George Grove – hatte einzig Brahms etwas mit Wien zu tun. Daß vier der großen Komponisten des 19. Jahrhunderts unter Schuberts aktivsten Bewunderern zu finden sind, sollte jenen zu denken geben, die immer noch meinen, Schuberts Können habe seinem Talent nicht die Waage gehalten. Liszt traf den Kern der Sache, als er sagte: »Fast lässest Du die Größe Deiner Meisterschaft vergessen ob dem Zauber Deines Gemüthes.«

Rudolf Hans Bartsch

Kaum ein anderes Buch hat das Schubert-Bild breiter Leserschichten so sehr geprägt wie der 1912 erschienene Roman »Schwammerl« des Grazer Schriftstellers Rudolf Hans Bartsch, nicht zuletzt durch die danach konzipierte erfolgreiche Operette »Das Dreimäderlhaus« von Heinrich Berté. Zu Beginn des Romans treffen Schubert und der Sänger Vogl (Bartsch beschreibt sie in Anlehnung an eine bekannte Karikatur Schobers, siehe die Abbildung) auf den alten Vogelfänger Gupf, das fiktive Vorbild für den Papageno der »Zauberflöte«.

Schubert, Vogl und der Vogelfänger

Der lange und ernste Johann Michael Vogl hatte seinen Goetheschen Tag. Die linke Hand in der Hüfte, die rechte vorne in der Weste, das Kinn per Doppelfalte an die hohe Halskrawatte angesetzt, so daß die Vatermörder gequält zur Seite bogen, die Stirne hoch voran, das Kreuz eingezogen, die Beine storcherhaben. So schritt er von Steyr durch die Allee gegen Garsten, und obwohl er in klassischer Gemessenheit dahinwandelte, mußte der kleine Franz Schubert neben ihm seine kurzen, dicken Beine mit jenem Schmiß vor sich in die Welt hinauswerfen, mit dem etwa ein Schuljunge Knallkügelchen schleudert: bloß um auf gleicher Linie zu bleiben: eins, zwei!

Es war einer jener Morgen, die nach langem und unbeirrbar schönem Spätsommerwetter plötzlich so eigenartig nachdenklich, kühl und vergraut dastehen, feucht und herbstregenverheißend, voll süßschauriger Schei-

Franz von Schober: Johann Michael Vogl und Franz Schubert ziehen aus zu Kampf und Sieg. Bleistiftzeichnung

denswehmut. Die großen Kastanien in der Allee waren rostig und schillerten in den ersten Anlauffarben der Herbstbronze, und in den Linden saßen ganze Büschel hellgelben Laubes, scharf abgegrenzt von den feuchtgrün trauernden übrigen Ästen. Und wenn der nasse Windhauch auf die Kronen einflüsterte, so irrten stets einige erste, verängstete Sommerkinder herab, kringelnd, tanzend und von zartblonder Schönheit.

»Da steckt der Herbst die ersten Totenkränze aus; der Sommer ist herum«, sagte stimmungsvoll der Heldensänger Vogl und blieb stehen, indem er mit der schönen Stimme seine wehmütige Bemerkung so betonte, daß Schubert erkannte, der starke Mann habe soeben in Jamben gedacht.

Dann schwieg Vogl, und beide schritten weiter: Vogl in heroischer Schwermut, bange Sorge in dem von königlichen Tönen gefüllten Busen, aber in hochgemuter Aufrechtheit; Schubert mit leuchtenden Augen. Wie sehr sich der Kleine mit großen Schritten abmühen mußte, er wußte es gar nicht. Das gewaltige Tempo eins, zwei, war ihm bloß wie ein hinreißender Marschtakt im Bewußtsein, das feuchte Schauern der Linden und Kastanien war eine Musik ohnegleichen, der ernste, sanft zum Abscheiden mahnende Tag der ersten Herbstwehmut war vollgepreßt mit Stimmung und Harmonie und die ergriffene Seele des Musikers brauste innerlich von hundert Schönheiten.

Er war dankbar, daß der stolze Vogl ihn nur ab und zu durch ein Wort unterbrach, das selber voll Ton und mithallender Ahnung war.

»Ein Jahr herum, ein Jahr herum; denn solch ein Tag enthält ein Jahresende«, summte Vogl. Und er gab seine Jamben auf. »Ach«, sagte er, »nur mehr nach abwärts geht's jetzt noch hin; auch mit meinen Tagen.«

Schubert in seiner Gutmütigkeit ließ von den Harmonien ab, die ihn erfüllten und fragte: »Wieso, Herr Vogl. Sie können sich doch nicht beklagen? Sie sind so mächtig frisch und stark, Ihr Herbst ist schöner als Ihr Sommer.«

»Vor einem Monat war ich siebenundfünfzig. Wenn der Herr, mein Gott, noch so gnädig ist, so habe ich doch schon drei Viertel meines Lebens zurückgelegt. Die bessern drei Viertel! Was noch bleibt, ist lange nicht so schön, wie dieser goldne Abfall.« Und er wühlte mit dem Fuß in den Blättern der Linden und Kastanien, die am Straßensaume, wo die Bäume Schutz vor dem Winde geboten hatten, schon in kleine Häufchen geweht lagen. »O dieser schaurig nachdenkliche Tag. Wie er mich ans Alter mahnt. Altern, altern! Das tut wehe, schneidend weh! Glücklich, wer in der Pracht seiner starken, vollen, hoffnungsreichen Jahre dahinfahren konnte!«

»Aber Sie sind nicht alt, so wenig wie der Goethe, von dem Sie manches Ähnliche haben.« (Vogl lächelte ein wenig.) »Sie sind voll Stärke, voll Gedanken und Verständnis, bewundert und geliebt noch heute, Sie haben die größten Freunde, die einem Sterblichen geschenkt sein können, in Ihren Unsterblichen, den griechischen Dichtern, die Sie so oft lesen und in den alten Philosophen, die Sie so gut verstehen. Zudem ist das Altersmaß, die Jahreszahl, ganz was relatives; der eine ist mit dreißig ein Greis, der andere mit sechzig ein Mistbub.«

»Na, na«, sagte Vogl mit wohlwollend tiefem Ton. –

»Ich bitte um Entschuldigung«, fuhr Schubert eifrig fort. »Ich habe an den alten Gupf gedacht, den wir in Salzburg umsonst aufgesucht haben.«

»Ah, das Urbild des Papageno, dem Sie so andächtig nachlaufen. Ich sage Ihnen, das ist auch nur so eine Anekdote. Schikaneder hat den Menschen nie gekannt.«

»Aber Mozart hat ihn gekannt, noch aus seiner Salzburger Zeit; und er war's, der dem Schikaneder voll Begeisterung so lange von dem Adamheinrich Gupf erzählte, bis der die famose Gestalt des Vogelfängers halbwegs aufzufassen imstande war. Da hat er denn, ziemlich holperig, seinen Papageno aus den Jugenderinnerungen Mozarts gedrechselt.«

»Aber Mozart war doch vor nahezu fünfzig Jahren in Salzburg!«

»Damals war der Gupf eben noch jung und war um die zwanzig. Heut ist er am Ende der sechzig oder gar wohl siebzig und mehr, und soll so jung und beweglich sein wie das Glockenspiel Papagenos. Herr von Vogl, Sie wissen ja in Steyr Bescheid; er soll hieher verzogen sein und oben auf der Kegelpriel wohnen. Suchen wir ihn doch auf. Dieses Bild fröhlichen Alters wird Sie erquikken.«

»Ich wäre selber neugierig, den alten leichtsinnigen Finken zu sehen. Ein lebendes Angedenken an so helle, glückliche Zeiten. Mozart! Wo ist der hin, der Glückliche. Er könnte noch leben und ist schon eine holde Sage geworden mit seiner himmlischen Grazie. Kehren wir um. Diese Allee ist schwer melancholisch wie der Weg nach einem Kirchhof. Suchen wir den alten Gupf. Wie heißt er mit Vornamen?«

»Adamheinrich.«

»Wissen Sie was, Schubert? Wir bringen ihm ein paar Flaschen Wein mit; das soll ihn zum Erzählen bringen.«

»Ja, ja«, rief Schubert und drehte sich fix und vergnügt auf einen Absatz, der etwas schiefer getreten war, als der andere, zweimal herum, daß der linke Frackschoß wehte; denn der rechte war eben auch von solch einer Flasche nebst Frühstück beschwert. »Ein paar freundliche Bouteillen! Das wird ihm wohl gefallen!«

»Und ein Frühstück«, sagte Vogl.

»Geräucherte Speckwurst ist in diesen Tagen gut«, lächelte Schubert verständnisvoll.

»Sie ist der erste Trumpf im Kartenspiel des Lebens mit dem Herbst«, bestätigte Vogl würdevoll; und sehr viel lebensnäher als sie hergewandelt waren, verließen beide Freunde die Allee. Vogl storchte diesmal so rücksichtslos, daß Schubert immer zwei Sprungschritte auf je einen weithinwandelnden des angeregten Sängers machen mußte.

– –

Kegelpriel heißt der Abhang der Hochfläche des Dachsberges über Steyrdorf. Es wohnen dort, an den Berghang übereinandergeduckt, in kleinen, reinlichen Häusern kleine Leute, und so ist und war diese Welt der Bescheidenheit voll Liebreiz. Die hübschen Hausgärten standen voll Georginen, Sonnenblumen und Astern, die Giebel waren von Reben umschlungen, es lag eine wärmere, stille Luft in dem gesegneten Winkel und nur oben am Rande des Dachsberges, wo über dem Saume von Nagelfluhfelsen die Eschen und Linden und Espen standen, griff der Wind mit harfender Hand schaurig in die Bäume. Es sah bedeutsam aus, wie am obersten, fernen Ende dieser geschützten Welt der Wettergott entlang ritt.

Die beiden Freunde stiegen durch die liebe Kleinschöpfung und ihre Zickzackgassen langsam empor. Sie wußten, daß der Vogelfänger Gupf ganz oben unter den Nagelfluhfelsen sein Häuschen hatte, wo ein tüchtiger Schopf Eichen, Nußbäume und Linden stand, den man von weitem sah. Dort fielen die Strichvögel lieber ein, statt in die Enge des hellgrünen Steyrflusses hinabzuschwirren, um Wasser aufzunehmen, denn ein Quellchen rieselte dort oben in einen Tümpel, aus dem sie sich gerne tränkten, bevor sie den milderen niederösterreichischen Lagen zustrebten.

Diesen glücklichen Platz hatte der alte Adamheinrich erworben, seit die drei liebsten von seinen Töchtern nach Steyr geheiratet hatten und seine Frau verstorben war. Nun führte ihm die Jüngste anhänglich und treu die Wirtschaft, während der Schwiegersohn nur abends aus dem Tal heraufkam, wo er im Hammerwerke ein geschätzter Arbeiter war. Die junge Frau hatte im Häuschen zu schaffen, und den ganzen Tag pfiff und sang der alte Adamheinrich Gupf hoch oben vor dem Himmel in der blauen Einsamkeit, fröhlich wie eine Meise.

Ein gewaltiger Konglomeratblock war von der obersten Höhe vorzeiten an die Stelle des nunmehrigen Gupfschen Anwesens gerollt. Nun lag er mitten im Garten, schon ein wenig von Gras und wehenden Holunderstauden übergrünt und ringsum blühte und wucherte herrlich der leichtsinnige Vogelfängergarten, in dem Kohl und Kraut ins Eck gedrängt waren von Sonnenblumen, Hanf und anderen Futterkornpflanzen, die den kleinen Vöglein lieb und teuer sind. Auch Holunder wuchs in Menge, aus dem der alte Gupf die Meisenkästen machte.

Von weitem schon sahen und erkannten sie ihn. Denn er saß oben auf dem Konglomeratblock, wo er als zaunlattendürres Gestellchen sich vom Himmel abhob, der gerade hinter ihm einen schmunzelnden lichtblauen Fleck in den Wolken hatte. Der lange Hals mit dem kleinen, weißen, ziegenbärtigen Greisenschädel stand schräge und keck vor dem Endlosen, und während der Alte Leimruten aus einem kleinen Topfe mit Vogelleim bestrich, sang er in einem höchst amüsanten, geradezu leichtfertig anzuhörendem Tenor, der für einen Greis erstaunlich stark, hell und nur ganz ein wenig kapaunig klang, eine liebe Arie, die zwar eigentlich für einen Bariton und für einen jüngeren Mann gehört hätte:

»Wenn alle Mädel wären mein,
So tauschte ich brav Zucker ein,
Die, welche mir am liebsten wär,
Der gäb ich gleich den Zucker her.«

Er pfiff die Wiederholung, bestrich emsig und liebevoll eine Leimrute, tat sie weg und fuhr mit geradezu ungehöriger Innigkeit fort:

»Und küßte sie mich zärtlich dann,
Wär sie mein Weib und ich ihr Mann ...«

Adamheinrich Gupf breitete die höchst schlanken Arme aus, links den Leimtopf, rechts eine Rute, legte den Kopf taktierend noch schräger nach hinten und flötete verliebt:

»Sie schlief an meiner Seite ein,
Ich wiegte, wie ein Kind, sie ein.«

Und brillant und virtuos pfiff er den Vogelsängerpfiff und die Schlußreflexion, als säße er mitten im Himmel.

»Da hat der alte Kerl wahrhaftig das ais noch so kreuzfidel herausgesungen wie ein Junger«, brummte Vogl lachend.

Schubert sang leise: » – Seite ein. Das war sogar ein h; er hat's in D genommen; schaut's den Gauner an«, nickte er dann wohlgefällig.

Der Alte hatte singen gehört und machte einen langen Hals nach dem Weg herunter.

»Ein paar Musikanten«, rief Schubert hinauf, »die dem berühmten Papageno aus der ›Zauberflöte‹ die Hand drücken wollen.«

»O je, ah? Die Herren wissen? Ja, das ist eine Ehr und Freude für den alten Gupf. Aus Salzburg?«

»Nein, aus Wien.«

»Aus Wien! Und Musiker! Sänger? Ah, das ist ja gar der Herr Vogl! O, ich kenn' Sie aus Steyr; hab' Sie schon gehört, im Löwenwirtshaus, einmal in einer lustigen Nacht. Nein, die Ehre! Wollen sich die Herren nur heraufbemühen. Gleich hinter der Hollerstauden ist das Gattertürl. Links um meine Felskanzel herum. Ich komm' schon herunter.«

»Ach, bleiben Sie oben«, bat Schubert. »Sie sind dort wie im blauen Herrgottshimmel gesessen. Wir kommen zu Ihnen hinauf.«

»Gut ist's, gut ist's«, kicherte der alte Gupf vergnügt. »Es ist schon Platz für die Herren da.«

Die Freunde gingen am Häuschen vorbei, aus dem eine hübsche, lebhaft junge Frau trat, ihnen die Hand bot und sie anlachte. Längs der ganzen Hauswand unter der Dachtraufe hüpfte, pickte, sang, schmatzte, zwitscherte, knusperte und trillerte es, da hingen in zwei und drei Etagen Meisen, Kreuzschnäbel, Hänflinge und Gimpel, Drosseln und Schwarzblättchen, Stare und Stieglitze, das bunteste Gefieder. Sankt Franziskus hätte sie nicht farbiger versammeln können. Sogar ein Herr Markolf Nußhäher war dabei und alle waren so vergnügt, verliebt, lebendig und eilig wie Herr Gupf, und ein leises Wölkchen süßen Ölgeruches von dem Hanf und Sonnenblumenfutter umschwebte das Ganze.

»Es ist eine Freude, wie frisch und frei Sie dahinleben, Herr Gupf«, begann Schubert, als sie zu dritt nebeneinander auf dem Felsblock saßen und die Beine ins Tiefe baumeln ließen.

»Warum nicht? Meine Tage sind lustig und licht alleweil.«

»Da werden Sie wohl ein ebenso helles Gedächtnis haben. Erzählen sie uns doch von Mozart ein wenig.«

»Ja«, lachte der Alte. »Den hab ich noch als hochfürstlichen Kapellmeister gekannt. Er war oft bei mir im Salzachtal am Vogelherd. Wenn die Herren auch einmal zuschauen wollen? Wir bekommen kaltes Wetter, vielleicht gar Morgenfrost. Da fängt sich's am besten. In der Früh vor Fünfe. Ja?«

»Gern, gern; ich muß das einmal sehen«, sagte Vogl. »Aber wie war das mit Mozart?«

»O, der hat die Krammetsvögel gar so gern gegessen, die ich doch an fürstbischöfliche Gnaden abliefern sollte. Und immer hat er's zuwege gebracht, mir ein Dutzend abzubetteln. Hier kommen jetzt weniger Krammetsvögel durch; erst nach November oder gegen Weihnacht wird's besser. Aber da ist es schon zu kalt für einen alten Mann . . .«

»Und also Mozart?« mahnte Vogl.

»Ja, der. Dem Fürstbischof hat er die Krammetsvögel weggeschwätzt und dem Obersthofmeister, dem Grafen Arco, die Geliebte. Einmal hat er dem Arco ein kleines Divertimento machen müssen, für zwei Violini, Flauto, Bassettl und Cello. Das hat der hohe Herr zu Nacht mit drei Streichern und zwei Bläsern der schönen Annerl am Kapuzinerberg dargebracht. Der Herr Kapellmeister aber war bei der Annerl droben, und hat sich ganz fein geduckt und nicht im mindesten gemuckst, wie die Annerl am Fenster das Nachtmusikerl angehört hat. Wie aber bei der fugierten Stell' die Musikanten auseinander geraten sind, hat er's bei seinem Temperament nicht mehr ausgehalten, hat fest Takt getreten und mitgesungen, um sie zurechtzukriegen, und das hat der Herr Graf sehr gut gehört. Da war's aus! Die Annerl hat er verlassen, und den Herrn Kapellmeister so lange sekkiert, bis der um seine Entlassung nach Wien gebeten hat. Die hat er ihm dann mit einem Fußtritt bewilligt.«

»Mit einem Fußtritt!« schrie Vogl empört.

»Mit einem leibhaftigen Fußtritt, ja; aus lauter Wut wegen dem Divertimento«, sagte Gupf kleinlaut.

Schubert rieb sich traurig hinter den Hüften. »Soviel hat der zweitgrößte Musikus der Welt gegolten«, sagte er. »Was hat denn nachher unsereins zu erwarten?«

»Oho«, grollte Vogl; »in dergleichen Herrnjunkeransichten hat Seine Majestät Beethoven gründliche Änderung gebracht.«

»Ja, der Beethoven, der«, seufzte Schubert. »Zu dem können wir andern nur beten.«

»Sie haben's doch nicht nötig. Daß auch Sie diese Selbstanzweiflung aller Österreicher haben ist traurig.«

»Ach Gott, mir läuft's vor Respekt kalt über den Rükken, wenn ich ihm begegne«, gestand Schubert.

»Und wenn Sie arbeiten, und wenn Ihnen das Hinreißende, Große gelingt, dann überläuft Ihnen das Gruseln nicht ebenso die Haut?«

»Freilich, dann auch«, lachte der kleine Musikant.

»Na also, sehen Sie. Sie haben also genau so viel heilige Ehrfurcht vor Ihrem eigenen Genie als vor dem des großen Eigensinnigen, und Sie haben recht, basta!«

»Mein Gott«, seufzte der alte Gupf. »Wenn ich nur einmal vor meinem Ende die Wienerstadt und den Beethoven sehen könnt!«

»Das ließe sich doch machen. Beraten wir einmal, wie«, brummte Vogl.

»Diese Beratung könnten wir etwas anfeuchten«, schmunzelte Schubert und zog einige Flaschen hervor. »Während ich einschenke, singt uns der Herr Gupf was vor.«

Und der alte Vogelfänger begann mit heller, fast ungebrochener Stimme ein leichtsinniges Salzburger Liedchen zu singen, das auf den Krummstab gemünzt war und vom Monatsschlössel und der Geliebten eines weiland Herrn Fürstbischofs handelte.

Schubert und Vogl lachten viel und letzterer dachte nicht mehr ans Alter.

– –

Der alte Gupf hatte das Wetter gut prophezeit. Als die Freunde am andern Morgen im grauen Tagesanbruch zur Kegelpriel hinaufstiegen und ins Vogelfängerhüttchen unterduckten, tat ihnen die Wärme des kleinen Erdlochs wohl, das nur mit einem niedrigen, durch Reisig verblendeten Brettergehäuse über den Boden hinausragte. Denn es war schaurig kalt, Reif lag über den Stoppelfeldern der Hochebene und nur die obersten Häuschen der Kegelpriel ragten in die klarscharfe Frühluft. Die ganze Stadt unten schlief wie mit Milch zugegossen, denn das Steyrtal weithinauf und das Ennstal gegen Osten und Norden hinein und die Ebene bis an den Damberg lagen in einem Nebelsee. Zwischen Damberg und Garsten begann der Himmel rötlich zu werden, und als der Brand immer heller wurde und die Welt aus ihrer Bleichheit zu lebender Farbe erwachte, da flirrte, wippte und pluderte, rief, schlug und piepste es in allen Bäumen und Büschen, ja in den Erdschollen der Sturzäcker von zahllosem, kleinem Gefieder.

Der Tag erwachte. Vor den drei lauschenden Vogelwaidleuten lag zwischen Büschen und Strohbündeln der Vogelherd, die eingezogenen Netze verdeckt und da und dort unter künstlich geflochtenem Zweigwerk ein, zwei, drei kleine Vogelbauer mit den Lockvögeln. An den Spitzen der Dornsträucher wanden sich Mehlwürmer, in allen Büschlein hingen hellrote Ebereschdolden, und Nußkerne und Sonnenblumensamen lagen reichlich auf dem Vogelherde. Die dreie aber lauerten, fröstelnd vor

Kühlnis, Feuchte und gespannter Erwartung. Ein Flug Meisen schwirrte heran, zerteilte sich, fiel piepsend in die Bäume ein und einige wippten keck zur Atzung auf den Herd herunter.

»Leichtfertiges Gesindel, wollt ihr gleich abfahren!« schalt der alte Gupf und zog leicht an der Fangschnur, daß sich ein Netz hob. Die Meisen schwirrten auf, blieben aber schon auf den nächsten Bäumen wenig eingeschüchtert sitzen.

»Das ist ein nutzloses und unverbesserliches Volk«, flüsterte Gupf. »Kein Vogel geht so leicht auf den Köder wie die Meise und keine vergißt so schnell die Gefangenschaft. Wenn der Deckel des Holunderkastens über ihnen zufällt, pludern sie kaum fünf Minuten umher; dann gehen sie an die Lockspeise und schnabulieren auch schon. Ein Leichtsinn, zum Beneiden. Holla, da kommen Drosseln.«

Die Freunde hörten nur das Schwirren von Flügeln. Endlich schwankte ein kleines Völklein in zierlichem Bogen über den Feldhimmel und senkte sich zu den Eichen über den Felsen. Aber da war nichts zu holen. Näher heran gab's einen Ebereschbaum, in den fielen sie plaudernd und heiser streitend ein. Aber auch hier war schon alles abgeerntet.

Dem alten Gupf bebten Hände und Lippen vor Aufregung. »Es sind Wacholderdrosseln und Weindrosseln«, flüsterte er, »die haben schlechte Stimmen. Nur ein paar Amseln und Singdrosseln sind darunter.«

»Sind die ungenießbar?« fragte Vogl.

»Nein, was singen kann, töte ich nicht; die Männchen kommen in Käfig, die Weibchen lasse ich frei. Aber die Weindrosseln haben nur schrille Stimmen und sind maßlos schädlich. Die Krammetsvögel taugen schon gar nicht zum Singen, und beide sind delikat. Still. Aufgepaßt!«

Die Vögel schwirrten und hüpften langsam am Rande des Buschwerks heran. Da und dort war eine prächtig rote Dolde Ebereschbeeren befestigt; die wiesen ihnen den Weg zum Herde. Nun flog die vorderste auf den Nußbaum, schwirrte zum Vogelherde hinab, bemerkte auf halbem Wege irgendein Verdächtiges, riß sich im Fluge lautschackernd herum und verschwand. Die andern wiederholten den Warnungsruf, ein Schwirren, dann war alles still.

»Sie sind fort«, sagte Vogl aufgeregt und leise.

»Pst«, sagte der alte Gupf.

Eine ganze Weile verging und die drei Horchenden vernahmen nur ihre klopfenden Herzen. Dann surrte es wieder von wehendem Gefieder und in einem Hui saß der ganze Drosselschwarm schwätzend auf dem Nußbaum, überstellte, warnte sich, machte lange Hälse und sah sich die Herrlichkeit unten begehrlich an.

Die Lockvögel, die den ganzen Morgen gerufen hatten, wurden lebhaft, als sie so viele Freundesstimmen hörten. Sie riefen und schlugen in heller Erregtheit. Die oben antworteten; ein eifriges Gespräch entstand hüben und drüben, zwischen unten und oben.

Wo nur die Genossen stecken mochten? Ein paar Vögel stießen herab, bis nahe an die versteckten Vogelbauer und prallten wieder bis in die Luft und zum Baume zurück. Geschehen war ihnen nichts.

Dem alten Vogelsteller zitterten die Flanken wie einem Jagdhunde und selbst die beiden Gäste wurden von seiner Leidenschaft angesteckt.

Nun flogen zwei Drosseln herab; nein, dreie. Eifrig begannen sie zu picken und fraßen in Angst und mißtrauischer Hast.

Da fuhr der Neid unter die vorsichtige Schar oben im Nußbaum. Surrr! Fünfe oder sechse kamen dazu und fraßen in gewaltiger Eile. Mit zitternden Händen griff der alte Gupf in die Schnüre; das Kinn bebte ihm.

Da nichts Übles geschah, schnurrte der ganze übrige Schwarm, wohl an die zwanzig Vögel, hernieder zum Futter. Ein graubraunes Geflatter bedeckte einen Augenblick lang den Herd, dann raschelten die Netze empor und schlugen über die ganze entsetzte Gesellschaft hin. »Hat ihn«, schrie Schubert auf. Lautschackernd entwichen noch sechs oder sieben der gewandtesten Vögel, wie Pfeile am Boden hinstreichend, aber anderthalb Dutzend zum mindesten flatterten und kreischten unterm Netz. –

»Prächtig, prächtig«, rief Vogl, und Schubert atmete tief. Der alte Vogelsteller aber sprang aus dem Häuschen und griff mit zuckenden, wühlenden Händen in dieses Netz voll hurlendem, fluderndem Leben, voll kleiner hilfekreischender Stimmen, voll flatternder Todesangst. Die Singdrosseln holte er mit sicheren Griffen zuerst hervor, ließ alle Weibchen fliegen und tat die Männchen in einen Käfig, in dem sie sich in sinnlosem Fluchttriebe fast das kleine Haupt zerstießen. Dann faßte er grausamer in das übrige Geflügel und drückte einem der Vögel nach dem andern das Köpfchen ein. Noch einer entrann, und einer schoß lange unter dem Netze hin und her bis der Alte auch ihn hatte. Ein schriller Schrei, ein Biß nach den Fingern des Alten, dann wurde auch er lang und stille.

»Vierzehne«, zählte Gupf und wies auf die kleinen Leichen, die mit ihren schönen gelben, braungeflammten Brüstchen und gekrampften Füßlein im Grase lagen.

»Die werden wir Schellmanns zum Präsent machen«, sagte Vogl in gemächlicher Freude. Aber während er mit dem alten Gupf wegen des Preises sprach, stand Schubert vor dem kleinen, jäh zerrissenen Leben und sagte:

»Schauerlich und ein Jammer. Wie und wann mag einst mir der große Vogelfänger ins Genick greifen?«

Und er blieb tiefernst, während Gupf singend von neuem die Netze richtete und Vogl sich lebhaft bedankte.

Als sie an den freundlichen Häuschen der Kegelpriel zur Stadt hinabstiegen, die unten erwachend im Nebel zu rasseln begann, schwang Vogl die Wacholderdrosseln wie ein Bündel Quasten. Auf einmal blieb er stehen und fragte den kleinen Freund, der den kurzen Hals ganz in seinen Vatermörder versteckt hatte und zu Boden sah:

»Was haben Sie denn?«

»Was Sie gestern hatten. Ich denke an das Ende all dieser Dinge.«

»Was geht uns das Ende an«, tröstete der philosophische Sänger. »So lange wir gelenkig sind und zu denken und zu erkennen vermögen, hat es keine Beziehung auf uns. Ist es da, haben wir keine Beziehung zum Leben. Der Tod geht uns durchaus nichts an. Nur das Altern, das uns erst den vollen Becher tückisch aus der Hand nimmt und uns den besten Bissen im Munde mit der Sorge mischt: darf ich wohl? Das Alter, das uns die Energie des wilden Gedankenheldentums in ein kniezittriges müdes Hinträumen verwandelt und in dem Augenblick, wo wir uns vielleicht noch ein wenig im Rausche der Erinnerungen aufbäumen, in Lenden und Knien mit Ischias und Gicht höllisch überfällt und unsern Atem in das Schnappen des Fisches am Sande verwandelt, – dagegen gibt es kaum ein Mittel, kaum!«

»Kaum? Das heißt vielleicht eins.«

»So etwas wie Liebe in sich und um sich«, sagte Vogl nachdenklich.

Schubert lächelte trüb. »Dergleichen wächst für unsereins schon in jungen Tagen nicht mehr.«

»Ich meine in Form von besorgter Freundschaft. Es ist gut und tröstlich, wenngleich ein wenig feige, sich unter die gütigen Augen einer ernsten Frau, einer milden Pflegerin zu flüchten. Ich für mein Teil, sehen Sie, ich gedenke diese Bankrotterklärung in wehmütigem Behagen von der Kanzel herab über mich ergehen zu lassen. Ich werde heiraten.«

»Ach, Sie, der gepriesene und vergötterte Sänger, Sie finden leicht eine Freundin. Ich weiß wohl auch, wen Sie meinen. Sie haben Glück und ich gönne es Ihnen.«

»Aber, Sie junger Igel«, fuhr der Sänger in einer Art von Zorn heraus. »Was soll denn dieser Ton, gemischt aus Ablehnung und wehmütiger Resignation. Da rollt er sich schon wieder in urdrolliger Weiberfeindschaft zusammen und verachtet die ganze Erde, soweit Unterröcke wehen, im Bezirk seiner Stacheln. Glauben Sie denn nicht, Ihnen mit Ihrem tollen Leben täte ein sorgsames Perpentikel gut, das den Gang Ihrer Tempi zu regeln vermöchte –? Sie könnten mehr als ein andrer eine Frau brauchen. Setzt der da einen Stolz in sein Punschbrüderltum und glaubt, für die Unsterblichkeit mindestens so viel getan zu haben wie mit seinem ›Erlkönig‹, wenn seine Freunde erzählen: ›Schubert ist himmlisch leichtsinnig!‹«

»O jeh«, rief Schubert, »gabeln doch Sie mir eine auf, die mich mag! Ich weiß ja selber ganz gut, wie selig ich in einsamen Stunden bin, und weiß, wie das Glück von mir ausstrahlt, wenn ich denen Schürzen vom Klavier verkünde, was ich empfunden habe. O ja! Meine Musik wollen sie; mich will keine. Soviel Sehnsucht ich verrate, so gerührt sie tun, – dennoch greifen die schönen Frauen und Mäderln überall anderswohin und fast immer nach Menschen, die unfähig sind, anderen auch nur eine reiche Stunde zu bereiten.«

Vogl schwieg eine Zeitlang. Dann sagte er mit leise spöttischem Ton: »Und trotzdem kommt mir vor, als ob man im Dreimäderlhaus ein bißchen nach Ihnen hinguckte.«

»In welchem Dreimäderlhaus?« fragte der kleine Musikant mit einiger Unruhe.

»Na, tun Sie nicht so. Es gibt doch ein gewisses kleines Haus auf der Bastei, wo drei hübsche Glasermeisterstöchter wohnen. Die Hedderl, die Heiderl und die Hannerl. Diese drei weichen gehauchten H. Aha!«

Schubert kicherte gepreßt und melancholisch. »Möcht wissen, welche. Die Hannerl ist ein Kind, die Heiderl beinahe noch eines, und die Älteste?«

»Ja, freilich, wer keine Augen haben will, sieht nichts. Hedwig hat Ihnen recht traurig nachgeschaut, als Sie mit mir zur Reise Abschied erbaten.«

»Das war, weil's mit der Musik auf fünf Monate aus gewesen ist.«

Vogl blieb stehen. »Schubert«, sagte er. »Sie Kind, das bei allem einen Impresario braucht, weil sich's nicht selber in Szene setzen kann! Wenn Sie fortfahren, das Licht zu scheuen und sich wie ein Maulwurf drücken, so oft ein warmer Strahl auf Sie fällt, dann gute Nacht Ruhm und Erfolg. Bei tausend Kerzen, ja im verlogensten Rampenlicht muß man dastehen können, lachen und den Kopf höher heben: Da bin ich! Dann glauben's einem die Leute. Auftreten können. Selbstverständlich finden, daß man wer ist. Die Hedderl zweifelt nur an Ihnen, weil Sie selber gar nicht dergleichen tun, als wären Sie wer. So und nun salve! Bessern Sie sich und heute abend gibt's bei Herrn Schellmann Krammetsvögel zur Vorspeis. Auf Wiedersehen!«

Nikolaus Lenau

Daß der Weltschmerz-Dichter Nikolaus Lenau Schubert durchaus kritisch beurteilt, überrascht vielleicht. Das hier wiedergegebene Gedicht »Der Wanderer« ist enthalten in einem Brief an Nanette Wolf (Anna Rosina Wolf, 1808–1878), in deren Familie in Gmunden sich Schubert aufgehalten und auch musiziert hatte. Lenau schickt ihr fünf Hefte mit Liedern des Stuttgarter Komponisten und Operndirektors Zumsteeg und stellt einen Vergleich mit Schubert an, als ob er von dessen eigener Beziehung zu Zumsteeg gewußt hätte. (»Ich könnte tagelang in diesen Liedern schwelgen«, soll Schubert als Vierzehnjähriger gegenüber seinem Freund Joseph von Spaun geäußert haben.) In dem Brief Lenaus an Nanette Wolf – wohl vom Herbst 1830 – heißt es unter anderem: »Sie werden unwillkürlich eine Parallele ziehen zwischen Zumsteeg und Schubert. Beide haben ihre eigentümlichen Vorzüge. Der letztere dürfte mehr äußere Ausstattung und Malerei für sich haben. Der erstere vielleicht tiefer empfinden. Schubert scheint mir mehr unserem Schiller zu gleichen, dessen bestechende Sprache, herrlicher Prunk und überraschende Gedanken schon von ferne locken, während Zumsteeg ein Goethe ist, dessen Schöpfungen einfach sind und, ich möchte sagen, unbekümmert um den Effekt, den sie machen werden, in sich selbst versunken, nur den wahren Empfinder in ihre göttlichen Tiefen blicken lassen. Doch glauben Sie ja nicht, daß Schubert von mir nicht nach seinem großen Verdienste geachtet werde; mich zieht nur mein Geschmack stärker zum durchaus empfindenden als zum süß reflektierenden Sänger hin, der freilich auch ein Sänger des Herzens ist. Beide diese Liedersänger bilden übrigens den lebendigsten Gegensatz zu den meisten übrigen Liedersetzern. Bei diesen ist die Begleitung des Liedes ein hölzernes Gerüste, das unter den Füßen der schwerfälligen Melodie poltert; bei jenen ein lebendiger, harmonischer Strom, auf welchem der Gesang, ein seliger Schwan, sich dahinwiegt.« Niembsch-Lenau, der im August 1830 und dann wieder im Juli 1831 nach Gmunden kam, windet sich hier offensichtlich etwas bei seiner Kritik an Schubert, sicher in Kenntnis der persönlichen Beziehungen seiner Adressatin zu diesem. Das Gedicht »Der Wanderer« wird von ihm als alternativer Text zu einem der Zumsteeg-Lieder (im ersten Heft der »Sammlung [!] kleiner Balladen und Lieder mit Clavier Begleitung« von 1810, mit dem Titel »Robert und Käthe«) vorgestellt.

Nächtliche Wanderung

Die Nacht ist finster, schwül und bang,
Der Wind im Walde tost;
Ich wandre fort die Nacht entlang
Und finde keinen Trost.

Und mir zur Seite, engelmild,
Und, ach, so schmerzlich traut,
Zieht mein Geleite hin, das Bild
Von meiner toten Braut.

Ihr bleiches Antlitz bittet mich,
Was mich ihr süßer Mund
So zärtlich bat und feierlich
In ihrer Sterbestund:

»Bezwinge fromm die Todeslust,
Die dir im Auge starrt,
Wenn man mich bald von deiner Brust
Fortreißet und verscharrt!«

Da unten braust der wilde Bach,
Führt reichen, frischen Tod;
Die Wogen rufen laut mir nach:
»Komm, komm, und trinke Tod!«

Das klingt so lieblich, wie Musik,
Wird wo ein Paar getraut;
Doch zieht vom Sprunge mich zurück
Das Wort der toten Braut.

Stets finstrer wird der Wolkendrang,
Der Sturm im Walde brüllt,
Und ferne hebt sich Donnerklang,
Der immer stärker schwillt.

O schlängle dich, du Wetterstrahl,
Herab, ein Faden mir,
Der aus dem Labyrinth der Qual
Hinaus mich führt zu ihr!

Thomas Mann

Im viertletzten Abschnitt – überschrieben »Fülle des Wohllauts« – von Thomas Manns großem Zeit- und Bildungsroman »Der Zauberberg«, der nach über zehnjähriger Arbeit 1924 erschien, erobert sich der Held Hans Castorp eine ganze musikalische Welt, indem er sich zum Wächter und Wärter des im Lungensanatorium neu aufgestellten Grammophons macht. Zu den von ihm bevorzugten Exemplaren aus der zugehörigen Sammlung zählt die Aufnahme jenes Liedes, das ihn wenig später in den Tod auf dem Schlachtfeld begleiten wird. Hans Castorp wird mit dem Lied vom Lindenbaum auf den Lippen sterben; und das Schubert-Motiv leitet in dem Roman auf den Tod des Helden hin. Castorps Auseinandersetzung mit diesem Lied wird zu einer Debatte über dessen richtige Deutung. Viele Jahre später, in einem Brief vom Januar 1949, bezeichnet Thomas Mann die »Winterreise« als »den besten Liederzyklus der Welt in seiner Verzweiflung sonder gleichen«. Und er fährt fort: »Was für eine Volksseele! Durchaus exzentrisch, beunruhigend und bedrohlich.«

Fülle des Wohllauts

Für jetzt kommen wir auf ein fünftes und letztes Stück aus der Gruppe der engeren Favoriten, – welches nun freilich gar nichts Französisches mehr war, sondern etwas sogar besonders und exemplarisch Deutsches, auch nichts Opernhaftes, sondern ein Lied, eines jener Lieder, – Volksgut und Meisterwerk zugleich und eben durch dieses Zugleich seinen besonderen geistig-weltbildlichen

Stempel empfangend ... Wozu die Umschweife? Es war Schuberts ›Lindenbaum‹, es war nichts anderes als dies allvertraute »Am Brunnen vor dem Tore«.

Ein Tenorist trug es vor zum Klavier, ein Bursche von Takt und Geschmack, der seinen zugleich simplen und gipfelhohen Gegenstand mit vieler Klugheit, musikalischem Feingefühl und rezitatorischer Umsicht zu behandeln wußte. Wir alle wissen, daß das herrliche Lied im Volks- und Kindermunde etwas anders lautet denn als Kunstgesang. Dort wird es meist, vereinfacht, nach der Hauptmelodie strophisch durchgesungen, während diese populäre Linie im Original schon bei der zweiten der achtzeiligen Strophen in Moll variiert, um beim fünften Vers, überaus schön, wieder in Dur einzulenken, bei den darauf folgenden »kalten Winden« aber und dem vom Kopfe fliegenden Hute dramatisch aufgelöst wird und sich erst bei den letzten vier Versen der dritten Strophe wiederfindet, die wiederholt werden, damit die Weise sich aussingen könne. Die eigentlich bezwingende Wendung der Melodie erscheint dreimal, und zwar in ihrer modulierenden zweiten Hälfte, das drittemal also bei der Reprise der letzten Halbstrophe »Nun bin ich manche Stunde«. Diese zauberhafte Wendung, der wir mit Worten nicht zu nahe treten mögen, liegt auf den Satzfragmenten »So manches liebe Wort«, »Als riefen sie mir zu«, »Entfernt von jenem Ort«, und die helle und warme, atemkluge und zu einem maßvollen Schluchzen geneigte Stimme des Tenoristen sang sie jedesmal mit soviel intelligentem Gefühl für ihre Schönheit, daß sie dem Zuhörer auf ungeahnte Weise ans Herz griff, zumal der Künstler seine Wirkung durch außerordentlich innige Kopftöne bei den Zeilen »Zu *ihm* mich immerfort«, »Hier *find'st* du deine Ruh« zu steigern wußte. Beim wiederholten letzten Verse aber, diesem »Du fändest

Ruhe dort!« sang er das »fändest« das erstemal aus voller, sehnsüchtiger Brust und erst das zweitemal wieder als zartestes Flageolett.

Soviel vom Liede und seinem Vortrag. Wir mögen uns wohl schmeicheln, es sei uns in früheren Fällen gelungen, unseren Zuhörern ein ungefähres Verständnis für die intime Teilnahme einzuflößen, die Hans Castorp den Vorzugs-Programmnummern seiner nächtlichen Konzerte entgegenbrachte. Allein begreiflich zu machen, was diese letzte, dies Lied, der alte ›Lindenbaum‹ ihm bedeutete, das ist nun freilich ein Unternehmen der kitzligsten Art, und höchste Behutsamkeit der Intonation ist vonnöten, wenn nicht mehr verdorben als gefördert werden soll.

Wir wollen es so stellen: Ein geistiger, das heißt ein bedeutender Gegenstand ist eben dadurch ›bedeutend‹, daß er über sich hinausweist, daß er Ausdruck und Exponent eines Geistig-Allgemeineren ist, einer ganzen Gefühls- und Gesinnungswelt, welche in ihm ihr mehr oder weniger vollkommenes Sinnbild gefunden hat, – wonach sich denn der Grad seiner Bedeutung bemißt. Ferner ist die Liebe zu einem solchen Gegenstand ebenfalls und selbst ›bedeutend‹. Sie sagt etwas aus über den, der sie hegt, sie kennzeichnet sein Verhältnis zu jenem Allgemeinen, jener Welt, die der Gegenstand vertritt und die in ihm, bewußt oder unbewußt, mitgeliebt wird.

Will man glauben, daß unser schlichter Held nach so und so vielen Jährchen hermetisch-pädagogischer Steigerung tief genug ins geistige Leben eingetreten war, um sich der ›Bedeutsamkeit‹ seiner Liebe und ihres Objektes *bewußt* zu sein? Wir behaupten und erzählen, daß er es war. Das Lied bedeutete ihm viel, eine ganze Welt, und zwar eine Welt, die er wohl lieben mußte, da er sonst in ihr stellvertretendes Gleichnis nicht so vernarrt gewesen wäre. Wir wissen, was wir sagen, wenn wir – vielleicht etwas dunklerweise – hinzufügen, daß sein Schicksal sich anders gestaltet hätte, wenn sein Gemüt den Reizen der Gefühlssphäre, der allgemein geistigen Haltung, die das Lied auf so innig-geheimnisvolle Weise zusammenfaßte, nicht im höchsten Grade zugänglich gewesen wäre. Eben dieses Schicksal aber hatte Steigerungen, Abenteuer, Einblicke mit sich gebracht, Regierungsprobleme in ihm aufgeworfen, die ihn zu ahnungsvoller Kritik an dieser Welt, diesem ihrem allerdings absolut bewunderungswürdigen Gleichnis, dieser seiner Liebe reif gemacht hatten und danach angetan waren, sie alle drei unter Gewissenszweifel zu stellen.

Der müßte nun freilich von Liebesdingen rein gar nichts verstehen, der meinte, durch solche Zweifel geschähe der Liebe Abtrag. Sie bilden im Gegenteil ihre Würze. Sie sind es erst, die der Liebe den Stachel der Leidenschaft verleihen, so daß man schlechthin die Leidenschaft als zweifelnde Liebe bestimmen könnte. Worin bestanden denn aber Hans Castorps Gewissens- und Regierungszweifel an der höheren Erlaubtheit seiner Liebe zu dem bezaubernden Liede und seiner Welt? Welches war diese dahinter stehende Welt, die seiner Gewissensahnung zufolge eine Welt verbotener Liebe sein sollte?

Es war der Tod.

Aber das war ja erklärter Wahnsinn! Ein so wunderherrliches Lied! Reines Meisterwerk, geboren aus letzten und heiligsten Tiefen des Volksgemüts; ein höchster Besitz, das Urbild des Innigen, die Liebenswürdigkeit selbst! Welch häßliche Verunglimpfung!

Ei ja, ja, ja, das war recht schön, so mußte wohl jeder Redliche sprechen. Und dennoch stand hinter diesem holden Produkte der Tod. Es unterhielt Beziehungen zu ihm, die man lieben mochte, aber nicht ohne sich von einer bestimmten Unerlaubtheit solcher Liebe ahnungsvoll-regierungsweise Rechenschaft zu geben. Es mochte seinem eigenen ursprünglichen Wesen nach nicht Sympathie mit dem Tode, sondern etwas sehr Volkstümlich-Lebensvolles sein, aber die geistige Sympathie damit war Sympathie mit dem Tode, – lautere Frömmigkeit, das Sinnige selbst an ihrem Anfang, das sollte auch nicht aufs leiseste bestritten werden; aber in ihrer Folge lagen Ergebnisse der Finsternis.

Was redete er sich da ein! – Er hätte es sich von euch nicht ausreden lassen. Ergebnisse der Finsternis. Finstere Ergebnisse. Folterknechtssinn und Menschenfeindlichkeit in spanischem Schwarz mit der Tellerkrause und Lust statt Liebe – als Ergebnis treublickender Frömmigkeit.

Wahrhaftig, der Literat Settembrini war nicht eben der Mann seines unbedingten Vertrauens, aber er erinnerte sich einiger Belehrung, die der klare Mentor ihm einst, vorzeiten, am Anfang seiner hermetischen Laufbahn, über »Rückneigung«, die geistige »Rückneigung« in gewisse Welten hatte zuteil werden lassen, und er fand es ratsam, diese Unterweisung mit Vorsicht auf seinen Gegenstand zu beziehen. Herr Settembrini hatte das Phänomen jener Rückneigung als »Krankheit« bezeichnet, – das Weltbild selbst, die Geistesepoche, der die Rückneigung galt, mochte seinem pädagogischen Sinn wohl als »krankhaft« erscheinen. Wie denn nun aber! Hans Castorps holdes Heimwehlied, die Gemütssphäre, der es angehörte, und die Liebesneigung zu dieser Sphäre sollten – »krank« sein? Mitnichten! Sie waren das Gemütlich-Gesundeste auf der Welt. Allein das war eine Frucht, die, frisch und prangend gesund diesen Augenblick oder eben noch, außerordentlich zu Zersetzung und Fäulnis neigte und, reinste Labung des Gemütes, wenn sie im rechten Augenblicke genossen wurde, vom nächsten unrechten Augenblicke an Fäulnis und Verderben in der genießenden Menschheit verbreitete. Es war eine Lebensfrucht, vom Tode gezeugt und todesträchtig. Es war ein Wunder der Seele, – das höchste vielleicht vor dem Angesicht gewissenloser Schönheit und gesegnet von ihr, jedoch mit Mißtrauen betrachtet aus triftigen Gründen vom Auge verantwortlich regierender Lebensfreundschaft, der Liebe zum Organischen, und Gegenstand der Selbstüberwindung nach letztgültigem Gewissensspruch.

Ja, Selbstüberwindung, das mochte wohl das Wesen der Überwindung dieser Liebe sein, – dieses Seelenzaubers mit finsteren Konsequenzen! Hans Castorps Gedanken oder ahndevolle Halbgedanken gingen hoch, während er in Nacht und Einsamkeit vor seinem gestutzten Musiksarge saß, – sie gingen höher, als sein Verstand reichte, es waren alchimistisch gesteigerte Gedanken. Oh, er war mächtig, der Seelenzauber! Wir alle waren seine Söhne, und Mächtiges konnten wir ausrichten auf Erden, indem wir ihm dienten. Man brauchte nicht mehr Genie, nur viel mehr Talent als der Autor des Lindenbaumliedes, um als Seelenzauberkünstler dem Liede Riesenmaße zu geben und die Welt damit zu unterwerfen. Man mochte wahrscheinlich sogar Reiche darauf gründen, irdisch-allzu-irdische Reiche, sehr derb und fortschrittsfroh und eigentlich gar nicht heimwehkrank, – in welchen das Lied zur elektrischen Grammophonmusik verdarb. Aber sein bester Sohn mochte doch derjenige sein, der in seiner Überwindung sein Leben verzehrte und starb, auf den Lippen das neue Wort der Liebe, das er noch nicht zu sprechen wußte. Es war so wert, dafür zu sterben, das Zauberlied! Aber wer dafür starb, der starb schon eigentlich nicht mehr dafür und war ein Held nur, weil er im Grunde schon für das Neue starb, das neue Wort der Liebe und der Zukunft in seinem Herzen – –

Das also waren Hans Castorps Vorzugsplatten.

Peter Altenberg

Der Wiener Bohemien Peter Altenberg, der die knappe impressionistische Prosaskizze zu seiner Leitgattung machte, war mit den wichtigsten Persönlichkeiten des »Jungen Wien« und anderen Kulturgrößen der Zeit um 1900 bekannt oder befreundet. In seinen Kurztexten, die er als »Extrakte des Lebens« bezeichnete, knüpft er meist an bewußt subjektive Eindrücke aus dem Alltag an. Nicht selten nähert er sich dabei dem Aphorismus, besonders wenn er in betont ›naiver‹ oder schlichter Diktion den Leser zur produktiven Weiterentwicklung des Gedankens anregen möchte. – Der Text über Schubert ist 1916 in der Sammlung »Nachfechsung« erschienen.

Schubert

Über meinem Bette hängt ein Kohledruck des Bildes von Gustav Klimt: Schubert. Schubert singt mit drei Wiener Mädchen Lieder zum Klavier beim Kerzenschein. Darunter steht von mir geschrieben: »Einer meiner Götter! Die Menschen schufen sich die Götter, um ihre eigenen, in ihnen versteckten und unerfüllbaren Ideale dennoch irgendwie zu lebendigerem Dasein zu erwecken!«

Ich lese oft in Nigglis Schubert-Biographie, Sie will nämlich Schuberts Leben bringen, nicht Nigglis Gedanken darüber!

Aber hundertmal habe ich die Stelle gelesen, Seite 37. Er war nämlich Musiklehrer auf dem Gute des Grafen Esterhazy in Zelesz bei den ganz jungen Gräfinnen Marie und Karoline. An Karoline verlor er aber sein Herz.

Gustav Klimt: Schubert am Klavier. Ölbild (1899)

Es entstanden daher seine Schöpfungen für Klavier zu vier Händen. Nie erfuhr die junge Gräfin von seiner tiefen Neigung. Nur einmal, als sie ihn neckte, er hätte ihr noch keine seiner Kompositionen gewidmet, erwiderte er: »Wozu denn?! Es ist ja ohnedies alles für Sie!«

Wie wenn ein Herz in seiner Fülle, in seinem Grame sich eröffnete und wieder sich verschlösse für ewig – – –. Deshalb schlage ich oft Seite 37 auf in Nigglis Schubert-Biographie.

Arnold Zweig

Arnold Zweig setzte sich schon früh mit der Psychoanalyse auseinander und stand im Briefwechsel mit Sigmund Freud. Später wurde er vor allem durch verschiedene politische Erfahrungen, durch Weltkrieg und Exil und schließlich durch die Parteinahme für die DDR geprägt. Der Text »Die Sonatine« aus dem 1912 erschienenen Roman »Die Novellen um Claudia« gehört zum Frühwerk Zweigs, das unter anderem auch stark durch die Lektüre von Nietzsches Schriften beeinflußt wurde. – Der Titel bezieht sich auf die erste der drei Sonaten für Klavier und Violine (D 384, März 1816), die nach Schuberts Tod unter dem Titel »Sonatinen« zuerst veröffentlicht wurden.

Die Sonatine

Das nette rosige Dienstmädchen nahm so geräuschlos es anging, die blonden Brauen hochgezogen, und gleichsam auf den Fußspitzen, das Geschirr des Abendessens vom Tisch, auf den von oben breit abspritzend Licht fiel wie Wasser auf einen weißen Stein. Es seufzte von Zeit zu Zeit in seinen sanften Busen, der nach Zärtlichkeit verlangte, und es warf hurtige Blicke zu den beiden auf dem Sofa dort, dringliche Blicke, hinter denen die Lider unschuldig herabfielen. Wenn die beiden nicht aufhörten, in der dummen Zeitung zu lesen, ehe sie mit den letzten Tellern aus dem Zimmer gehen mußte, dann gab es keinen Urlaub für heute abend ... Denn das Lesen zu unterbrechen, gleichsam die Zeitung wegzunehmen, über der diese beiden Köpfe stumm und nahe beieinander schwebten – soviel Herz hätte sie nicht gehabt. Glücklicherweise – sie atmete wahrhaftig tief ein, und ein Lachen sprang über ihr Kindergesicht – ließ der gnädige Herr das Blatt auf den Tisch fallen und sagte böse:

»Diese Zeitungen sind eine häßliche Sache. Man müßte dagegen einschreiten.«

Die gnädige Frau nickte lebhaft: »Abbestellen, Walter ... Hast du die Morde gezählt, die heute darin episch verwertet sind?«

»Vier«, sagte er, »vier. Mit dem Mordversuch des besiegten Schülers am Mitschüler fünf. Willst du hören? Es ist ungemein knapp zu sagen: Ein Schüler ohrfeigt den anderen vor der Klasse, sie prügeln sich, und der Geohrfeigte unterliegt: Da zieht er ein kleines Terzerol und schießt dem Sieger die Kugel auf zwei Schritt in die Seite.« – »Genug, ich bitte dich! ... und nach einem Schweigen leise: »Furchtbar ...« Und sie zuckte gequält mit den Schultern.

»Daß man daraus eine Spalte macht, ist wirklich arg. Aber abbestellen? Und welche dafür halten?«

»Gar keine halten. Wozu überhaupt Zeitung?«

»Und das Leben da draußen? Wie willst du davon unterrichtet sein?«'

»Ach, das Leben«, sagte sie geringschätzig. »Ich vergaß, daß du es damit hast. Ich meinerseits, du weißt, bin ohne dieses Bedürfnis ...«

Er schüttelte bedenklich lächelnd den Kopf, und sie bekräftigte: »Doch.«

Das Mädchen warf ihr einen Blick zu, dem aber außer Hurtigkeit noch eine bittende Verlängerung eigen war, und wurde langsam ganz rot. »Else?« fragte die gnädige Frau und lachte ein wenig. Mit niedergeschlagenen Augen und froh, daß sie Teller in den Händen hatte, brachte das Mädchen die Bitte heraus, noch ein bißchen spazierengehen zu dürfen, es sei so schöner Vollmond draußen.

Er ging indessen zweimal auf und ab. Da war es wieder. Es konnte unmöglich so fortgehen. Wußte sie nicht, daß dieses ängstliche Fliehen vor dem Wirklichen sie irgendeinmal von ihm trennen würde, wenn sie es nicht überwand? Was dem Mädchen wohl hinging – die junge Frau mußte damit fertig werden können ... Er hörte sie fragen: »Ist alles fertig für die Nacht?« Und sah, sich wendend, eifriges Nicken. »Dann können Sie gehen. Aber um elf sind Sie wieder da, Else, hören Sie?« Sie bedankte sich, und der gnädige Herr, der am Fenster stand, ohne hinauszusehen – er erkannte gerade: Er mußte sie zu sich hinüberziehen; Gelegenheit würde sich später finden –, drehte sich um und neckte: »Sie müssen morgen zeitig heraus, zur Frühmesse; vergessen Sie das nicht! Marienmonat!« ›Was ging den das an, er war ja ein Ketzer und kannte die heilige Jungfrau gar nicht‹, dachte sie unmutig und geschmeichelt, wurde ganz rot, bedankte sich nochmals und ging leise schnell hinaus.

Walter Rohme trat zu Claudia, die noch auf dem Sofa saß und, den Nacken an die Rücklehne geschmiegt, soeben die Augen zu ihm hinwandte. »James«, sagte er vergnügt, »der Mond heißt James und ist bei dir bedienstet.« Sie lächelte mit den Mundwinkeln. Er bückte sich zu ihr herab, nahm ihren dunklen Kopf in beide Hände, ganz behutsam, und küßte ihre Lippen, die sanft geschlossen und blaßrot die seinen erwartet hatten, nun da Else draußen war. Er richtete sich endlich auf, ohne die Umarmung zu lösen, hob sie so mit empor und führte sie, die dicht an ihm schritt, zu der Schiebetür in das Musikzimmer. Mit knapper Drehung löschte er hinter sich das Licht und schob die Türen auseinander. – Hinüberziehen? Claudia? Nein. Sie mußte von selbst zu seinem Ufer kommen, nur die Brücke durfte er zeigen und ihr die Hände hinhalten ... irgendeinmal, nicht allzuspät.

»Da haben wir also den gemeldeten Mond«, sagte Claudia. Der Raum war bis in die Ecken von Licht gefüllt, von einem stofflosen Lichte, das ohne Quelle schien: Das Dach des Hauses über ihnen verdeckte schon das Gestirn. Die Luft selber glomm weißlich sanft, traumklar und berauschend, man atmete sie, und sie löste die Seelen der Glücklichen sofort, wie ein starker milchiger Wein, unbekannt und beseligend. Sie standen lange auf der Schwelle, die beiden, in einem Beieinander, das inniger war als Küsse, und blickten in die lichte Nächtlichkeit des vertrauten Raumes. Auf Beethovens marmorner Stirn glänzte ein silberner Schein, und der warme Nachtwind bewegte langsam die Vorhänge der geöffneten Fenster; aber der Flügel war ein Werkzeug aus Licht geformt, und seine Decke blinkte wie der Spiegel eines Sees geschmolzener Klänge, silbern, umrissen und leicht. Blüten dufteten vom Garten herein: Es war eine Nacht des Mai. Sie traten ein. Er führte die geliebte Frau vor das Instrument, ohne den Arm von ihrer Schulter zu nehmen, öffnete es: Der Spiegel des Sees schwand hin, und auf hob sich die schwarze Schwinge zum Flug in eine tönende Ferne. Claudia entblößte dem singenden Drachen die Zähne, indem sie seine schwarze Oberlippe zurücklegte; sie ließ den Ring vom Finger neben sich aufs Fenster fallen und schlug einen hoch schwingenden Ton an, der sich dem Lichte hold vermählte, zitternd und schwindend.

»Und was?« fragte sie mit dunkler Stimme unterhalb des Klingens wie Dämmerung um Licht. Ein Flämmchen riß aufblitzend ein gelbes Loch in die Nacht und hinterließ einen kleinen roten Kreis, der duftend rauchte. »Cis-moll«, sagte der Mann endlich und atmete Rauch ein.

»Natürlich«, warf sie neckend hin, »ich wußte es vorher.« Aber er schwieg einfach, und als er hinter ihrem Rücken in einem großen Stuhle ruhte, begann sie.

Die zartfließende Dreiteilung, auf- und abrollend, in leichter Feierlichkeit ohne Trübe, dieser köstlich wehende Schleier aus Klang, über dem die Melodie aufglänzte, wie mit silbernen Sternen darein gestickt – was war in ihn verwoben, das ein so eindringliches Glück geben konnte, ein inniges Angerührtsein nahe am Herzen? Träumen, träumen. Hingeben und sich verlieren, wohin der unbesonnte Strom der Empfindungen strudeln will. Ja, denke deiner Jugend, Walter Rohme, da es in dir so will, frage nicht, warum sie sich heute meldet, vergiß die Spur, die du von dem mordenden Schüler jenes Zeitungsblattes zum gegenwärtigen Augenblick führen siehst ... Ja, du bist es, der hier sitzt, und du bist auch jener Knabe, den der Mond über stille Wiesen hin nach dem schwarzen, ängstigenden Walde lockte, den er auf einer Lichtung hinwarf, und dessen Tränen er zu weißem Silber zauberte ... du bist es! Damals hat dir niemand so unirdisch zugesungen, wie es jetzt eine tut – und die Krämpfe deiner Seele entluden sich nicht anders als in langem Laufen, in Träumen und auf den ärmlichen vier Saiten deiner gelben Geige, die alle deine brennenden Phantasien heiser aussprechen mußte ... Jetzt aber – bist du nicht jetzt erst jung? Wohin ist der häßliche Bart, der dein Gesicht alterte, wohin sind die Gruben unter deinen Augen und die hohen Kragen, die dich einengten und versteiften? Ein verjüngtes Gesicht hebt sich auf schlankem Halse aus dem niedrig umlegten Kragen, bartlos, und deine Augen blicken frei und zärtlich zu der hin, die dich entzauberte. Sie weiß freilich nicht, wovon sie dich erlöste, aber ahnt sie nichts von den Niederungen, aus denen du dich zu ihr erhobst – soll sie nie davon wissen? –, aber höre sie: Sie sendet dir ihre Töne; und was du mit den mondlichtvermählten einatmest, ist ihre ganze hingegebene fromm machende Liebe.

Sie schwieg und sah vor sich hin mit jenem Ausdruck, der ihr ganzes Gesicht veränderte und es entlehnt scheinen ließ einer Welt, die ihre Augen noch schauten, dort, jenseits der Mauern. Walter Rohme liebkoste sie mit Blicken wie mit langen Wimpern, deren Bewegung auch er selbst beglückt fühlte: Da erklang, wie dicht an seinem Ohre gespielt, aber doch nur in seinem Innern, ein Stückchen Geigenmusik, ein schüchternes Thema von leichtfüßiger Melancholie: nach einer Stufe ebene Schritte, kleine Sprünge und ein hüpfend sanftes Auf und Ab – fast nichts. Klavierklänge vorher ... aber als er sich der Erscheinung zuwandte, war sie sogleich wie nicht gewesen. Eine leichte Verwirrung entstand, dauerte und mündete in die Frage: Woher kam diese phantastisch deutliche Musik? Es antwortete nach einer Pause: Aus den jungen Tagen, als du gerade spielen konntest. Rate: Haydn? Mozart? Mußte es nicht Mozart sein?

Und plötzlich, als bedeute diese kurze Stille ein Ende und nicht nur die Vorbereitung des Andante, erhob er sich unter einem inneren Befehl. Er ging leise zum Notenschrank und öffnete ihn, dann nahm er den Geigenkasten herab, der oben lag. Claudia sah ihm schweigend, staunend zu. Offenbar will er geigen; er war heute also im Hören nicht stark. Hätte er nicht doch das Ende der Sonate erwarten sollen? Sie fühlte sich eher geneigt, allein zu spielen und nur aus sich zu schöpfen und zu strömen; die Noten würden sie nicht wenig beengen ... Aber da er wollte ... Sein Betragen war ungewöhnlich und hatte sicher ein starkes Motiv – was trieb ihn nur? Er kniete vor dem offenen Schrank und las, mit einem Streichholz leuchtend, in der Tafel, die seinen Inhalt angab; sie saß ruhig in ihrem Stuhl, die Hände im Schoß gefaltet, und betrachtete in wortlosem Warten, wie er die Kerzen zweier breitfüßiger Leuchter entzündete, von denen jeder zwei auf ausgebreiteten Armen über seinen kurzen Rumpf erhob; die Flammen glichen Lanzenspitzen und scheuchten die Dunkelheit in die Ecken des Raumes; und als er sie vorn auf den Flügel stellte, wich die Nacht vom Fenster zurück. Ehe er die Decke des Instrumentes herabließ, streichelte er rasch einmal ihren Scheitel; dann holte er die Geige und das grüne Heft. Sie war neugierig, seine Wahl zu wissen. Würde es Brahms sein oder Bach? »Schubert«, las sie halblaut und verwundert, »Sonatinen, opus 137?«

»Willst du, Liebling? Mich überfiel da plötzlich eine Erinnerung: wie stark, siehst du an meiner Ungezogenheit. Das ist hier die erste Sonate, die ich als Junge spielte; sie ist freilich ganz leicht, und du langweilst dich am Ende dabei. Aber das *will* heute gespielt werden ... Ich hatte es allzulange vergessen ...« – ›Du guter Junge‹, dachte sie glücklich und gab ihm statt aller Antwort den Grundton und die Quinten an; er stimmte, und die sanften Doppelstimmen klangen im Flackern der Kerzen.

»Ich finge eigentlich gern mit dem zweiten Satz an«, sagte er, die Geige schon unterm Kinn, »aber mein Gewissen ...«

»Dein Gewissen hat sehr recht.«

»Obwohl mich nur das Andante besucht hat?« Der Bogen hing schräg herab, mit der Spitze in den Teppich gebohrt.

»Und wenn das Kind noch netter bittet und das

Stimmchen oben schweben läßt: erst das Allegro, und das Andante als Belohnung.«

»Welche Mutter! Ich wünsche unsern Kindern Glück ...«

»Still! Hast du Mamas Brief gelesen?«

»Vorhin. Ich bin froh, daß sie sich mit Kalderns wohlfühlt und daß Sirmisch bei ihr ist. Ich habe ihr gegenüber das schlechteste Gewissen von der Welt. Erst entführe ich dich, und dann überläßt sie uns das ganze Haus und reist, die alte Dame.«

»Welch ein Gewissen, das deine! Ich gestehe – ach, du warst nicht zehn Jahre lang mit ihr allein ... Ich brächte übrigens zum Plaudern nicht nur die Geige in Spiellage, sondern auch den Bogen ...« Er lachte und setzte ihn an: »Also?« Und sie begannen: Ein freundlich auf und ab eilendes Motiv, einstimmig hingestellt, ein Motiv wie eine kleine Welle, frisch, grün und ganz klar; dann kräuselte sich die Oberstimme des Klaviers zu spielenden Schaumketten, die Unterstimme verspätete das Thema um einen Takt – und im Vorwärtsdringen der Geige, mit Veränderung, Wiederholung und Tausch der Führung baute sich der Satz auf, ganz einfach in den Mitteln, ganz schlicht in der Ordnung, aber von einer Klarheit und verjüngenden Bewegtheit, daß Claudias Lippen von einem leisen Lächeln getrennt wurden, und ihre weiten schwarzen Augen, die die Kerzenflammen gespiegelt enthielten, sanft und glänzend und erfreut am Blatte hingen. Sie hatte das noch nie gespielt.

Walter Rohme dagegen fühlte seine Aufmerksamkeit beständig abirren und spielte endlich in traumgleichem Abseits von sich. Er beobachtete die sonderbaren Erscheinungen dieser Wiedergabe nach so langem Vergessen: Da wußte er noch das Ganze auswendig, Noten, Pausen, Betonungen! Er sah einem andern zu, der für ihn spielte, einem Ich, das die Form eines Knaben mit glücklichen Augen über mageren Backen annahm, sowie er die Augen schloß; er vermerkte die Muskelgefühle des Bogenführens, die gestreckte Geradheit des Arms von der Schulter zur Fingerspitze, wenn der Bogen herabhing ... das allmähliche Sich-Einkrümmen beim Aufstrich wie die Kolbengelenke eines Dynamos ... das präzise Auffallen und rasche Hinaufschlüpfen der Finger über den Geigenhals – diese ganze geübte und zweckvolle Mechanik, die während seiner Abwesenheit einer lenkte und bewußt machte, der auch Er war, nur nicht sein innerster Kern. Jetzt summte er ein Stückchen den Rhythmus mit, und »cis« rief Claudia, während sie einen Lauf in Sechzehntel auffliegen ließ. »Cis! Du spielst schon zum zweiten Male c.«

Er erschrak, brach ab und lachte befangen. »Diesen Fehler habe ich als Junge eingeübt, er kommt wieder mit.« – »Dein Strich hat keine Seele heute, scheint mir; bist du müde, Walter?«

»Ach nein; nur abwesend. Dahinten, ganz vorne vielmehr, bei dem kleinen Rohme. Aber laß nur, beim zweiten Satze ...« – »Ich bestehe trotzdem auf dem Schluß des ersten. Bitte noch einmal die drei Halben vor dem Lauf. Ich finde es entzückend.« Er begann gehorsam, und während sie den Satz zu Ende führten, wunderte er sich im Herzen über die Leichtigkeit dieser Musik ... Ja, der kleine Walter hatte Fehler eingeübt, für ihn war das eine Eroberung gewesen, eine schwere ... War er nicht schuldig, von alledem zu reden, was mit den Klängen auferstand ...? Da wäre schon die Gelegenheit? – Gefährlich! rief es ihm zu, zu nahe an dir, an ihr ... Sie schlossen.

Er trat zum Fenster und beugte sich hinaus: Welcher Friede! Auf jedem Blatte stand mit Mondschein geschrieben »Glück der Gegenwart«. Die Dankbarkeit, mit der er vom Winde atmete, der seine Haare bewegte, hob seine Brust und breitete in ihm Arme aus, umfangende. O Glück der Gegenwart, errungen nach sehr ätzenden Erschütterungen, verdient nach dem Sieg über die Jugend, über diese Zeit der zerfressenden Qualen ...! Er wandte sich, im innersten Ring seines Wesens aufgeregt, und bettete sein Gesicht küssend in Claudias Haar, das wie Nachtblumen duftete. ›Blüte meines Glücks‹, sagte er in sich mit Zärtlichkeit, die in ihrer Fülle starb, ›Blüte du meines Glücks ... o Claudia ...‹ Die Tränen waren ihm nahe. Sie bewegte den Kopf nicht, sie ließ die Liebkosung glücklich über sich hin rieseln; erst als er sich aufrichtete, wandte sie das Antlitz seitwärts und sagte ernsthaft:

»Ich glaube, ich war es, die vorhin das Andante nicht erwarten konnte.«

»Kleine Lügnerin«, antwortete er mit liebkosender Stimme.

Behutsam tupfend, mit kunstvoll beherrschten Händen ließ sie das Thema sich austönen, während die Geige schwieg, diese leichte Melancholie, aufhüpfend, schreitend und hinab – und dann lauschte sie lächelnd und beglückt dem durchsichtigen Spiel der getragenen Töne. Was hieran hieß denn schön, was war denn zauberisch in der schlichten Verbindung einfacher Terzen und Oktaven, was gab es denn Unerhörtes in diesem sachten Strömen von Stimmen, die miteinander gingen oder sich symmetrisch auswichen, was sprach denn so süß zu ihrem Herzen, während sie hier ihre Hände ausbreitete und schloß und mit denkenden Fingern Tasten sprechen ließ? Wie das einfach hinging, wie sanft und klar, und nicht trauriger als eine Nacht wie diese, beglänzt und voll von Glück ... Ah, nun sang die Geige, sang sich aus mit einer Stimme über Menschenstimmen ... Fast zerbrach ihre sehnsüchtige Trauer, ihre von den Noten gefesselte Schwermut, die in sich vibriert wie man ein Weinen verhält, fast zerbrach dieses mühsam in Maß gezwungene Ausdrücken den zarten Gang des Ganzen ... Man mußte die eigenen Töne ehrfürchtig dämpfen ... Ja, das war die Seele, die tönte, und der Bogen ging nicht anders über die Saiten hin, die unter ihm zitterten, als über die Seele das Glück ... Nun kam es an sie, zu antworten – und wie sich der Gesang der Saiten in ein murmelndes Gerank verlor, sprach sie und redete zu ihm in den weinhellen, weinsüßen Harmonien, die geschrieben standen. ›Schubert‹, dachte sie, und dachte ›Walter‹ und dachte ›Ich liebe dich‹ und dachte ›Mein Glück‹ – alles in diesem einen Namen.

Das ist das Ende – schon; leider. Nun noch die beiden Akkorde, die alles lösten und gelind in die Stille entließen, in das tiefe wundervolle Schweigen, durchsungen von nachhallenden Saiten ... Ein Klappern von Holz auf Holz, laut und jäh, schreckte sie auf; noch ehe sie hinsah, war ihr deutlich, daß Walter Geige und Bogen heftig fortgelegt hatte ... Da stand er am Tisch, die Arme gespannt, die Fäuste geballt, tief einatmend, hart ausstoßend: Von seinem Gesicht löste sich eine Qual ab, die es verzerrt hatte. »Was hast du, Liebster?« fragte sie angstvoll. Er antwortete, schnell gesammelt, sanft, indem er wieder zu ihr trat: »Nichts mehr, Liebling, oder wenigstens nicht viel ...« Sie hörte nicht auf, in den Augen ein dringliches und banges Fragen zu haben, und er sprach weiter: »Es sind nur die Erinnerungen. Ich weiß wohl, warum ich diesen kindlichen Mordversuch aus dem Druckpapier drinnen nicht los wurde, warum ich mich im Mond ergriffen fand und wie sich darauf diese Musik da meldete – oh, ich weiß wohl! Vergangenheit ist ein scherzhaftes Wort! Jetzt, neben dir stehend, erwachsen und gesichert, war mir wieder wie dem Knaben zumute, der sich aus seinen Peinigungen, aus den Wirrnissen seiner Seele, die sich nicht verstand, hierher rettete, zur Musik. Denn wenn ich phantasierte und versuchte, ohne Noten aus der Geige zu reden, wurde ich so schwermütig, so voll von pressender Angst und Not, als erdrücke einer mein Herz langsam mit harten Händen ... Dann brach die kümmerliche Melodie ab, und ich saß stumm im Dunkeln, in einem Grade unglücklich, vor dem mir jetzt schaudert ... Dann kam alles das, womit ich rang, alles das in mir, was ich schlecht und böse nannte, das Lasterhafte und Dunkle, das ich aus mir herausschaffen wollte, all das, dem ich untertan war und gegen das ich mich fruchtlos empörte, und machte mich verzweifeln. Dies hier aber« – er schlug auf die Noten – »und dergleichen tröstete mich ...« Er schwieg tiefbefreit. Wie das aus ihm quillt ... ›Du Zarter‹, dachte sie, ›du Guter, was für winzige Erlebnisse mögen dich damals aufgeregt haben! Erinnerst du dich ... als du mir von dem Pakete erzähltest, das nach so kuriosen Schicksalen zur Post kam?‹ – »Was quälte dich denn so, damals? Wie alt warst du, vierzehn, fünfzehn?« Es lag ein Lachen in ihrem Ton, ein zärtliches, schelmisches, ein verliebtes. Die Kerzen flackerten im Winde und tropften in weißen Wülsten. »Fünfzehn, glaub ich. Was mich quälte? Ich sagte es: Ich fand mich schlecht; und befahl mir vergebens, gut, rein, fehllos zu werden. Ich peinigte mich. Ich wünschte Katholik zu sein und einem Priester beichten zu dürfen, einem nicht mehr menschlichen Wesen, das strafen durfte, aber auch mit Kräften begabt war, zu verzeihen – mit lebendiger Gnade zu verzeihen. Wir hatten einen Geistlichen an der Schule, einen strengen, sanften und musikalischen Priester, klug, geschult und behutsam; er hätte mich verstanden. Unser eigener ›Religionslehrer‹? Gott, der Mensch war manchmal betrunken und versah außerdem den Turnunterricht ...«

Claudia lachte hell und mit einem Übermut, den sie aus ihrer ganzen Freude an ihm aufschießen fühlte, nicht aus der Drolligkeit, von der er sprach. »Beichte *mir*«, sagte sie. »Knie vor mir und beichte. Ich will streng und gnädig sein, beides. Ich lösche die Lichter aus –«, und sie blies in die Flammen, »nun rede, Sündiger.« Wie Flut brach die Mondnacht durch die Fenster ein, schlug empor und füllte das Zimmer wie vorher still mit durchsichtiger Bläue. Er sah sie, ganz weiß in dem neuen Lichte, mit weiten Augen an, allzu ernsthaft für dies Spiel; er nickte, kniete vor dem Klaviersessel hin, umfaßte ihre Hüften, und ehe er den Kopf auf ihre Knie legte, sandte er noch einmal diesen Blick hinauf, ihr, die froh zu ihm hinabsah, mitten in die Lider und in das erschreckende Herz. Mondlicht schwimmt in seinen Augen ... Was wird er sagen? Ist's dennoch etwas Ernsthaftes? Ach nein, dich schreckt die Stille, der Mond, das ungewisse Licht ...

Leopold Kupelwieser: Der Sündenfall. Gesellschaftsspiel der Schubertianer in Atzenbrugg. Aquarell (1821)

Friederike Mayröcker

Friederike Mayröcker gehört zur Avantgarde der Gegenwartsliteratur. Im Umkreis der Wiener Gruppe und in der Zusammenarbeit mit Ernst Jandl entwickelte sie ihren eigenen Ton und ihre eigenen Techniken sprachexperimenteller Prosa, in der die Bezüge von Raum und Zeit, die Strukturen von Geschichten aufgelöst werden. Es geht ihr um »Lebensirritationsvorstellungen, die sich in Sprache verwandeln«. Mit Schubert hat sich Friederike Mayröcker immer wieder auseinandergesetzt. Schuberts Streichquartett »Der Tod und das Mädchen« liefert die Grundstruktur für ihr gleichnamiges Hörspiel von 1976. Die hier abgedruckten »Wetter-Zettelchen« aus den Jahren 1976–77 sind ein vielstimmiges Porträt, in welchem, teilweise nach Art einer Collage, die Empfindungs- und Zeitsphären ineinandergeblendet werden.

Franz Schubert oder, Wetter-Zettelchen Wien

1. Wetter:

eigentlich neben der Sonne, und mager zum Anzünden : es blitzte mit Geschwader, und das Aufhüpfen des Fischleins spürbar im Bach.
Schwärmerprosa, nämlich 36 verblasene Postillione, jedermanns Liebhaber.
Und die Liebhaber vereinigten sich, und bildeten solche Gesellschaften Punsch vollauf.

2. Wetter:

aus dem Augenwinkel konnte ich sehen wie er sich an der Rezeption der Hotelhalle eine Schreibmaschine borgte, wie er sie als Bauchladen sich vorschnallte, und so in die Liftmaschine sich zwängte, in sein Zimmer.
Zerrieselnd; die Spucknäpfe mit Lavendel gefüllt. Alle übrigen Hotelgäste bestätigten mir, die Ähnlichkeit sei unverkennbar : puttohaft gerundet von sanfter Leiblichkeit brünetter Lockenkopf anmutiger Lippenschwung schwermütiger Blick *Schubertbrille* (die er, wie es heißt, nicht einmal des nachts absetzte um sogleich nach dem Erwachen ein Thema zu notieren oder jenen Gefühlen nachzugeben die, im älteren Stil verschnörkelt, Dreimädchenpralinen sogar).
»Ich:«, schreibt Franz Schubert an Therese Grob, »werden Sie mich endlich erkennen?«

3. Wetter:

während des erzwungenen Abwartens eines Regens : daß W. A. Rieder Schubert aquarellierte, etwas hingelehnt und träumerisch, wenn auch nicht ohne Pose.
Basengeschwätz; gellendes Mittagslicht.
Schoßkind im solchen Blitzen; er hätte Sorgen davon, weil er bei der Tanzmusik ist – die Kutsche wirft um.

4. Wetter:

zu einer derben Putzung *gezettelt*, und Töne seufzend.
»Jene Glut«, schreibt Franz Schubert an Therese Grob, »die *durch Gelegenheit* in Ihnen geweckt wurde.«
»Wie Rieseln als der Karton *langsam zerriß*, und meine Bücher sich daraus auf den Fußboden leerten während Sie dazu tanzten und in den Boden stampften daß das

Zimmer erbebte des Himmels nämlich, und ich statt der Streusandbüchse das Tintenfaß benutzen wollte.«
»Ein schönes Augenöffnen Ihrem morgigen Tag!«

5. Wetter:

und tadelt sich so, *Vorfluten.*
Indem die einen Ordnungen / Töne / sinken, steigen die anderen; so daß die äußersten Pole einer Gewitterlandschaft sich annähern, die früheren grellen Umstände sich verwischen wollen – Fußreise in die Lobau.
Schusterkugel, eine Lampe als Brause.
Deskriptiv, in den Rinnsteinen weiße Bäche; in den Pfützen Blitzen und Widerschein; Fischer und Donauschiffer; angestrengtes Gelächter aus einer Wirtsstube; Gefühle die einander nur so *überjagen*

6. Wetter:

»als würde«, schreibt Franz Schubert an Therese Grob, »die Zunge *des Fußes* mir ausgerissen, vom Zungengrund;«
»als trüge ich oberhalb meines linken Fußknöchels, an meinem äußeren Beine, spürbar, das Tätowierungsmal einer Äskulapnatter –«
und an Bruder Ferdinand : »*kaum aus den Wochen gekommen!* (Messe in b), : hat es mich von neuem gepackt völlig hinreißend, und übernatürlich, bestürmend da die andere eben gestochen wird ..«
Tropisch Begleitungsfigur, es wehe auf mich.
Aus dem Augenwinkel konnte ich sehen wie er an der Rezeption der Hotelhalle sich die Telephonbücher geben ließ; konnte seiner Zunge folgen wie sie, sich zweimal verfehlend, flüsterte ..»T'onbücher! .. T'onbücher! ..« und wie er – nachdem er lange geblättert hatte – sich in einen der beiden Bände vertiefte.

7. Wetter:

Natur- und Instrumentalistenblätter, *bleigegossen*.
Die Schneebauschen hinter den Fenstern.
»Heute, fünf Uhr früh«, schreibt Franz Schubert an Therese Grob, »halb erfroren aufgewacht, angekleidet auf meinem Bette liegend.«
»Manches zu wenig moduliert, und lassen Sie etwa diese herumliegenden Zettelchen, kindisch –«
und an Freund Schober : »als ob sie *Äuglein* hätten alle die Damen nämlich über die ganze Hautoberfläche verstreut, sechs-achtel. Und ihre geringe Gabe zu konversieren – die lieben Statuen! so flüchtig und leicht überzeugend . .«

8. Wetter:

was für ein kahler Morgen!
den Malern malerisch, in himmlischen Längen!
inmitten, gezuckerte Pfannkuchen. Die Wechselgesänge mit schwarzer Kreide auf Löschpapier – der Souffleurkasten hätte das lauteste Wort.
In Büschen, *überbraustes*, Lied.
»Die Geographie v. Salzburg«, schreibt Franz Schubert an Therese Grob, »eine verlorengegangene (Gastein). Wo wir vorher gewesen zu sein uns nirgend erinnern.«
»Wie dank' ich es Ihnen daß Sie meine Briefe, über eine traurige Besinnung, nicht abweisen.«

9. Wetter:

und an die Freunde in Wien : »wie sehr vermiß' ich euch alle. So schön es hier ist es zieht mich mächtig zurück.«
»Was macht unser Cherubin (Schwind)?«

(»ich weiß was während des Lesens in euch vorgegangen ist.«)
An seiner Jägerbrust, chromatisches Landleben.
Und knistert allenthalben in Büchsen.

10. Wetter:

in der Stille des Morgens – *und irgendwo muß man wieder anbinden.*
Schubert an Spaun : »vierhändig / Variationen / die Klavieristinnen hier die kleinen Feldmesser in ungarischer Weise, die Frauenzimmer – Ohrenbalgerei! daß die Lüfte mir gegen die Stirn . .«
»vom Himmel gefallen ja vom Himmel gefallen! und gewissermaßen meinem Willen zuwiderlaufend, dieses Stück diese Bagatellen, dieses Gefühls. Und zum Schluß eine möglichst rauschende Ouvertüre.«
Aus dem Augenwinkel konnte ich sehen wie er, etwas schlaftrunken gegen die Anrichte gelehnt, mit einem Tüchlein aus Rehhaut immer von neuem die Brille wischte nachdem er sie lange behaucht und prüfend vors Auge gehalten hatte.
Weil und warum. Nur ganz sacht, mit einem Mädchen aus der Dienerschaft.

11. Wetter:
von dem Wehen der Luft, die gesprenkelten Triller.
(Venerisch) Sprechgesang : auf dem Leib getragene Himmelsbriefe.
An Therese Grob : »Sie schreiben in Ihrem Brief vom 24. 2., Ihr Leben sei ein Kartenhaus und könne mit einem Hauch umgelegt werden. Dies scheint Ihnen nur so und vielen Menschen ergeht es ähnlich, auch mir, was meine körperliche Statur betrifft zum Beispiel. Aber

dennoch erscheint mir Ihr Leben sehr aufnahmefähig Ihrer großen Bescheidenheit wegen zu sein, wahrscheinlich haben Sie schon sehr tugendsame und geschonte Vorfahren gehabt, denen niemals Übermut ankam.«

12. Wetter:

Fragwürde, Tränungen – sucht Beethoven, glaubt in einer fremden Wohnung zu sein.
Das ausschließliche Licht, ein Gefunkel vor Augen.
Solch' Gesellschaftskutsche.
Aus dem Augenwinkel konnte ich sehen *wie es ihm die Finger hochriß*, als er sich beim Zuklappen der Wagentür an der Metalleinfassung *elektrisierte*, und wie die sanft verschwommene Silhouette seines Leibes gegen die Glastüren des Hoteleingangs zu taumeln schien.
Nämlich die Erscheinung daß; er habe jeglichen Ortssinn verloren.

13. Wetter:

Tafel-Bild; korpulentes Delirium; Schober macht eine Bemerkung über das Hellsehen.
»Der Raum spielt ja,« schreibt Franz Schubert an Hüttenbrenner, »eine große Rolle, in der Musik.«
»Ich habe mir nun wieder meinen Flügel in Ordnung bringen lassen – es fehlte auch einiges am Schwellwerk *die geübtere Hand usw.*«
»Schon seit Jahren überlege ich mir wie scheinbar kleine Teile und Nebensächlichkeiten eine unüberbietbare Verbindung aller Teile erst möglich machen so fruchtbar wie das undefinierbare Erdreich, mehr noch.«

14. Wetter:

Naturverwandlung, Blumenbrief – *vergißt sich fast das Spiel.*
Die frischen Hühner, Plundergebäck, ein zweiter Sommer in Zeléz. Gleisknoten, Tanzwut! Exzesse müssen sein! und schrullenhaft Kopfkraulen. Die zärtlichen Gehilfinnen, daß ihre Flanken, Flocken, Glühstrumpf –
an Schwind : »solche Spielgrafen. Es gibt solche Spielgrafen. Der Koch ziemlich locker, das Stubenmädchen sehr hübsch, oft meine Gesellschafterin (er habe sich aber damit nicht freuen können, vielmehr vor Sehnsucht geweint).«

15. Wetter:

an Schober : »hoffnungslose Umarmungen mit Th. G.!«
»ich habe mich also endlich zur Einsicht durchgerungen *daß sie mich nicht lieben kann!*, welches auch immer die Gründe sein möchten« –
»wenn meine Augen mich nicht im Stiche lassen, eine Phantasie zu vier Händen / ein Kind zu beruhigen.«
Eine Thermenstadt.

16. Wetter:

aber das Grasfieber, wie die Länge der Nacht –
harmonische Fundamente.
An Kupelwieser : »wie ein Bild das einen nicht mehr losläßt, so daß man es immerzu ansehen muß . .«
»ich habe im Adagio, einen Engel / «
»nach mancherlei Fährlichkeiten die Forelle endlich, in einer Moden-Zeitschrift abgedruckt« –
Lust zu schneeballen; Spaun und Hüttenbrenner suchen sich gegen die Schüsse zu schützen, mit aufgespanntem

Regendach. Während auf der Gasse Schwind, herrlich laufend, durch Mantel-Schwingen das Fliegen trefflich nachahmt.

17. Wetter:

Psyche! Zuspiel! Allewetter!
Die Schwestern Fröhlich, denen ein Horn, oder Zopf, ansitzt; gestirntes Behagen.
Korkzieherlocken, klugäugig, die Bäckchen gerouget, Anna Fröhlich: »*er saß da im Fenster* . .«
man debattiert über Magnetismus, *geöffneten Himmel, über das Schwimmen*, Juristerei; Lieblingsgarten *etwas brillant*.

18. Wetter:

»indem ein trübes Wetter«, so Schubert an Schober, »mich niederdrückt, übertreibend gesprochen. Nämlich *diese Engelsperson* mir die allerschlimmsten Schmerzen immerzu zufügen will.«
»Also, ein fortwährendes auf und ab.«
»Plattform / und vieles ist mir verdunkelt . .«
Aus dem Augenwinkel konnte ich sehen wie er, tonlos pfeifend, fingerschnipsend, in wiegendem Takte die Hotelhalle durchschritt, und, als wollte er sich auf mich zubewegen.
Am nächsten Morgen lief ich zu ihm hinauf um nachzusehen, und traf ihn noch im Bette, fest schlafend, die Augengläser auf dem Kopf, wie gewöhnlich. Seine Kleider wild und wirr verstreut, und auf dem Schreibtisch ein halb beschriebener Bogen Papier.

19. Wetter:

an Therese Grob : »dies kleine auslösende Element! : ich könnte Stunden dabei verbringen, und meine Erfahrungen erfühlen, für die ich sonst kein Gefäß habe sie zu bewahren oder zu hegen.«
»Auch sogar manchmal, die schwere Träne tief wie beglückt.«
»Verzeihen Sie wenn ich so aufgelöst Ihnen schreibe / aber die Kirschbäume . .«
»Ihrer Bitte (um Zueignung) entgegnend : wozu auch diese besondere Zueignung? : *ohnehin ist alles Ihnen gewidmet!*«

20. Wetter:

»hier, hier ist mein Ende.« (Schubert zu Bauernfeld)
Nun mußte man einmal aufhören weil alle Frauen weinten.

Wilhelm Rieder: Franz Schubert. Aquarell (1825)

Friedrich Nietzsche

Für Friedrich Nietzsche ist die Musik – in der Tradition der Romantik, aber auch in der Nachfolge Schopenhauers und Wagners – ein Medium, das näher am Sein, am eigentlichen Wesen der Welt und des Menschen, aber auch näher an seinen Gefühlen steht als andere Artikulationsformen. In ihr »vergißt« er, so der von Schopenhauer inspirierte Gedanke, zeitweilig seine vereinzelte, individuelle Existenz und überschreitet sie hin auf den »Genius der Gattung«. In dem Schubert behandelnden 155. Aphorismus aus der Sammlung »Der Wanderer und sein Schatten« von 1880, welcher dem zweiten Band von »Menschliches, Allzumenschliches« zugeschlagen wurde und in einer Reihe von Aphorismen über verschiedene Komponisten steht, siedelt Nietzsche Schubert näher am Ursprungsgrund der Musik und damit des eigentlichen Seins an als etwa Beethoven, von dem er wenig vorher (Nr. 152) gesagt hatte, er schaffe »Musik über Musik«, indem er wie eine Biene Töne und Melodien sammle, die er dem Volk ablausche. In einem etwa um die gleiche Zeit, nämlich im August 1879, entstandenen Nachlaßfragment greift Nietzsche zur Gegenüberstellung der beiden Komponisten auf Schillers Unterscheidung von naiver und sentimentalischer Dichtung zurück. Für Schiller ist der naive Dichter der, welcher aus der Erfahrung einer unmittelbaren Einheit (zwischen Mensch und Natur, Mensch und Gott, Mensch und Gemeinschaft) heraus schafft, während der sentimentalische dies aus der Erfahrung heraus tut, daß diese Einheit und Harmonie verloren sei. So ist die Poesie des sentimentalischen Dichters eine Poesie der Erinnerung und der Sehnsucht. Ganz entsprechend sagt Nietzsche von Beethoven, seine

Töne seien »verklärte Erinnerungen aus der ›besseren Welt‹«, während Schubert für ihn diese ›bessere Welt‹ unmittelbar ausdrückt.

Franz Schubert

Franz Schubert. – Franz Schubert, ein geringerer Artist als die andern grossen Musiker, hatte doch von Allen den grössten Erbreichthum an Musik. Er verschwendete ihn mit voller Hand und aus gütigem Herzen: sodass die Musiker noch ein paar Jahrhunderte an seinen Gedanken und Einfällen zu zehren haben werden. In seinen Werken haben wir einen Schatz von unverbrauchten Erfindungen; Andere werden ihre Grösse im Verbrauchen haben. – Dürfte man Beethoven den idealen Zuhörer eines Spielmannes nennen, so hätte Schubert darauf ein Anrecht, selber der ideale Spielmann zu heissen.

Schubert verhält sich zu Beethoven wie die naive Dichtung zur sentimentalischen. Schubertartige Musik ist der Gegenstand der Beethovenschen Musikempfindung.

Carl Spitteler

Der Schweizer Dichter und Essayist Carl Spitteler, der die Musik als seinen »Zuchtmeister« betrachtete, erinnert sich, daß er als Fünfzehnjähriger ein prägendes Erlebnis, ja geradezu ein Initiationserlebnis mit Schuberts Musik, wahrscheinlich der »Wanderer-Fantasie«, gehabt habe. Bisher habe er nur »pfuschende Dilettanten« und eigentlich keine echte Musik erlebt. »Dagegen jetzt! Unter einem nüchternen, nichtssagenden Namen (›C-Dur-Phantasie‹ von Schubert) was für eine ungeahnte, unverhoffte, berauschende Welt! Ein Zauberregen von himmlischen Tönen, daß mir vor Entzücken der Atem verging.« Der Aufsatz über »Schuberts Klaviersonaten« wurde von Spitteler zuerst im April 1888 in der Zeitschrift »Der Kunstwart« veröffentlicht und 1898 dann mit geringfügigen Änderungen in seine Sammlung »Lachende Wahrheiten« aufgenommen. – Wenn Spitteler Schubert in diesem Text »zwischen Blumen im Grase liegen« sieht, dann denkt er womöglich an Schuberts Lied vom »Wolkenmädchen« aus der Oper »Alfonso und Estrella« nach einem Text von Schober.

Schuberts Klaviersonaten

Zwei Vorurteile sind es, welche manchem die Schubertschen Klaviersonaten verleiden. Zunächst haben wir alle Schubert säuberlich als Liederkomponisten verzeichnet und fühlen uns demgemäß in unserem Ordnungssinn beleidigt, wenn der Sänger der Müllerlieder sich in Dinge mischt, die ihn nichts angehen. »Ich schätze und verehre Schubert ungemein, aber hauptsächlich in seinen

Liedern.« Ferner ist uns ein Gerücht zu Ohren gekommen, Schubert stände im schlechtesten Verhältnis mit der Sonatenform. »Ja, seine kleineren Klaviersachen, die mag ich ganz gern.« Vorurteile direkt zu bekämpfen, unternimmt kein Erfahrener. Ich will mich daher begnügen, indem ich die Vorzüge und Mängel oder, besser gesagt, die Eigentümlichkeiten der Schubertschen Sonaten beleuchte, meinerseits ohne Vorurteile zu Werke zu gehen.

Es braucht keine besondere Feinfühligkeit, um sofort einen durchgreifenden Unterschied zwischen den Schubertschen Sonaten und denjenigen der sogenannten Klassiker zu spüren. Hiermit ist jedoch nicht gegeben, daß die ersteren minderwertig seien; noch weniger darf man hieraus auf ihre Unregelmäßigkeit schließen. Statt in der vermeintlichen Unförmlichkeit liegt vielmehr ihr Hauptfehler, wenn überhaupt hier von Fehlern die Rede sein kann, in einer allzu steifen Förmlichkeit. Damit freilich Regelmäßigkeit in Steifheit ausarte, bedarf es besonderer ungünstiger Bedingungen. Diese Bedingungen erblicke ich zunächst in der Selbständigkeit und Ausführlichkeit der Themen, namentlich des ersten unter ihnen. Während die sogenannten Klassiker der Sonate das erste Thema, um es bequem handhaben zu können, möglichst kurz fassen, während wohl gar der eine oder der andere sich mit einer an sich ganz unbedeutenden rhythmischen Partikel für das Thema begnügt, hebt Schubert gleich mit einer wunderbaren, in jeder Beziehung vollendeten musikalischen Phrase an, welche durchschnittlich ein klassisches Thema um das Dreifache, wenn nicht das Sechsfache an Länge überragt. Und ähnlich geht es durch den ganzen ersten Teil weiter. An eine Multiplikation durch thematische Verarbeitung ist unter solchen Umständen natürlich nicht zu denken.

Schubert beschränkt sich denn auch auf die Addition; allein selbst dann noch ergibt sich unvermeidlich die berüchtigte ›himmlische Länge‹, nicht etwa, weil Schubert willkürlich oder episodisch zu Werke ginge, was durchaus nicht der Fall ist, sondern weil drei Themen, die an sich um das Doppelte zu lang sind, um das Dutzendfache zu lang werden, wenn man jedes von ihnen regelrecht mehrmals wiederholt.

Die Ausführlichkeit der Themen beeinflußt übrigens den Bau der Sonate noch in weit empfindlicherer Weise auf anderem Wege als durch die bloße Ausdehnung. Indem nämlich Schubert gleich von Anfang an fertige, abgerundete Perioden bildet, erreicht er zwar zunächst einen großen Vorteil gegenüber den Klassikern, büßt jedoch später, bei der letzten Wiederholung, wo es gilt, gleichzeitig durch Proportion und durch Überraschungen zu entzücken, viel mehr ein, als er anfänglich gewonnen hatte. Denn die von Anbeginn wunderbar vollendeten Perioden können gegen den Schluß hin nicht mehr übertrumpft werden – man verzeihe mir diesen niedrigen, aber bezeichnenden Ausdruck –; sie sind bei der Wiederholung bloß unansehnlicher Veränderungen, keiner durchschlagenden, überraschenden Neuerungen mehr fähig. Deshalb verspürt der Hörer, nachdem er über das Mittelstück hinausgelangt ist und nun den ganzen ersten Teil schonungslos in der ursprünglichen Gestalt zurückerwarten muß, Ungeduld oder, mit einem andern Wort, Langeweile. Als unvermeidliche Folge derselben Ursachen ergibt sich ferner die kompositorische Vernachlässigung der thematischen Ausarbeitung nach dem Wiederholungszeichen des ersten Satzes, also der Kardinalstelle der Sonate. Hier weicht Schubert der Aufgabe einfach aus. Zwar bedeutet auch bei ihm noch jene Stelle den Mittelpunkt der Schönheit, nicht aber den

Mittelpunkt der Spannung. Gibt es überhaupt in den Schubertschen Sonaten eine Spannung? Im einzelnen ja, doch im allgemeinen schwerlich. Die Riesenproportionen verhindern die Übersicht und stumpfen das Ortsbewußtsein ab, um so mehr als noch zwei andere Umstände den Hörer desorientieren: die gleichmäßige Süßigkeit der Haupt- und Nebenmotive und der Mangel an Tempo. Schubert besitzt eine Stärke wie außer Beethoven kein anderer, aber wenig Temperament; er schlenkert gerne, schläft auch wohl mitten in einem seiner sogenannten Allegro ein, um zu träumen.

Weit unbedenklicher als die Regelmäßigkeiten erscheinen mir die Freiheiten Schuberts. Wenn er zum Beispiel auf einen Satz in B einen zweiten in cis-Moll und vielleicht einen dritten in c-Moll folgen läßt, so scheint mir der Schaden gering, dagegen der Gewinn, nämlich die prachtvolle Färbung, unersetzlich. Ich komme daher nochmals auf meinen Hauptsatz zurück: Nicht Willkür, sondern übel angebrachte Gewissenhaftigkeit ist das Merkmal der Schubertschen Sonaten in formeller Hinsicht. Schubert möchte mittels Blumen einen Riesenbau geometrisch genau herstellen; zu diesem Ende steckt er Lineale durch die Girlanden, mißt die Sträuße mit dem Winkelmaß und heftet die Kränze mit Bolzen zu viereckigen Figuren fest. »Warum also durchaus die Sonatenform wählen?« Weil die Sonatenform besondere, vornehme Schönheiten veranlaßt, für welche außerhalb derselben nirgends ein Zweck und eine Stelle in der Welt ist. Schubert aber verspürte Lust und Kraft nach jenen besonderen, vornehmen Schönheiten, und darum hatte er trotz allem recht, die Sonatenform zu wählen.

Es kostet mich keine geringe Überwindung, nicht aus dem Umfang ins Innere zu steigen und nach der Form das Wesen, nämlich die musikalischen Eigentümlichkeiten der einzelnen Gruppen, zu schildern. Allein das Maß eines Aufsatzes ist leider noch unerbittlicher als dasjenige einer Sonate, und ich darf mir nicht meinerseits himmlische Länge erlauben. Eines aber schulde ich jedenfalls meinem Thema und meinem Leser: die Hinweisung auf die unbestreitbaren, strahlenden, unvergleichlichen und unglaublichen Vorzüge. Diese sind nach beiden entgegengesetzten Richtungen in verschwenderischer Fülle zu finden, nach der Richtung der Kraft sowohl als der Zartheit.

Wenn wir Schubert zwischen Blumen im Grase liegen sehen – und dies ist seine gewöhnliche Stellung –, sind wir geneigt, ihn als harmlosen Schäfer und Schläfer zu betrachten. Steht er aber einmal auf, so erstaunen wir über seinen Riesenwuchs, über die Majestät seiner Bewegungen, über die herkulische Kraft seiner Leistungen. Stahlscharf schneidende Dissonanzen, darunter namentlich Sekundenintervalle, sind seine Lust; mit Behagen wetzt er die Sforzatoschläge in Gegenbewegung, Synkopen sind ihm ein Festschmaus. Er bedarf pompöser Oktaven, um seines Lebens froh zu werden; kann er diese nicht als feurigen Pegasus gebrauchen, so müssen sie ihm wenigstens zum holperigen Steckenpferd dienen; sie zu entbehren vermag er nie. Über alles herrlich sind seine enharmonischen Modulationen und chromatischen Koloraturen; die hämmert er zu festem Metall, daß eherne Blitze hervorsprühen: zum Beispiel A-Dur (postum) [D 664], erster Satz, erster Teil nach der Kantilene, eine thematische Kette, welche, beiläufig gesagt, jeder andere Komponist in das Mittelstück würde verlegt haben. Der titanische Zorn der leidenschaftlichen Sextengänge im Opus 143 [D 784] (erster Satz, Themagruppe) und wiederum die königliche Vornehmheit des Rhythmus in den Übergängen des letzten Satzes der c-Moll-Sonate [D 958], zum Beispiel aus dem es-Moll- in das Es-Dur-Stück, würden für sich allein hinreichen, um Schubert als den nächsten Verwandten Beethovens erkennen zu lassen.

Hinsichtlich des Schmelzes spotten Schuberts Sonaten nicht bloß der Vergleichung, sondern sogar der Ahnung. Da ereignen sich Zauberkünste und Halblichteffekte, vor deren Zartheit die Phantasie den Atem zurückhält. Hierbei denke ich an hunderterlei Stellen; am wenigsten an die kurzen, mitunter etwas überladenen und gequetschten Liedweisen der Andante, am meisten an die Mittelstücke der ersten Sätze. Takte wie das d-Moll-Motiv in der Ausweichung der postumen B-Dur-Sonate [D 960] (erster Satz) oder die C-Dur-Gruppe des Andante in Opus 147 [D 575] oder das Pianissimo von as-Moll bis e-Moll im Scherzo von Opus 42 [D 845], vor allem aber die ganze große Mittelpartie (C-Dur und so weiter) im ersten Satz der A-Dur-Sonate (postum) müssen selbst dem nüchternen Verstande als Grüße aus dem Paradiese gelten. Da schmilzt jeder Ton zu schlackenloser Schönheit, da ›riecht‹ es nicht bloß ›nach Musik‹, es duftet danach. Das ist das reine, stille Seelenglück, in Musik umgesetzt; mit einem Nerv im tiefsten Innern, durch welchen wehmütige kosmische Ahnungen zittern.

Und dergleichen hätte Schubert unterdrücken sollen? Sämtliche Sünden Schuberts gegen die Form laufen schließlich auf eine glorreiche Tugend hinaus: den unaufhaltsamen Strom seiner himmlischen Inspirationen. Ehe er nur zur Arbeit schritt, stand schon ein Motiv von überirdischer Schönheit vor seinen Blicken. Vergebens raunte ihm die Vernunft zu, es zu ermorden, umsonst zückte sein Wille den Stahl; das Mädchen flehte ihn an aus seinen wunderbaren Augen, und er tat, wie der Jäger mit dem Schneewittchen getan: er ließ es leben, »weil es so schön war«.

Ein Prophet Samuel mag ihn dafür verdammen; ich bin nicht Samuel.

Theodor W. Adorno

In seinem im Schubert-Gedenkjahr 1928 verfaßten und in den »Moments musicaux« von 1964 (einer repräsentativen Sammlung von Aufsätzen zur Musik – man beachte den Schubertschen Titel) wieder abgedruckten Aufsatz über Schubert gab Adorno – dem der Instrumentalist Schubert wichtiger ist als der Liederkomponist – der »ärmsten Sentimentalität im Dreimäderlhaus« ebenso ihr Recht wie dem Weinen »aus erschüttertem Leib«, denn Schuberts Musik spricht ihm von der »qualitativen Veränderung« des modernen Menschen.

Schubert

> Tout le corps inutile était envahi par la transparence. Peu à peu le corps se fit lumière. Le sang rayon. Les membres dans un geste incompréhensible se figèrent. Et l'homme ne fut plus qu'un signe entre les constellations.
>
> *Louis Aragon*

Wer die Schwelle zwischen den Todesjahren Beethovens und Schuberts überschreitet, den ergreift ein Schauer, wie ihn ähnlich empfinden mag einer, der aus rollendem, aufgestülptem, erkaltendem Krater ins schmerzhaft feine und weiß behangene Licht kommt und vor den Lavafiguren der schutzlos gebreiteten Höhe dunkler Pflanzengespinste gewahr wird, um endlich, nah dem Berg schon und dennoch weit über seinem Haupte, die ewigen Wolken in ihrer Bahn zu erkennen. Aus dem Abgrund betritt er die Landschaft, die jenen umgibt und seine bodenlose Tiefe einzig sichtbar macht, indem sie sie mit der gewaltigen Stille ihrer Lineatur umzieht und in Bereitschaft das Licht empfängt, dem blind zuvor die glühende Masse entgegenschlug. Mag immer Schuberts Musik nicht in sich selber die Macht des tätigen Willens enthalten, der vom Schwerpunkt der Beethovenschen Natur sich erhebt: die Schlünde und Schächte, die sie durchfurchen, leiten in die gleiche chthonische Tiefe, in der jener Wille seinen Ursprung hat, und machen ihr dämonisches Bild offenkundig, das die Tat der praktischen Vernunft je und je wieder zu meistern vermochte; die Sterne aber, die ihr sichtbar leuchten, sind die gleichen, nach deren unerreichbarem Schein die eifernde Hand griff. So muß strengen Sinnes von Schuberts Landschaft die Rede sein. Nichts könnte gründlicher die Gehalte seiner Musik verfälschen, als der Versuch, ihn, da er sich schon einmal nicht wie Beethoven aus spontaner Einheit der Person verstehen läßt, als Persönlichkeit zu konstruieren, deren Idee, ein virtuelles Zentrum, die disparaten Züge ordnete. Je weiter vielmehr von solchem innermenschlichen Bezugspunkt die Züge der Schubertschen Musik sich entfernen, um so besser bewähren sie sich als Zeichen einer Intention, die allein sich durchsetzt über den Bruchstücken der trügenden Totalität des Menschen, wie er als selbstbestimmter Geist von sich aus bestehen möchte. Jeglicher idealistischen Synopsis ebensowohl wie der vorschnellen phänomenologischen Erforschung von »Sinneinheit« enthoben, geschlossenes System so wenig wie zweckvoll wachsende Blume, gibt Schuberts Musik den Schauplatz des Miteinander von Wahrheitscharakteren ab, die sie nicht erzeugt, sondern empfängt und die nur empfangen von Menschen ausgesagt werden können. Es ist das freilich nicht so zu denken, als sei der Anteil des personellen Komponierens in Schuberts Musik rundweg getilgt, und so sehr die landläufige Vorstellung die Realität verfehlt, Schubert habe, Lyriker seiner selbst, umstandslos und ohne Zäsur ausgedrückt, was er als psychologisch bestimmtes Wesen gerade eben fühlte, so irrig wäre eine Auffassung, die den Menschen Schubert aus seiner Musik streichen möchte und ihn, nach dem Muster der Bruckner-Phraseologie, zum Gefäß göttlicher Eingebungen oder vollends Offenbarungen machen; wie denn die Rede von künstlerischer Intuition, aus schlechter psychologischer Deutung des Produktionsprozesses und wahlloser Metaphysik des fertigen Gebildes trüb gemischt, die Einsicht in Kunst stets nur versperrt. Beide Vorstellungen sind identisch eigentlich, obschon sie an der Oberfläche heftig kontrastieren, und mit der einen entfällt zugleich die andere. Beide wurzeln in einem falschen Begriff vom Lyrischen, das sie, der frevelnden Überhöhung von Kunst im neunzehnten Jahrhundert getreu, für Wirkliches nehmen; für Teilstück des wirklichen Menschen oder Splitter transzendenter Wirklichkeit, während als Kunst auch Lyrisches Bild des Wirklichen bleibt, bloß darin von anderen Bildern unterschieden, daß sein Erscheinen mit dem Einbruch des Wirklichen selber in seiner Möglichkeit verknüpft ist. Damit wird der Anteil des Subjektiven und Objektiven am Lyrischen, das Schuberts Landschaft ausmacht, neu bestimmt. Die lyrischen Gehalte werden nicht erzeugt: es sind die kleinsten Zellen der seienden Objektivität, als deren Bilder sie stehen, nachdem die großen Formen objektiven Bestandes in ihrem autoritären Recht längst verfielen. Diese Bilder indessen fallen nicht in die Seele des lyrisch geöffneten Menschen ein wie Strahlen ins Pflanzengewebe: nirgends sind Kunstwerke Geschöpfe. Sie werden vielmehr vom Menschen gleich Schießscheiben getroffen: wird die richtige Nummer erreicht, so schlagen sie um und lassen das Wirkliche selber durchscheinen. Die Kraft, die sie trifft, ist menschlich, nicht künstlerisch: Gefühl des Menschen bewegt sie. Nicht anders ist die Indifferenz des Subjektiven und Objektiven im lyrischen Gebilde zu begreifen. Nicht bildet der Lyriker im Gebilde unvermittelt sein Gefühl ab, sondern sein Gefühl ist das Mittel, Wahrheit in ihrer unvergleichlich kleinen Kristallisation ins Gebilde zu ziehen. Nicht fällt Wahrheit selber ins Gebilde, sondern stellt sich dar in ihm, und die Enthüllung ihres Bildes bleibt Werk des Menschen. Der Bildner enthüllt das Bild. Das Bild von Wahrheit aber steht allemal in Geschichte. Die Geschichte des Bildes ist sein Zerfall: Zerfall des Scheines von Wahrheit all der Gehalte, die es von sich aus meint, und Aufdeckung seiner Transparenz zu den Wahrheitsgehalten, die mit ihm gemeint sind und rein erst in seinem Zerfall hervortreten. Der Zerfall des lyrischen Gebildes nun ist der Zerfall seines subjektiven Gehaltes zumal. Die subjektiven Gehalte des lyrischen Kunstwerkes sind durchaus nur seine Stoffgehalte. Mit ihnen werden die abgebildeten Wahrheitsgehalte getroffen bloß; zwischen beiden die Einheit gehört der geschichtlichen Stunde und löst sich auf. So sind denn bleibend an lyrischen Gebilden nicht, wie naturgläubige Statik es will, konstante menschliche Grundgefühle, sondern jene objektiven Charaktere, an die im Ursprung des Kunstwerks jeweils jene Gefühle, die vergänglich sind, rührten; die subjektiv vermeinten und reproduzierten Gehalte indessen haben das gleiche Schicksal wie nur die großen materialbestimmten Formen, die die Zeit erweicht. Der dialektische Aufprall beider Mächte: der Formen, die in trügender Ewigkeit aus den Sternen abgelesen werden, und der Stoffe der Bewußtseinsimmanenz, die als unableitbare Gegebenheiten schlechthin sich setzen, zertrümmert beide und mit ihnen die vorläufige Einheit des Werkes: eröffnet das Werk als Schauplatz ihrer Vergänglichkeit und legt endlich frei, was an Bildern der Wahrheit zur brüchigen Decke des Kunstwerks sich erhob. Heute erst ist der Landschaftscharakter von Schuberts Musik evident geworden, wie heute erst das Lot die luziferische Senkrechte der Beethovenschen Dynamik ermessen kann. Die dialektische Befreiung der eigentlichen Gehalte Schuberts vollzieht sich nach der Romantik, der er selber kaum jemals blank zurechnet. Sie hat sein Werk als Zeichensprache des subjektiv Vermeinten gelesen, das Problem seiner Form in banaler Kritik unterdrückt; die psychologischen Mitteilungen, die sie aus ihm zog, hat sie dynamisch überboten und so schnell erschöpft, wie sich nur die schlechte Unendlichkeit erschöpfen läßt. Doch ließ sie als besseren Teil des Werkes dessen Rest zurück, und die Hohlräume der ausgebrochenen Subjektivität darin, die Sprünge der poetischen Oberfläche erfüllen sich sichtbar mit dem Metall, das unter den faßlichen Aussagen des Seelenlebens vordem sich verkapselt hatte. Zum Zeugnis des Untergangs der bewegenden Subjektivität im Wahrheitscharakter des Werkes steht die Verwandlung des Menschen Schubert in jenen abscheulichen Gegenstand kleinbürgerlicher Sentimentalität, dessen literarische Formel zwar Rudolf Hans Bartsch in der Figur des Schwammerl gefunden hat, die aber geheim das heutige Schubert-Schrifttum aus Österreich insgesamt beherrscht; und vollends als Schlußstück aller romantischen Schubert-Imagination deren Vernichtung im Dreimäderlhaus. Denn so klein muß ja wohl der Mensch werden, um nicht länger die Perspektive zu verstellen, die er aufgetan hat und aus deren Bannkreis er doch nicht ganz vertrieben werden darf, sondern die er als geringste Staffage am Rande beleben muß; und wieder stimmt die Gestalt jenes unstimmigen Schubert, der, ein Gelächter für Ladenmädchen unter ihresgleichen und selber ein Stück ihresgleichen, in erotischer Hilflosigkeit sich ergeht, wahrhaft besser zum genuinen Bilde seiner Musik als der vormärzliche Träumer, der immerzu am Bächlein sitzt, das er rauschen hört. Mit großem Recht auch schließt das Dreimäderlhaus an Schubert, nicht an Mozart oder Beethoven an, und die sozial determinierte Affinität des Biedermeiers zu Genrepostkarten, die den Impuls jeglicher Verkitschung Schuberts entbindet, weist sich im Werke selber aus als Fortbestand des Vereinzelten, wie es die Schubertsche Landschaft besetzt. Mag selbst der Bestand der Schubertschen Form enden, während die Beethovensche und Mozartsche unzerbrochen stumm dauert – worüber freilich, ehe nach jener Form die Frage nur ernstlich gestellt wurde, nicht entschieden werden darf –, die wirre, banale, quere und sozial der bestehenden Ordnung höchst inadäquate Welt der Potpourris garantiert seinen Themen ein zweites Leben. Im Potpourri rücken die Züge des Werkes, die mit dem Untergang der subjektiven Einheit in ihm zerstreut sind, zu einer neuen Einheit zusammen, die zwar als solche nicht sich zu legitimieren vermag, die aber einzig die Unvergleichlichkeit der Züge erweist, indem sie sie unvermittelt konfrontiert. Der Fortbestand des Themas als Thema wird vom Potpourri garantiert, das Thema an Thema fügt, ohne aus einem verändernde Konsequenzen ziehen zu müssen. Kein Thema, das vergangen wäre, könnte solche abgesetzte Nachbarschaft eines anderen ertragen; furchtbar liegt Totenstarre über den Opernpotpourris des neunzehnten Jahrhunderts. Bei Schubert aber drängen sich die Themen, ohne zur medusischen Figur zu gerinnen. Dennoch legt erst ihre blindlings unternommene Sammlung den Weg frei zu ihrem Ursprung und zugleich rückwärts den Zugang zur Schubertschen Form. Denn als die Zusammenlegspiele der Musik wollen Potpourris auf gut Glück die verlorene Einheit von Kunstwerken wiederfinden. Nur dann ist ihnen Chance zu geben, wenn jene Einheit nicht selber eine subjektiv erzeugte war, die im Glücksspiel nimmer sich heimbringen ließe, sondern wenn sie aus der Konfiguration der getroffenen Bilder aufstieg. Damit scheint nun allerdings einer Schubertauffassung umständlich das Wort geredet, wie sie herkömmlich und in ihrer Meinung vom Lyrischen falsch ist: jener nämlich, die Schuberts Musik als pflanzenhaft sich entfaltendes Wesen sieht, das ohne Rücksicht auf jede vorgedachte Form und aller Form vielleicht bar aus sich heraus wächst und erquickend blüht. Allein es ist mit der Konstruktion aus dem Potpourri gerade jene organologische Theorie strikt verneint. Solche organische Einheit wäre notwendig teleologisch: jede Zelle in ihr machte die nächste notwendig, und ihr Zusammenhang wäre das bewegende Leben der subjektiven Intention, das erstarb und dessen Restitution gewiß nicht im Sinne des Potpourris gelegen ist. Wagners Musik, nach dem Bilde des Organischen errichtet, läßt wesentlich das Potpourri nicht zu; wohl aber die von Weber und Bizet, die Schubert tatsächlich verwandt sind. Die Zellen, die das Potpourri zusammenschichtet, müssen nach anderem Gesetz ineinander verwoben gewesen sein als dem der Einheit von Lebendigem. Zugestanden selbst, es sei vergleichsweise Schuberts Musik überall mehr gewachsen als gemacht: ihr Wuchs, bruchstückhaft durchaus und niemals sich selbst genügend, ist vegetabilisch nicht, sondern kristallinisch.

Indem der bewahrende Übergang zum Potpourri die ursprüngliche konfigurative Vereinzelung der Schubertschen Züge und damit den konstitutiv fragmentarischen Charakter seiner Musik bestätigt, klärt er vollends die Schubertsche Landschaft auf. Kein Zufall darf darin gesehen werden, daß im neunzehnten Jahrhundert das Potpourri zur gleichen Zeit als Surrogat musikalischer Form aufkam, zu der die Miniaturlandschaft als bürgerliches Gebrauchsobjekt jeglicher Art bis zur Ansichtskarte sich bildete. Alle jene Landschaftsintentionen konvergieren in dem Motiv, plötzlich aus Geschichte aufzuspringen, um sie wie mit einem Scherenschlag abzuschneiden. Sie haben ihr Schicksal fernerhin in Geschichte, aber allein als deren Schauplatz: niemals ist Geschichte ihr Gegenstand. In ihnen bildet die Idee einer zeitlosen mythischen Realität dämonisch depraviert sich ab. So sind auch Potpourris ohne Zeit in sich. Die vollständige Vertauschbarkeit alles thematisch Einzelnen dort zeigt an die Gleichzeitigkeit aller Ereignisse, die ohne Geschichte aneinanderrücken. Aus jener Gleichzeitigkeit läßt sich die Kontur der Schubertschen Landschaft ablesen, die sie infernalisch widerspiegelt. Jede wahrhaft legitime Depravation ästhetischer Gehalte wird inauguriert von Kunstwerken, in denen die Enthüllung des Bildes so weit gelungen ist, daß die durchscheinende Macht von Wahrheit im Bilde sich nicht mehr bescheidet, sondern ins Wirkliche eindringt. Jene Transparenz, für die das Kunstwerk mit seinem Leben zu zahlen hat, eignet den Kristallen der Schubertschen Landschaft. Dort ruhen ungeschieden Schicksal und Versöhnung beieinander; ihre zweideutige Ewigkeit wird vom Potpourri zerschlagen, damit sie erkannt werden kann. Es ist die Landschaft des Todes zuvor. So wenig Geschichte zwischen dem Eintreten eines Schubertschen Themas und einem zweiten konstitutiv waltet, so wenig ist Leben intentionales Objekt seiner Musik. Dem Problem der Hermeneutik nun, das Schubert unabweisbar stellt, wurde bislang allein in der Polemik wider den romantischen Psychologismus und nicht in der geforderten Schärfe nachgegangen. Die Kritik aller musikalischen Hermeneutik vernichtet zu Recht jegliche Deutung von Musik als poetischer Reproduktion psychischer Gehalte. Nicht aber ist sie legitimiert, den Bezug auf die getroffenen objektiven Wahrheitscharaktere zu eliminieren und die schlechte subjektivistische Betrachtung von Kunst durch den Glauben an deren blinde Immanenz zu ersetzen. Keine Kunst hat sich selbst zum Gegenstand; nur tritt ihr symbolisch Gemeintes nicht in abstrakter Sonderung von seiner materialen Konkretion auf. Es ist in seinem Ursprung unabtrennbar an jene gebunden, um sich mit Geschichte erst von ihr abzuscheiden. In Geschichte entsteigen wechselnde Gehalte dem Werk, und allein das verstummte Werk besteht für sich selber. Wenn Schuberts Werk, in Depravationen heute noch beredter als irgend andere seines Zeitalters, nicht zu versteinen brauchte, so darum gerade, weil es sein Leben nicht der vergänglichen subjektiven Dynamik in konformer Abbildung verdankt. Zu seinem Ursprung ist es das unorganische, sprunghafte, brüchige Leben von Steinen bereits, und zu tief ist ihm der Tod eingesenkt, als daß es den Tod zu fürchten hätte. Keinesfalls ist da an die psychologischen Reflexe, die Todeserlebnisse zu denken, und die zahllosen Anekdoten, die von Todesahnungen des Menschen Schubert berichtet werden, haben kaum anderen Wert als den von schwachen Zeichen. Höher schon ist die Wahl der Texte einzuschätzen, deren Kraft die Schubertsche Landschaft in Bewegung bringt, mag sie auch rasch genug unter ihrer Masse verschüttet werden. Besonders ist daran zu erinnern, daß die beiden großen Zyklen an Gedichte anknüpfen, in denen stets wieder die Bilder des Todes vor den Menschen sich stellen, der so klein zwischen ihnen wandert wie nur Schubert im Dreimäderlhaus. Bach, Mühle und schwarze winterliche Einöde, im Zwielicht der Nebensonnen ohne Zeit wie im Traum sich erstreckend, sind die Zeichen der Schubertschen Landschaft, trockene Blumen ihr trauriger Schmuck; die objektiven Todessymbole lösen sie aus, und ihr Gefühl kehrt in die objektiven Todessymbole zurück. So ist die Schubertsche Dialektik geartet: sie saugt die verbleichenden Bilder der seienden Objektivität mit der Macht subjektiver Innerlichkeit an, um sie in den kleinsten Zellen der musikalischen Konkretion wiederzufinden. Das allegorische Bild vom Tod und dem Mädchen geht unter in ihr; aber nicht um sich im Gefühl des Individuums zu lösen, sondern um nach seinem Untergang aus der musikalischen Gestalt der Trauer gerettet sich zu erheben. Sie ist damit freilich qualitativ verändert. Aber erst im kleinsten glückt die Veränderung. Im großen herrscht der Tod. Allein der zyklische Charakter der Disposition der beiden Liederreihen vermöchte es zu erweisen: denn der kreislaufhafte Umgang der Lieder ist der zeitlose zwischen Geburt und Tod, wie blinde Natur ihn diktiert. Der ihn durchmißt, ist der Wanderer. Niemals wurde die Kategorie des Wanderers in ihrer bestimmenden Dignität für die Struktur des Schubertschen Werkes erörtert; während sie doch um so tiefer in Schuberts mythischen Gehalt Einsicht eröffnet, als sie von der handgreiflichen Symbolik Wagners sich gänzlich fernhält und wahr in sich begreift, was dort scheinhaft zitiert wird. Wenn die Psychoanalyse Reise und Wanderschaft für die objektive Todessymbolik als archaisches Residuum beschlagnahmt, so sind beide in der Landschaft des Todes füglich zu suchen. Der exzentrische Bau jener Landschaft, darin jeder Punkt dem Mittelpunkt gleich nah liegt, offenbart sich dem Wanderer, der sie durchkreist, ohne fortzuschreiten: alle Entwicklung ist ihr vollkommenes Widerspiel, der erste Schritt liegt so nahe beim Tod wie der letzte, und kreisend werden die dissoziierten Punkte der Landschaft abgesucht, nicht sie selber verlassen. Denn Schuberts Themen wandern nicht anders als der Müller oder der, den im Winter die Geliebte verließ. Nicht Geschichte kennen sie, sondern perspektivische Umgehung: aller Wechsel an ihnen ist Wechsel des Lichtes. Es erklärt sich damit Schuberts Neigung, das gleiche Thema zwei-, dreimal in verschiedenen Werken, und verschieden, zu exponieren; am denkwürdigsten wohl in der Wiederholung jener unvergangenen Melodie, die als Thema von Klaviervariationen, als Variationenthema im a-moll-Quartett und in der Rosamunde-Musik steht. Töricht, jene Wiederkehr aus der Unersättlichkeit des Musikanten zu erklären, der doch bei seinem bis zum Überdruß ausgeschrienen Melodienreichtum hundert andere Themen hätte finden können; dem Wandernden allein begegnen unverändert, aber anderen Lichtes die gleichen Partien wieder, die ohne Zeit sind und unverbunden vereinzelt sich darstellen. Dies Schema befaßt nicht bloß die wiederholte Anwendung des gleichen Themas in verschiedenen Stücken, sondern wesentlich die Konstitution der Schubertschen Formen in sich. In ihnen auch bleiben die Themen ohne dialektische Geschichte; und wenn Schuberts Variationenwerke nirgends, wie Beethovens, das Gefüge des Themas angreifen, sondern es umspielen und umgehen, so ist zumal dort die kreisende Wanderschaft Schuberts Form, wo ihr nicht ein vordergründig zugängliches Zentrum gegeben ward, nein, wo dies Zentrum allein in der Kraft sich kundtut, alles, was erscheint, auf sich hin zu richten. Derart sind sowohl die Impromptus und Moments musicaux, als auch vollends die Werke in Sonatenform gefügt. Nicht allein die gründende Negation aller thematisch-dialektischen Entwicklung stellen sie disparat zur Beethovenschen Sonate, sondern ebensowohl auch die Wiederholbarkeit unveränderter Charaktere. Daß in der ersten a-moll-Sonate etwa zwei Einfälle den Satz anlegen, die nicht als erstes und zweites Thema gegeneinander stehen, vielmehr beide in der ersten sowohl wie in der zweiten Themengruppe enthalten sind, ist nicht einer motivischen Ökonomie zuzuschreiben, die um der Einheit willen haushält mit dem Material, sondern der Wiederkehr des Gleichen in der ausgebreiteten Vielfalt. Man kann hier den Ursprung jenes Begriffes von Stimmung aufsuchen, wie er für die Kunst des neunzehnten Jahrhunderts und die Landschaftsmalerei zumal seine Geltung behielt: Stimmung ist, was wechselt an dem, was zeitlos sich selber gleichbleibt, ohne daß Wechsel Macht hätte darüber. Es bedarf allein der Lockerung dessen, was gleich bleibt, um Stimmung alsogleich in Schein zu verwandeln. Darum haftet die Echtheit von Schuberts perspektivischen Stimmungen unabtrennbar an der Echtheit des identischen Gehaltes, den sie umkreisen; und wenn sie dem Verfall von Stimmungskunst entrannen, haben sie es den getroffenen Charakteren selber zu verdanken. Wiederholbar ist das ansichseiende Einzelne, nie das subjektiv Erzeugte, das in Zeit notwendig verläuft. Nicht die Wiederholungen als solche sind es, die die Formen Schumanns und Wagners gefährden, sondern bloß die Wiederholung von Unwiederholbarem, das allein an jenem Ort der Form sein Recht hat, wo es der innerzeitlichen subjektiven Dynamik entsteigt. Anders bei Schubert. Seine Themen sind Erscheinungen von Wahrheitscharakteren, und das Vermögen des Künstlers ist darauf beschränkt, ihr Bild mit Gefühl zu treffen, und nachdem es einmal erschienen, es wieder und wieder zu zitieren. Kein Zitat aber geschieht zur gleichen Zeit, und darum wechselt die Stimmung. Schuberts Formen sind Formen der Beschwörung des einmal Erschienenen, nicht der Verwandlung des Erfundenen. Dies gründende Apriori hat die Sonate vollständig ergriffen. Da treten anstelle von entwickelnden Vermittlungssätzen harmonische Rükkungen als Umbelichtungen und führen in ein neues Landschaftsbereich, das in sich so wenig Entwicklung kennt wie der vorige Teil; da wird in Durchführungen verzichtet, die Themen motivisch zu zergliedern, um aus ihren kleinsten Teilen den dynamischen Funken zu schlagen, sondern die unabänderlichen Themen werden fortschreitend enthüllt; da werden rückschauend Themen wieder aufgenommen, die durchmessen, nicht aber vergangen sind; und über allem liegt gleich einer dünnen knisternden Hülle die Sonate, die die wachsenden Kristalle überzieht, um bald zu zerbrechen. Eine wahrhafte Formanalyse Schuberts, wie sie bislang noch nicht in Angriff genommen wurde, wie sie aber programmatisch völlig klar steht, hätte vor allem der Dialektik nachzugehen, die zwischen dem vorgesetzten Sonatenschema und Schuberts zweiter, kristallinischer Form waltet und jene Form erst ergibt, indem sich der Einfall über die trügende Dynamik der Sonate hinaus zu behaupten und zu bekräftigen hat; nichts könnte die Themen mehr stärken als der immanente Zwang, eine Form zu beherrschen, die sie von sich aus als Themen nicht dulden möchte. Der fundierende Unterschied von Einfall und Erfindung, der nicht mit der Mainlinie zwischen Gnade und Willen gezogen werden darf, sondern beide mitten durchschneidet, ist mit Schubert exemplarisch fixiert. Zu den Formobjektivitäten nämlich verhalten sich beide gleichermaßen dialektisch. Erfindung durchdringt mit konstruktiver Macht deren Sein vom Subjekt aus und löst es auf in der Behauptung der Person, die die Form frei nochmals aus sich heraus erzeugt; Einfall sprengt sie durch Dissoziation, indem er ihre konstitutive Würde, die im großen verging, im kleinsten Rest bewahrt, wo sie mit der subjektiven Intention kommuniziert. Erfindung baut in den Dimensionen der unendlichen Aufgabe und trachtet Totalität zu errichten; Einfall zeichnet die Figuren der Wahrheit ab und wird belohnt durchs endliche Gelingen im kleinsten. Das erst legt die Rede vom getroffenen Bild ganz klar. Es ist getroffen zugleich wie jene Schießscheibe vom Schützen und wie das Wirkliche vom Abbild; wie eine Photographie »gut getroffen« ist, wenn sie einer Person ähnelt, so gut getroffen sind die Schubertschen Einfälle nach ihrem unvergänglichen Vorbild, von dessen Ewigkeit sie oft genug die Spuren noch bewahren, als seien sie selbst stets schon dagewesen und nur aufgedeckt; zugleich aber hat in ihnen der Mensch den Einbruch in die Region der Wahrheit so sicher vollzogen wie nur ein Schütze mit scharfen Augen. Beides Getroffensein geschieht im Augenblick, blitzhaft erhellt, nicht in der ausgebreiteten Zeit; ihr kleinstes Teil steht als Signal ihrer Aufhebung selber. Zum Zeichen des Getroffenseins; Loch im Vordergrund der Form, auf die gezielt ward, und zugleich durchscheinend zur unerreichbaren wahren Form sind Schuberts Themen asymmetrisch, in frühem Hohn auf die Architektur der Tonalität. In ihrer Unregelmäßigkeit setzt die Autonomie des getroffenen Bildes über dem abstrakten Willen zur puren Formimmanenz sich durch; ins Gefüge der subjektiven Intentionen und ihrer geschichtlich gesetzten Stilkorrelate jedoch legt sie rechtmäßig Brüche: so muß das Werk Fragment bleiben. Am Schubertschen Finale erweist sich der fragmentarische Charakter seiner Musik material. Der Kreisgang der Liedergruppen verbirgt, was in jeder zeitlichen Folge zeitloser Zellen evident werden muß, sobald sie umstandslos der Entwicklungszeit der Sonate sich zu nähern bestrebt sind; daß das Finale der h-moll-Symphonie nicht geschrieben werden konnte, ist mit der Unzulänglichkeit des Finales der Wandererphantasie etwa zusammenzudenken; nicht der Dilettant des vollen Herzens versagt vorm gefügten Schluß, sondern die Tartarusfrage, »ob noch nicht Vollendung sei«, herrscht weit und bannend über Schuberts Region, und vor ihr verstummt Musik. Darum sind die geglückten Finali, die von Schubert blieben, vielleicht die mächtigsten Signa der Hoffnung gerade, die sein Werk enthält.

Davon ist freilich in der Wandererphantasie noch nichts zu finden. Ihr helles Waldgrün sogar zieht sich im zitierenden Adagio zur finsteren acherontischen Schlucht zusammen. Die Hermeneutik des Todes, die in so viele Bilder der Schubertschen Musik eindringt und ihren objektiven Charakter anrührt, erschöpft ihn nicht. Der Affekt des Todes – denn der Affekt des Todes wird in Schuberts Landschaft nachgebildet, die Trauer über den Menschen, nicht der Schmerz in ihnen – ist allein das Tor zur Unterwelt, in die Schubert hinabgeleitet. Vor ihr versagt das hermeneutische Wort, das eben noch dem Übergang des Todes zu folgen vermag. Keine Metapher mehr kann einen Weg bahnen durch die Eisblumenwälder, die jäh anschießenden Kristalle, die gleich erstorbenen Drachen daher stürzen; die helle Oberwelt, von der immer wieder der Weg in dies Reich beginnt, ist wenig mehr als perspektivisches Mittel, der dritten Dimension die erste und zweite vorauszuschicken; so dünn als vegetabilische Decke wie eben die organisch-dialektische Sonate über Schuberts zweiter Form. Seine blinde Neigung, in der Textwahl mythologischen Gedichten zu folgen, ohne da zwischen Goethe und Mayrhofer noch viel Unterschied zu machen, markiert aufs drastischeste das Versagen allen Wortes in jenem Tiefenraum, darin das Wort allein noch Stoffe abwirft, nie aber die Macht hat, sie wahrhaft zu erleuchten. Den leer fallenden Worten, nicht ihrer erhellten Intention folgt der Wanderer in die Tiefe, und selbst seine menschliche Leidenschaft wird zum Mittel des schauenden Abstiegs, der nicht in den Grund der Seele, sondern ins Gewölbe seines Schicksals führt. »Ich will den Boden küssen / durchdringen Eis und Schnee / mit meinen heißen Tränen / bis ich die Erde seh.« Dort hinunter zieht die Harmonik, das rechte Prinzip musikalischer Naturtiefe: Natur ist aber da nicht der sinnige Gegenstand innermenschlichen Naturgefühls, sondern die Bilder der Natur sind Gleichnisse des chthonischen Tiefenraums selber, so unzulänglich als solche wie je das poetische Wort. Nicht umsonst sind Schuberts Stimmungen, die nicht kreisen bloß, sondern auch stürzen, an die harmonische Rückung, den Durchblick der Modulation geknüpft, der aufs Gleiche aus wechselnder Tiefe Licht fallen läßt. Wie Blenden verstellen jene plötzlichen, entwicklungsfremden, niemals vermittelnden Modulationen das Oberlicht; die Einführung der zweiten Themengruppe im ersten Satz der großen B-Dur-Sonate; der gewaltsame chromatische Gang etwa in dem des Es-Dur-Trios; endlich auch der Beginn des Seitensatzes der C-Dur-Symphonie haben die Überleitung des Sonatenmodells ganz zum perspektivischen Einbruch in die harmonische Tiefe verwandelt, und daß in jenen drei Durstücken die zweiten Themengruppen nach Moll gerichtet erscheinen, bedeutet nach der Symbolik der Tongeschlechter, die bei Schubert ungebrochen noch gilt, sinnfällig den Schritt ins Dunkle. Die dämonische Funktion der Tiefe erfüllt sich am alterierten Akkord Schuberts. In der nach Dur und Moll geschiedenen Landschaft steht er zweideutig wie die mythische Natur selber, nach oben und unten weisend zugleich; sein Glanz ist fahl und der Ausdruck, mit dem ihn die Konfiguration der Schubertschen Modulatorik belädt, ist der der Angst: der Angst vorm tödlichen Erkennen der Erde und vorm vernichtenden Erkennen des bloßen menschlichen Selbst: so wird der Spiegel des Doppelgängers zum Gericht über den Menschen auf dem Grunde seiner Traurigkeit. Nur daß Modulatorik und Alteration in das Idiom der tonalen Ordnung eingesprengt sind, verleiht ihnen zur geschichtlichen Stunde solche Macht. Als Widerspiel der naturalen Oberwelt unterhöhlen sie jene; nach deren Einsturz werden auch Modulatorik und Alteration in den qualitätslosen Fluß der subjektiven Dynamik eingezogen, und erst Schönberg hat mit der nachdrücklichen Bestimmung der Fundamentschritte die Schubertsche Kraft des harmonischen Prinzips nochmals gewonnen, um es endgültig zu tilgen. Ihren tiefsten Ort erreicht die Schubertsche Harmonik, der noch der Kontrapunkt als plastischer Schatten der Melodie bis hinunter folgt, im reinen Moll der Trauer. War der Affekt des Todes das Tor zum Abstieg, so ist die Erde selber, die endlich erreichte, die leibhafte Erscheinung des Todes, und vor ihr erkennt die sinkende Seele sich selbst als Weib, unentrinnbar in den Naturzusammenhang eingetan. Im letzten großen allegorischen Gedicht der deutschen Sprache, dem Bilde des Matthias Claudius vom Tod und vom Mädchen, erreicht der Wanderer den Schwerpunkt seiner Landschaft. Dort wird das Wesen Moll offenbar. Aber wie beim ertappten Kinde die Strafe der Tat, wie im niedrigsten Sprichwort die Hilfe der Not auf dem Fuße folgt, so folgt auf jenem Punkte Trost der Trauer auf dem Fuße. Die Rettung geschieht im kleinsten Schritt; in der Verwandlung der kleinen in die große Terz; so dicht rücken beide aneinander, daß die kleine Terz nach dem Erscheinen der großen als deren Schatten sich enthüllt. Es ist darum nicht zu verwundern, wenn die qualitative Differenz von Trauer und Trost, in deren konkreter Gestaltung Schuberts wahre Antwort gelegen ist, mit mediierendem Verfahren überschlagen wurde: wenn das neunzehnte Jahrhundert mit dem Begriff der Entsagung eine Formel für das Schubertsche Grundverhalten zu finden meinte. Aber der Schein von Versöhnung, der von Resignation ausgeht, hat mit dem Trost Schuberts nichts zu tun, durch den Hoffnung sich darstellt, daß der Zwang natürlicher Verstrickung irgend seine Grenze doch erreiche. Wie schwer auch Schuberts Trauer zum Grunde ziehe; und möchte selbst der Wanderer ohne Hoffnung im Wasser der Geburt untergehen; unverrückbar steht Trost über dem Toten und bürgt dafür: Hoffnung bleibt, im verworfenen Zauberkreis der Natur sei sein Ort nicht für die Ewigkeit. Hier entzündet sich in Schuberts Musik die Zeit, und das geglückte Finale kommt bereits aus anderer Sphäre als der des Todes. Freilich auch aus anderer als das Beethovensche Muß. Denn gegenüber Beethovens drohend geforderter, bedrängter, kategorial faßlicher, aber material unerreichbarer Freude ist die Schubertsche das vernommene, wirre, endlich aber sichere und unmittelbar gegebene Echo. Einmal nur stiftet es eine große Dynamik: im Aufstieg des Finales der C-Dur-Symphonie, deren Bläsermelodie wie mit wirklichen Stimmen ins Bild der Musik einschlägt und es zersprengt, wie kaum ein zweites Mal je Musik von ihrem wahren Grunde aus gesprengt worden ist. Sonst aber geht das Gelingen der

Freude bei Schubert andere und wunderlich irritative Wege. Im großen vierhändigen A-Dur-Rondo singt das ausgebreitete Wohlsein, so leibhaft beständig, wie körperliches in Dauer es ist, und von Beethoven höchsten Sinnes so unterschieden wie gute Speise von der in praktischer Vernunft postulierten Unsterblichkeit. Zur Freude rechnet oftmals so auch die Extension der Schubertschen Sätze, und das Wort von der göttlichen Länge behauptet sich weiterhin, als es jemals vermeinte. Wenn in der Landschaft des Todes zeitlos die Themen beieinander stehen, so erfüllt tröstend Musik die wiedergefundene Zeit fern vom tödlichen Ende mit der vorweggenommenen Beständigkeit des Ewigen. Die Wiederholbarkeit des Schubertisch Einzelnen entspringt aus seiner Zeitlosigkeit, wandelt sich aber in Zeit zu deren materialer Erfüllung. Jene Erfüllung indessen bedarf keinesfalls durchweg der großen Sätze oder gar des Pathos einer großen Form. Viel lieber hält sie sich in einer Region tief unterhalb der bestätigten Gestalten der bürgerlichen Musikübung. Denn jene Schubertsche Welt eigentlicher Freude, der Tänze und Militärmärsche, des dürftigen vierhändigen Klaviers, der schwebenden Banalität und leichten Betrunkenheit ist sozial so wenig adäquat dem bürgerlichen, auch kleinbürgerlichen Musizieren, wie sie jemals das Daseiende selber naiv bekräftigte. Wer daran festhält, Schubert als Musikanten zu rubrizieren, sollte immerhin bedenken, daß der Musikant, von dem da die Rede sein könnte, sozial ein Deklassierter wäre, dem fahrenden Volk, den Gauklern und Zauberspielern und ihrer Wanderschaft ähnlicher als der metaphorischen Schlichtheit des Handwerkers. Es ist denn auch die Freude der Schubertschen Märsche unbotmäßig und die mit ihnen gesetzte Zeit nicht die seelischer Entwicklung, vielmehr der Bewegung von Menschenmassen. Schuberts Freude in ihrer unvermittelten Bekundung kennt keine Form mehr, fertig zum Gebrauch naht sie der unteren empirischen Realität und läßt sich fast von ihr verwenden, indem sie aus der Kunstregion ausbricht. Der solcher anarchischen Freude die Musik fand, mußte ein Dilettant sein; und wann wäre nicht die Revolution dem hohen Staatsmann dilettantisch erschienen. Jener Dilettantismus aber ist der Dilettantismus nochmaligen Beginnens und sein Siegel die selbständige Organisation, die dem Beginn entsteigt. Bei Schubert bleibt die Organisation kompositorische Technik, aber das Bild erzittert. Nirgends rückt es der Wahrheit näher als in Schuberts Folklore, völlig anderen Sinnes, als irgendeiner nach ihm sich darum mühte. Keine Korrektur der verlorenen Nähe durch die unerreichbare Ferne hat Schubert unternommen: ihm wird die transzendente Ferne erreichbar in der nächsten Nähe. Das liegt vor dem Tor wie Ungarn und so fern wie die unverständliche Sprache zugleich. Daher rührt das Geheimnis, das nicht bloß im ungarischen Divertissement, der f-moll-Phantasie und den Seitensätzen des A-Dur-Rondos, sondern in feinen Verzweigungen durchs ganze Schubertsche Werk rinnt, greifbar heranrückend und phantomgleich entschwindend im cis-moll-Thema aus dem Finale des a-moll-Quartetts. Die Sprache dieses Schubert ist Dialekt: aber es ist ein Dialekt ohne Erde. Er hat die Konkretion der Heimat; aber es ist keine Heimat hier sondern eine erinnerte. Nirgends ist Schubert der Erde ferner, als wo er sie zitiert. In den Bildern des Todes eröffnet sie sich: im Gesicht der nächsten Nähe aber hebt Natur sich selber auf. Darum führt von Schubert kein Weg zur Genre- und Schollenkunst, sondern bloß einer in die tiefste Depravation und einer in die kaum nur angesprochene Realität befreiter Musik des veränderten Menschen. In unregelmäßigen Zügen, einem Seismographen gleich, hat Schuberts Musik die Botschaft von der qualitativen Veränderung des Menschen notiert. Ihr antwortet zurecht das Weinen: Weinen der ärmsten Sentimentalität im Dreimäderlhaus nicht anders als das Weinen aus erschüttertem Leib. Vor Schuberts Musik stürzt die Träne aus dem Auge, ohne erst die Seele zu befragen: so unbildlich und real fällt sie in uns ein. Wir weinen, ohne zu wissen warum; weil wir so noch nicht sind, wie jene Musik es verspricht, und im unbenannten Glück, daß sie nur so zu sein braucht, dessen uns zu versichern, daß wir einmal so sein werden. Wir können sie nicht lesen; aber dem schwindenden, überfluteten Auge hält sie vor die Chiffren der endlichen Versöhnung.

Kurt Tucholsky

In seinem Gedicht »Zuckerbrot und Peitsche« von 1930 nimmt Kurt Tucholsky, der satirische Zeitkritiker und Romancier, den bürgerlichen Eskapismus in seinen verschiedenen Spielarten aufs Korn. Eine Chiffre dieser Flucht vor den politischen und gesellschaftlichen Realitäten der Zeit ist für ihn auch das ›Schubert-Lied‹.

Zuckerbrot und Peitsche

Nun senkt sich auf die Fluren nieder
der süße Kitsch mit Zucker-Ei.
Nun kommen alle, alle wieder:
das Schubert-Lied, die Holz-Schalmei ...
  Das Bürgertum erliegt der Wucht:
  Flucht, Flucht, Flucht.

Sie wollen sich mit Kunst betäuben,
sie wollen nur noch Märchen sehn;
sie wollen ihre Welt zerstäuben
und neben der Epoche gehn.
  Aus Not und militärscher Zucht:
  Flucht, Flucht, Flucht.

So dichtet, Dichter: vom Atlantik,
von Rittern und von Liebesnacht!
Her, blaue Blume der Romantik!
»Er löste ihr die Brünne sacht ...«
  Das ist Neudeutschlands grüne Frucht:
  Flucht, Flucht, Flucht.

Wie ihr euch durch Musik entblößtet!
In eurer Kunst ist keine Faust.
So habt ihr euch noch stets getröstet,
wenn über euch die Peitsche saust.
  Ihr wollt zu höhern Harmonien
  fliehn, fliehn, fliehn.

Es hilft euch nichts. Geht ihr zu Grunde:
man braucht euch nicht. Kein Platz bleibt leer.
Ihr winselt wie die feigen Hunde –
schiebt ab! Euch gibt es gar nicht mehr!
  Wir andern aber wirken weit
  in die Zeit!
    In die Zeit!
      In die Zeit!

Hans Weigel

Der als Erzähler, Dramatiker, Essayist, aber auch als Kabarettist, Theaterkritiker und Übersetzer wirkende Wiener Hans Weigel betont in seiner Kritik zu einem Konzertabend des Alban-Berg-Quartetts ganz besonders die Modernität Schuberts, die in der Gleichrangigkeit der Stimmen und in deren Erfassen von Räumlichkeit liege.

Schubert – Alban Berg

Gestern war ich beim zweiten Abonnement-Konzert des Alban-Berg-Quartetts im Mozartsaal des Wiener Konzerthauses.

Ich hatte die Karten im letzten Moment bekommen und wußte nur: Beethoven – Bartók – Schubert. Es war aufregend, darauf zu warten, welcher Beethoven, welcher Bartók, welcher Schubert. Die Reihenfolge legte allerdings den Schluß nahe: kein später Beethoven; denn mit einem solchen wäre das Programm wohl eher abgeschlossen als eingeleitet worden.

Es war dann auch Opus 18, Nummer 4. Ich feierte sentimentales Wiederhören; wie oft hatte ich das, meist in diesem Saal, schon gehört, ein Streichquartett-Leben war klingend gegenwärtig, von Rosé über Busch und Kolisch bis Juilliard und Amadeus und immer wieder Beethoven. Die vier Herren, der neuen Musik verpflichtet, spielten Beethoven unsentimental, unromantisch, trocken. Aber wenn österreichische Streicher trocken spielen, ist's immer noch sinnlich genug. So wie trockener Wermut oder trockener Champagner ja trotzdem flüssig, nicht wirklich trocken, sondern nur unsüß schmecken.

Bartók Nummer drei. Ich ließ das harte, in meisterhafter Kompetenz sich vollziehende Stück, die Begegnung mit dem geliebten Meister genießend, an mir vorüberklingen. Ich kenne es nicht gut genug, um es ganz zu würdigen. Ich war zu müde, um bewußt in die Tiefe zu horchen. Ich wollte Kräfte für Schubert behalten.

In dieser Schubert-Wiedergabe durch das Alban-Berg-Quartett am elften Dezember 1979 in Wien war Schubert restlos da, aber auch alles, was sich seit Schubert in der Musik begeben hatte. Es war die äußerste denkbare Annäherung von Schubert und Alban Berg zu Ehren beider.

Von weitem, oder undeutlich hörend, hätte man wähnen können, hier würde wieder einmal dieses G-Dur-Quartett von Schubert gespielt. Es wurde jedoch zum ersten Mal gespielt. Und wann immer diese vier Herren es gespielt haben und spielen werden, wird es zum ersten Mal gewesen sein.

Daß sie sich im Zeichen Alban Bergs zusammengefunden haben, ist ja ein Programm. Sie kommen von der neuen Musik her, und wenn man von ihr her zu Schubert hin kommt, ist auch er neue Musik, auch wenn er ganz der bleibt, der er ist.

Die ältere Musik kennt führende Stimmen, und anderes tritt hinter sie zurück: Melodie und Begleitung, ganz banal gesagt. Die neue Musik läßt Stimmen gleichrangig nebeneinander sich entwickeln, im Raum, nicht in der Fläche.

Schon bei Brahms wird es räumlich, in den Violin-Sonaten zum Beispiel ... und da habe ich eben »schon bei Brahms« gesagt, aber schon bei Schubert »wird« es nicht, bei Schubert ist es. Vier Instrumente bewegen sich klingend in Gleichrangigkeit, in diesem Quartett zum Beispiel und immer wieder in seiner Kammermusik. Sie sind vier Einsame auf vier Wegen. Ich glaube nicht, daß die vier Herren sich das so überlegt und dann beschlossen haben, wie sie Schubert spielen sollen (wenn ja, wär's genauso großartig), ich glaube, daß es ihnen, weil sie Schönberg und Bartók und Webern spielen, ganz selbstverständlich ist, auch Schubert so zu spielen; und den späten Beethoven, den ich von ihnen noch nicht gehört habe, spielen sie gewiß auch nicht als späten Klassiker, sondern als frühen Neuen.

Ich sage mich nicht los von Rosé, von Busch, von Kolisch, von Juilliard und Amadeus. Ich sage mich auch nicht los von Mendelssohn und Dvořák. Aber seit gestern weiß ich, daß Schuberts Kammermusik in ihren höchsten Schöpfungen dort zu Hause ist, wo Gustav Mahler an seinem Ende hingelangt ist, wo Schönberg sein sollte und Alban Berg gewesen ist: vorweggenommenes zwanzigstes Jahrhundert.

Wolfgang Hildesheimer

In den späten dreißiger Jahren hatte Wolfgang Hildesheimer zunächst als Zeichner und Bühnenbildner gearbeitet, in den fünfziger Jahren als freier Maler und Grafiker. Nach Kriegsende war er als Simultandolmetscher und Gesamtredakteur der Protokolle an den Nürnberger Kriegsverbrecherprozessen beteiligt. In den sechziger Jahren nahm er seine Arbeit als Maler und Grafiker neben der schriftstellerischen Tätigkeit wieder auf. Als Autor bekannt wurde Hildesheimer durch seine satirisch-spöttischen, leicht absurden »Lieblosen Legenden« von 1952. Das weitere Werk ist – wie etwa »Tynset« (1965), laut Hildesheimer »kein Roman« – von der Problematik der Vereinsamung des Einzelnen und einem durchaus pessimistischen Geschichtsbild geprägt. Dieser ›monologisch-melancholische‹ Ton wird in seinem Werk bleiben, auch über die Phase der Anti-Biographien »Mozart« (1977) und »Marbot« (1981) hinweg. Tiefe Sprachzweifel drängen sich immer mehr in den Vordergrund – und so ist es nur konsequent, daß Hildesheimer das Schreiben von Literatur 1983 explizit aufgibt. In diesem Jahr entsteht auch die Collage »Der Tod und das Mädchen«, die erste einer »Dreierserie«.

Der Tod und das Mädchen

Die erste und am stärksten abstrahierte Version einer Dreierserie. Das Mädchen, robust und keineswegs todesbereit, scheint energisch auszuschreiten, aber der Tod hält Schritt, beim Schreiten erläutert er ihm die Vorteile des Totseins. Matte Papiere aus einem großformatigen Landschaftskalender.

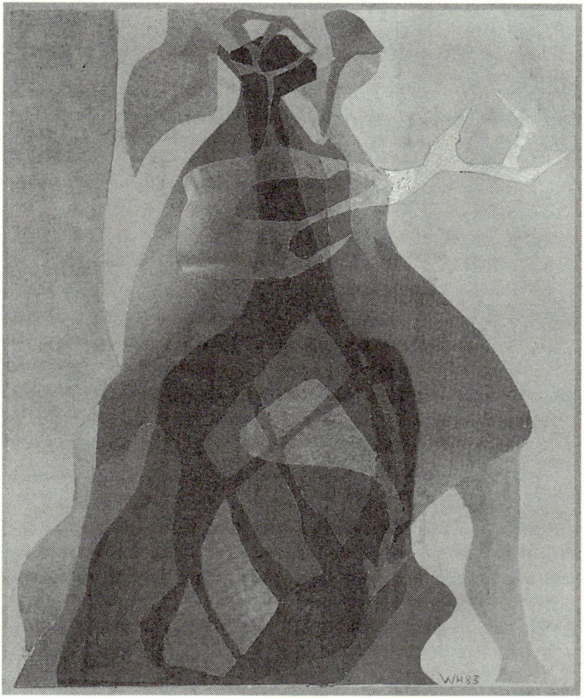

Wolfgang Hildesheimer: Der Tod und das Mädchen.
Collage (1983)

Hanns Cibulka

Die drei Schubert-Gedichte von Hanns Cibulka zeugen von einer kritischen Schubert-Aneignung auch in der DDR.

Franz Schubert

I.

Salieri
geht am Hof des Kaisers
aus und ein,
aber ich,
mit den aufgeworfenen Lippen,
dem gekräuselten Haar,
als Schulmeister
vierzig Gulden im Jahr,
den »dummen Bonzen alluntertänig
unterworfen sein ...«

Mährisch
war der Kalender des Vaters,
mit Lichtmeß, Pankraz,
Sankt Antonius,
schlesisch
das Gebirge der Mutter,
das wandert überall
mit dir fort.

In Lichtental,
auf dem Himmelpfortgrund,
hungere ich mich
durch das Eis.

II.

Zum Mittagessen
Splitterkipfeln
in Bogners Café.

Abends
beim Heurigen,
mit Bauernfeld,
Schober und Schwind,
ganze Quartette
versoffen.

Selten
das Tanzbein geschwungen,
klobig dagesessen,
Engelsschwingen
unter dem Rock.

Franz Schubert
Streichquartett d-moll

Scherzo

Dunkelblau
an der Hauswand
die Trauben,
ein Wiener Scherzo
im Spalier.

Komm,
sagt Liebe zur Liebe,
die Welt ist nur ein Spiel,
nimm sie nicht ernst.

Hol dir die Bluse
aus dem Schrank,
den Taftrock
schwarz,
auch die Gottesmutter
geht nach Grinzing
zum Tanz.

Tausendschön,
zieh deine Kleider aus,
wenn es dunkelt,
ist es zu spät.

Franz Schubert
Winterreise

»Hier, hier ist mein Ende.«
Wien, Kettenbrückengasse 6

Liegengelassen
das im Eiswind
geschriebene Lied.

Bauerngehöfte,
die Tenne leergefegt,
Sternsplitter
im Brunnentrog.

Rast
zwischen Felswand und Schnee,
auf dem Steinkissen Erde.

Eine Note
als Sterbelicht.

Stefan Hermlin

Stefan Hermlin veröffentlichte 1979 den Roman »Abendlicht«. Darin werden siebenundzwanzig Prosatexte, in denen die Biographie des Autors vor dem zeitgeschichtlichen Hintergrund reflektiert und eine ›Summe‹ des bisherigen Werkes gezogen wird, nach musikalischen Prinzipien geordnet, wie in der »Ouvertüre« angedeutet. Kindheitserinnerungen wechseln ab mit Traumvisionen und Beschreibungen gesellschaftlicher Kämpfe. Die hier wiedergegebene Passage ist eine poetische Paraphrase des letzten Liedes aus dem Zyklus »Die schöne Müllerin«, das den Titel »Des Baches Wiegenlied« trägt.

»Des Baches Wiegenlied«

Heran, heran ... Was hat da begonnen, was will das sein. Du hoher Himmel, du zärtlicher Blick. *Heran, heran.* Zum letztenmal. Ihr alle, du und du und du, *heran, heran, was wiegen kann.* Wißt ihr noch, weißt du noch. Daß es nicht laut werde, laßt es nicht zu. Leiser noch, leise, daß niemand uns hört, daß keiner uns stört. In tiefster Tiefe, wir haben's gewußt, komm, es ist Zeit, sagt eine Stimme, jetzt gehen wir schlafen, be a nice boy will you, die hohe gläserne Tür rollt, die Stimmen treten zurück, und noch einmal das Eingangsthema, sie sind mit dem ersten Satz noch nicht zufrieden, wie wunderbar rauscht der Flügel auf, diese Musik paßt nicht hierher, ihre wilde, unstillbare Klage, die sich vergeblich hinter einem Salonton zu verbergen sucht, warum auch diese Paraphrase auf eine berühmte Mazurka, und selbst die Widmung »Dem Andenken an einen großen Musiker« kann nicht verhehlen, worum es in Wahrheit geht, und an N.s Hand trete ich in mein Zimmer, da steht mein Bett, ein treues Licht leuchtet, *gute Ruh, gute Ruh! tu die Augen zu!* Und der warme langsame Regen, der aus dem gleichförmig unbewegten hellgrauen Himmel auf die halbgeschlossenen Lider fällt, während ich fast verborgen unter der Hecke am Weg liege, die leeren Wiesen vor mir, über die ferne Dorfgeräusche klingen. Der Wind hat sich gelegt, und der Blick steigt in die bewegungslosen Baumkronen über dem Getropf, dem Murmeln der Wasser, der Rinnsale, der Bäche, der Ströme. *Wandrer, du müder, du bist zu Haus.* Das sind nicht die Wasser, dort hinter der Tür, ihr seid es doch, ist es möglich, so nah, und ich habe es nicht gewußt, und jetzt auch die Stimme von E., die mein Vater begleitet, *woget und wieget den Knaben mir ein,* und jetzt das blasse, rötlich geränderte Gefältel der Nelken auf den Beeten zwischen den Reihen der gestutzten Pappeln, während das Wasser über die aus dem Becken sich aufbäumenden Rosse strömt, die zur entlegen ragenden Festung hinaufstürmen. Um ihr graues Gestein lagert das Abendgewölk am grünlich-rosigen Himmel. Welch ein Glück, daß der Schlaf immer nebenan war, daß man zu ihm flüchten, sich in ihn retten konnte, auch damals, auch dort, auch hier, auch jetzt, du Anderes, Ersehntes, du nahe Ferne, Himmel, der sich jetzt dunkler färbt, und immer das wechselnde Gewölk, die Grenzen der Landschaft, die zurücktreten, eine Gewoge von vulkanischen Kuppen mit ihren Kastellen, dahinten liegen die Pyrenäen, unsichtbar irgendwo im Norden die Kathedrale, die längst verhallten Kämpfe, Schatten, die über die Hügellehne wandern, *daß ihn dein Schatten, dein Schatten nicht weckt.* Aber im Hause herrschte die Stille, die fernen Glocken machten sie tiefer, nur das Rascheln der Buchseiten war zu hören, ein leiser Schritt im Gang, vor den Fenstern wogte noch das grüne Licht der Kastanien, da fiel schon der Schnee unaufhörlich in meinen Halbschlaf, wer sang da leise neben mir, was sang die Stimme, was ward mir an der Wiege gesungen. Du süßer Amsellaut, hinter Schneefall und Laubwerk formte sich eine Zeit, die immer die neue Zeit war, verurteilend und verheißend, immer die Schwelle zur niegeschauten, endlich und unaufhaltsam nahenden Zukunft, plötzlich stand die neue Zeit um mich, ich war in ihr, vom Glück ausersehen, an ihr teilzuhaben, ich hatte von ihr nichts gewußt, nichts geahnt, jetzt umgab sie mich, es war, als hätte ich nur auf sie gewartet, hinter den Wäldern aus Stille hatte ich ihre Katarakte vernommen, jetzt schoß ich dahin inmitten ihrer Strömungen und Untiefen, ich hatte sie mir nicht aussuchen können, es war ein augustäisches Zeitalter, das mich trug, hinter ihm lagen die allmählich zerbröckelnden, verfallenden Republiken in ihrer vergangenen strengen Schönheit, vor ihm die Invasionen der Barbaren, sein statuarisch-leerer Blick ging über die von ihm aufgehäuften Ruinen hinweg. Tausend Stimmen waren um mich, sie schrieen und hauchten, sie lockten und warben, sie versprachen und spotteten, ich lauschte und antwortete, es war gleichgültig, ob man mich vernahm, die Sonne hatte den Zenit überschritten, schmerzlos war das Alter gekommen, ich hatte mich aus dem Schatten der Hecke erhoben, immer noch hörte ich den Gesang *Die Treu ist hier, sollst liegen bei mir,* ich müßte auf die Uhr sehen, ob es schon Zeit ist in der Zeit nach Hause zu gehen, da ist keine Uhr, ich muß sie vergessen haben, sie liegt irgendwo in meinem Zimmer, und immer noch der leise Ruf *Heran, heran.* Die Nacht kommt über die Berge. Nein, wir wollen noch nicht auseinandergehen, laßt uns noch das kleine Beethoven-Trio spielen, nicht eines von den großen, das kleine, op. 11, soviel Zeit haben wir noch, ich liege ja schon, es ist mein Bett, ich bin aufgewacht und schaue durch das Fensterviereck nach oben, der zweite Satz hebt an mit einer aufsteigenden Quarte, der eine aufsteigende Quinte folgt, ein großer Augenaufschlag, die Welt könnte gut sein, und ihr könnt ertragen, was ihr tragt, ohne zu erblassen, ohne aufzuschreien, *dites ces mots Ma Vie Et retenez vos larmes,* die Nacht, die Nacht, da ist wieder E.s Stimme, der Blick aufwärts durch das Fensterviereck, *der Vollmond steigt, der Nebel weicht*, die Nacht über den Wäldern, über dem Meer, über den Bergen, das Schweigen, das das leere Gelärm überwächst, und das machtvolle, das unaufhaltsame Wiegen, und der Blick aufwärts, der sich nicht mehr abwendet, *und der Himmel da oben, wie ist er so weit.*

Eva Strittmatter

Eva Strittmatter veröffentlichte seit 1966 vor allem Gedichte und Kinderbücher. 1983 erschien ihr erster Essayband unter dem Titel »Poesie und andre Nebendinge«. Darin finden sich unter anderem verschiedene Gelegenheitsarbeiten, die ihr ›abverlangt‹ wurden. Über Schuberts »Winterreise« und ihre eigene Beziehung zu dieser Musik gibt der hier abgedruckte Essay aus dem Jahr 1980 Auskunft.

Der Wanderer

Weil ich von meinen Schwächen schreibe, halten mich Leute für stark und lehnen sich an mich: Gedichte und Briefe. Anlehnen kann man sich auf zweierlei Art. Man kann sich mit dem *Kreuz* gegen einen oder an etwas stellen und so seine Haltung stützen, man kann aber auch Bedrückung verbergen, indem man sich beugt und birgt an jemandes Brust ... So nehmen Menschen das gesponnene Nichts, beliebige Worte eines beliebigen Menschen, in Anspruch – wenn die Worte vom flüchtigen Vor-Sich-Hinsagen in *Form* überführt, wenn sie aufgezeichnet sind ... Mancher läßt mich diese Halt-, Lehnen- oder Weiser-Funktion erfüllen, wie ich aus Briefen und aus Gesprächen weiß – die Leute baun mir ein Bild von mir auf, das mit mir, wie ich bin, nichts zu tun hat (eben jene Verwechslung: Wortverfestigung von Schwäche gleich Stärke: einer hat ein Substrat aus seinen Zweifeln, Irrtümern und Niederlagen gemacht, hat also, so schließt man, Erkenntnis seiner Person, Einsicht in seine Lage und Kraft, sie zu sagen ...). Die Leute irren, was *Stärke* betrifft, aber auch wenn ich mich nicht mit dem Bild identifiziere, das man sich von mir macht: ich würde mich im *wirklichen* Leben an niemanden lehnen, weder in dieser noch in jener Haltung, nicht, um mein Kreuz zu stärken, nicht, um mich auszuweinen an eines anderen Menschen Brust ...

Aber natürlich habe auch ich, wachsend, das Bedürfnis nach Halt, nach Verständnis, nach Trost, nicht nur, weil ich älter werde und *Zeit* immer mehr den Geruch und Geschmack von Vergängnis annimmt. In jähen Augenblicken sehe ich mich und meine Gefährten, wie wir sind, nicht, wie wir uns scheinen, und es ist mir leid um uns und ums Leben, das, aufs Ganze gesehn, soviel Mühe vielleicht doch nicht wert war – wieviel Anstrengung in nun schon Jahrzehnten, Pflicht und Übung und wenig gelebt aus Freude am Leben. Und aus den Altersgesichtern meiner Lieben und Freunde sehn mich ihre Kindergesichter an, sie sind alte Kinder, nichts weiter, auch ich bin nichts andres, und es gibt *visionäre* Momente, wie neulich, eines kalten Abends Anfang Oktober im Zirkus, da sah ich das Leben *gerafft*, in all seinem Wandel: Kinder in heißem Eifer, jener hüpfenden Freude, die ich von meinen, als sie noch klein warn, am Leibe erfuhr – wie lang nun schon her –, und die *maskierten* Kinder, Erwachsne, die steif und verständig dem Gauklergeschaukel mühsamer Akrobaten, den Alfanzereien schäbiger Clowns und dem von der einzigen reinen Jugend des Abends in weißen Seidengewändern schwerlos getanzten *Pas de deux zu Pferde* zusahn – auch in der Manege, wie viele Stadien Lebens, bis zum Verfall – ein Augenblick (der Schwäche, mag sein), in dem ich *Vergängnis* so fühlte, daß es mir leid war ums Leben zum Weinen –, aber ich saß da wie die anderen Alten, *gesetzt*, und *bemerkte* mit angenommenem Sachverstand: »Die Tiger sind gut!« Halbbewußt aber prägte ich mir ins Schriftstellerhirn den Tänzelschritt des wie ein Komparse wirkenden Bestien-Bändigers, dem der Regisseur durch strähnige Langhaar-Frisur, entblößte Brust und eben das hölzerne Tänzeln, aus dem er keinen Augenblick fiel, ein *Ansehn* zu geben versucht haben mochte ... Mager der Kerl, marionettenhaft eckig Gesicht und Bewegungen, und auch er tat mir leid, wie ein Sohn, der nicht wurde, was man einst hoffte, was man glaubte von ihm, als er klein war und schön ...

Eigentlich rede ich von Musik, denn woran ich mich lehne in Lebenszweifeln und Kümmernissen, ist Musik – nein, nicht Musik, ist eine Gestalt aus Wort und Musik, ist der *Wanderer.* Mit ihm bin ich freund, er kennt mich, ich kenne ihn, ich kann ihn rufen, er kommt, wann ich will, er hat keine Aufgaben, keine *Termine*, keine anderen Freunde als mich. Er hat *abgeschlossen*, ist abgeschlossen, ein für allemal, und ist doch auf dem Weg, immer, wenn ich ihn rufe, beginnt er die Wanderschaft neu mit dem Schrei der Qual des Verstoßen – Verratenseins, des Verlustes auf immer ... »Fremd bin ich eingezogen ...«

Ich sitze in meiner Stube in Schulzenhof, am liebsten im Zwielicht des Abends, aber es war auch schon Nacht oder heller Morgen, ein Sonntag im Winter, wenn er seine Wanderung begann, in mir, außer mir, wo eigentlich geht er? Ich habe die Preßscheibe auf den Plattenteller gelegt, die Mechanik bedient – Wunder der Technik, nicht genug zu preisen wegen dieser Möglichkeit, eine Musik herbeizurufen, wenn man sie braucht –, und ich sitze da und sehe in Novemberfinsternisse hinaus und warte auf *meine* Stellen und bin gewiß, sie werden kommen und ihre Wirkung vollbringen an mir ... »Eine Krähe war mit mir aus der Stadt gezogen ...«, »Ich bin zu Ende mit allen Träumen ...«, »Drei Sonnen sah ich am Himmel stehn ...«

Das ist willkürlich notiert, nicht gewählt, es gibt mehr *Stellen*, Bruchstellen, an denen das *Ungeheure*, von jenseits des Sagbaren, einbricht, und es gibt das Ganze, als ein Ganzes gemacht vom Dichter Wilhelm Müller aus Dessau, im Stil der Zeit und doch über der Zeit: vierundzwanzig Gedichte »Aus den hinterlassenen Papieren eines reisenden Waldhornisten« – die Literatur Anfang des neunzehnten Jahrhunderts ist voller *fiktiver* Papiere, quer über Europa bis hin nach Rußland, auch Puschkin gibt »Erzählungen des verstorbenen Iwan Petrowitsch Belkin« heraus.

Wegen Puschkin habe ich mich mit der *Epoche* befaßt und durch Literaturen gelesen; was um Achtzehnhundert geboren ist und bis Mitte neunzehntes Jahrhundert reicht, geht mich an, erst war ich erstaunt, dann entzückt zu entdecken, wie eng *Weltliteratur* zusammenhängt, wie dieser von jenem zehrt ... Natürlich ist das auch heut so, man könnte *Strömungskarten* zeichnen, nicht nur für Europa, jetzt wirklich – dem alten Begriffe gemäßer – für Welt ...

Da hatte also dieser Bibliothekar aus Dessau, der schon die Lieder des armen Müllerburschen gemacht hatte, wieder einen Roman in Gedichten erzählt, die ersten zwölf waren achtzehnhundertdreiundzwanzig im Leipziger Almanach »Urania« erschienen (im Jahr, als Schubert dem Müllerburschen die Singstimme gab), aber die »Winterreise«-Gedichte fand Schubert erst achtzehnhundertsiebenundzwanzig im Februar, einen Monat vorm Tode des glühend, aber schüchtern (also von ferne) verehrten Beethoven, den man auf dem letzten Krankenlager mit dem Studium Schubertscher Lied-Kompositionen von den Qualen der Wassersucht abzulenken versuchte und der den jüngeren Musiker, nach Einsicht der *Unterlagen*, als Mann der Zukunft *absegnete* ... anderthalb Jahre später wird man Schubert, nur durch einen Platz von ihm getrennt, neben Beethoven begraben ...

Im Frühjahr achtzehnhundertsiebenundzwanzig, unterm Eindruck von Beethovens Krankheit und Tod, die erste Hälfte der »Winterreise«, im Herbst achtzehnhundertachtundzwanzig – Oktober-November – nach einem Sommer bei den Musikfreunden von Graz und Umgebung, einem Sommer der Freude, des Glanzes, der Ehre –, ist Schubert wieder in Wien und *verklammt* von der Atmosphäre der Stadt, die ihn nie heiter gestimmt hat, weil sie ihm niemals günstig gesinnt war (ein kleiner Kreis von Freunden, das ja, aber nicht, was man *Stadt* nennt), und er ist krank und findet die zweite Hälfte der »Winterreise«, die anderen zwölf Gedichte, in den »Deutschen Blättern für Poesie«, und setzt die Wanderung fort, die er im vergangenen Frühjahr begonnen hatte, denn es ist *seine* Wanderung, eine sehr andere als die musikalische Reise des Sommers. »... eine Straße muß ich gehen, die noch keiner ging zurück ...« Freunde berichten, er sei düster gestimmt, sei von der Arbeit *mitgenommen* gewesen und habe gesagt: »Ihr werdet sehen, ich mache da etwas ...« und er hat es *gemacht*, so sehr, daß man dann sagte: er ist dran gestorben.

Als Wilhelm Müllers Zyklus geschlossen im Druck erscheint, ist die Anordnung der Gedichte anders als in Schuberts Vertonung, aber nichts läßt sich mehr umstellen, nichts herausbrechen, das ist gefügt für immer, für alle Zeit.

Nur wer selber schreibt, komponiert, malt, kann die *Wahl-Freiheit* ermessen, die dem Künstler, trotz *Epochen-Stimmung*, ethischer wie ästhetischer, immer verbleibt, nur ein *Ausübender* wird sich wundern und wundern, wieso einer grad das gemacht hat, was er gemacht hat und das in diesem Moment. Immer gibt es tausende – wenn man bescheiden denkt –, Möglichkeiten, eine Sache zu sagen, zu beginnen, zu enden. Wieso also grad so?

Warum entflammte der Funke, der dem von der Romantik nicht *wiederentdeckten*, sondern für Bildung und höhere Kultur überhaupt erst entdeckten Volkslied entsprang, gerade diesen Bibliothekar in Dessau so rein, daß er die Geschichten der heimatlosen Wanderer erzählen konnte wie ein Schenkensänger vorm Volk, genau und von Herzen zum Herzen? Der Müllerbursche, der sich so hoch *verstiegen* und auf die Liebe der Meisterstochter gesetzt hatte, zu der als Mitgift Mühle, Bach und Heimat gehörten, und jener aus der Schneedämmerung auftauchende und im Schneenebel verschwindende Fremdling, von dem wir nichts kennen als das wütende Herz, sie sind jedermanns Bruder ...

Die Wendung zum Volk hatten in der Zeit, die wir die *romantische* nennen, viele gemacht, aber wenigen gings aus, bei den meisten bliebs schwächlich, gekünstelt, *larmoyant*, klang falsch vom Grunde der Seele. Dieser hier, bekannt als »Griechen-Müller«, hat *hochpolitische*, dem Freiheitskampf gegen die Türken gewidmete Gedichte geschrieben, voll *hehrer* Empfindung – »Byrons Totenklage« und anderes mehr –, aber nichts von den ideologisch verdienstlichen griechisierenden Langzeilen-Versen ist drüber geblieben, nur das gemütlich Deutsche der »Müller-Lieder« und »Winterreise«, gemütliche von Gemüt, das fühlt, was es denkt, und denkt, was es fühlt, Tod und Leben und, leider, die Liebe ...

Die Gelehrten erklären die »Winterreise« allegorisch, sie sagen, da wird keinesfalls die Geschichte einer verschmähten Liebe erzählt, nichts von der eifersüchtigen Verzweiflung eines anderen Handwerksburschen – Handwerksbursche muß er nicht sein, es gibt kein Indiz, das drauf weist, er könnte auch ein armer Studierter, ein Lehrerlein sein, man weiß, was für Schlucker das waren, man kennt die Jugendkarriere von Jean Paul Friedrich Richter und anderen mehr. Und so einer, ein junges *Genie*, könnte bei einer Bürgerfamilie *eingewohnt* und sich Liebe und Ehe eingebildet haben, bis es *ernst* wurde und *krachte*, weil der Ruf des Mädchens zu Schaden zu kommen und ihr *Marktwert* zu sinken drohte, und er *hinausflog* in Nacht und Kälte und Schnee ... Aber nicht das wird erzählt, sagen die Gelehrten, nicht die unfreiwillig-freiwillig wütende Flucht des verratenen Liebhabers ist Gegenstand der Gedicht-Geschichte, sondern Enttäuschung über die politischen Zustände jener Restaurationszeit nach den Befreiungskriegen, die in Österreich von Herrn Metternich repräsentiert wird. Wie die Preußen grad hießen, ist mir entfallen, aber man weiß, was geschah: Heilige Allianz und so weiter, Zensur, Verfolgung jedes halbkritischen oder auch nur geistesmunteren Wortes, die Welt war die beste aller, und ein Hundsfott, wer ein Haar fand in der vaterländischen Brühe ...

Das alles kann ich wissen und weiß es auch, zu meinem Vergnügen und Mißvergnügen, jedenfalls zu meiner Belehrung über die Läufte der Zeiten – so wie ich weiß, daß der Schubert seine Lieder nicht verkauft kriegte, daß er von der »Winterreise« nur den »Lindenbaum«, jenes urdeutsche »Am Brunnen vor dem Tore« (aber Schubert war Österreicher!) um einen Gulden *absetzen* konnte ... Ein Vierteljahrhundert später bauten Musikverleger sich Schlösser aus diesen Liedern, sie konnten in Equipagen einherfahren, weil sich der Fremdling der »Winterreise« mit so absoluter Verzweiflung und Freiheit in Felsenklüfte und Finsternisse gestürzt hatte, daß jeder Fühlende oder zumindest jeder sein Gefühl bildende Mensch die *Katharsis* dieses musikalischen Weges erleben, also die Noten kaufen mußte – damals die Noten, denn man spielte und sang überall, zum Teil hervorragend, die *Dilettanten* aus Adel und Bürgertum standen Berufskünstlern kaum nach – wegen *noch nicht entwikkelter Technik* mußte man selber Musik machen – pikanterweise war es ein Baron Schönstein, Freund der Esterházys, bei denen Schubert in Notzeiten immer mal wieder Musiklehrer war, der die Lieder vom armen Müllerburschen zum ersten Mal sang.

Lebensgeschichten wie die Schubertsche sind exemplarisch *erkenntnisvermittelnd*, wenn sie gewissenhaft rekonstruiert, wenn Dokumente beigebracht werden und kein schöngeistiger Schaum um die *nackten Tatsachen* geschlagen wird, wenn aus dem dicken, manchmal recht dumpfen Schubert nicht *der Franzl* gemacht und das zwangsweise monströse Wesen des Künstlers nicht aufs Puppenmaß der Operette (die es auch in epischer Form gibt) gebracht wird.

Und hätte er nichts anderes in sich gehabt als die Liedbegleitungen und die Vor- und Nachspiele der »Winterreise« – er wäre schon so *inkommensurabel*, daß man ihm mit Worten nicht beikommt. Wohl kann man sagen: dann und dann war er da und da, mit dem und dem, dann und dann hat er das und das gemacht – aber *was* das ist, wieso das *ist* auf der Welt, und wieso es *in* ihm sein konnte, weiß niemand.

Musikwissenschaftler zählen Leitmotive, deren Wiederholungen und Abwandlungen aus, verdienstlich, aber das beweist nichts. Es hätte eben auch anders sein können . . . Ich kann einen stummen Satz schreiben und einen Schrei hineinstellen, der nicht endet, oder zwischen zwei Worte einen leeren Raum setzen, der schmerzt wie eine nie heilende Wunde ... Vielleicht will ich das, vielleicht muß ich es, die Qual einer Nacht, in der ich fürchte, daß ein Freund den Morgen nicht überlebt, bringt mich dazu. Solche Qualen und Höllen, eben die, von denen einer dem andern nicht sagt, sind in Schuberts »Winterreise«-Musik – Qualen der Angst, Höllen der Krankheit – jener *Genie-Krankheit* des neunzehnten Jahrhunderts, die pauschal die *venerische* hieß und in Biographien lange verschwiegen wurde, obwohl viele junge Leute sie hatten, nicht immer mit Spät-Folgen wie der so poetisch benannten *Geistesumnachtung* – die meisten wurden nicht alt genug oder hatten es harmloser, aber als Schubert »Baches Wiegenlied« schrieb und »Der Himmel da oben, wie ist er so weit«, jene gläserne Schlußzeile der »Müllerin«, im dreiundzwanziger Jahr, hatte er die Krankheit *gefangen*. Die seraphischen Strophen von Liebe und Tod komponierte ein Mann, der mit Quecksilber *kurte* ... Man schiebts auf den Umgang, auf Franz von Schober, den schlechten Freund, aber wo hätte Schubert ein Weib hernehmen solln? Heiraten konnte er nicht, seine Musik machte sich nicht bezahlt, die Hoffnungen auf einen Verkaufserfolg der Goethe-Lieder durch eine genehmigte Widmung an den Geheimrat in Weimar erfüllten sich nicht, weil der Geheimrat nicht reagierte, aber wer wills Goethe verdenken, zuviele kamen mit ähnlichen Wünschen, und von Musik verstand er nicht viel, so wenig wie er von Malerei verstand, trotz aller ausschweifenden Theorien; was das Alte anging, griechische Plastik, das ja, aber es ist und bleibt schwer, das Neue zu billigen, das doch, was immer man sagen mag, ungewohnt ist, bis man sich eben gewöhnt ...

Und Schuberts Musik ist für viele heute noch *schwer*, auch ich erinnere mich an die Einhör-Zeit in jenem Jahr, als ich die Doppel-Platten-Kassette kaufte, die mir so teuer, weil unersetzbar ist, die historische Aufnahme der »Winterreise« mit Peter Anders und Michael Raucheisen, neunzehnhunderteinundsechzig gepreßt, vorzüglich ediert, mit beigegebenem Textbuch, mit Biographie, Darstellung der musikalischen Leitmotive, Porträts von Wilhelm Müller und Schubert –, gezeichnet von Schnorr von Carolsfeld und Moritz von Schwind – und mit den bestürzend zur »Winterreise« stimmenden Reproduktionen von Bildern Caspar David Friedrichs, der damals noch nicht *wiederentdeckt*, sondern eher *suspekt* war ...

Wie immer, wenn Schubert auftaucht in einer Edition unseres Landes (und nicht nur des unsren), ist Harry Goldschmidt genannt, Kenner des Werkes und Kommentator von Schuberts Biographie, der den Dichtern *Konkreta* liefert zur *Spekulation* ...

Bis neunzehnhunderteinundsechzig kannte ich nur den »Lindenbaum«, den wir in der, auf die Melodie der ersten Strophe, vereinfachten, Fassung sangen, den die alten Dorffraun meiner Kindheit mit brüchigen Stimmen kreischten und Großväter brummten – vielleicht kannte ich doch etwas mehr, hatte in musikalischen Bürgerhäusern der Kleinstadt, in der ich heranwuchs, das Ganze oder wenigstens Teile gehört, ich weiß es nicht mehr, aber wahrscheinlich ists nicht, entsinne ich mich doch genau jener Schumann-Heine-Lieder, die ich im *Hause Beythien*, das eins der musikalischsten Neuruppins war, im Jahr sechsundvierzig erlebte – wie auch immer: meine Freundschaft mit dem Fremdling, dem *Wanderer*, begann neunzehnhunderteinundsechzig.

Damals warn meine Kinder noch klein, wir bewohnten das winzige Kätnerhaus in Schulzenhof, und ich versammelte die Kinder in der Dämmerung in meinem neun Quadratmeter großen Zimmer, das ein Fenster hatte zum Bach und zu den Weiden am Bach und zum Wald und zum Mond, der überm Friedhof heraufkam frühabends im Winter und Herbst ... Trotz des heiteren Lebens um mich her, trotz der kleinen Kinder, die ich liebte, wie sie mich liebten, war ich in Lebensunsicherheit. Ich war *Zentrum* der Familie, *Herd* des Hauses, aber ich war in *Wanderer-Stimmung*, es trieb mich – ohne andere Not als die erst ahnbare Sucht der Dichter, zu *schweifen* – hinaus, ich wollte fort und wollte doch bleiben, und der Wanderer machte sich stellvertretend für mich auf den Weg, er führte mir vor, sang mir, welche Schlüfte und Klüfte die Pfade der Freiheit halsbrecherisch machen und wie in Kälte und Dämmernis Hunde den *Fremdling* verbelln ...

Zwanzig Jahre gelebten Lebens haben mein *Verhältnis* zu ihm gewandelt, nun wandert er nicht mehr stellvertretend für mich, begleitet von meinem Gefühl: und wenn auch, was ihn treibt, Leid ist, Verstoßensein, Jammer, er ist unterwegs in der *Welt* (und ich sitze hier, wo *nicht* Welt ist) – inzwischen war ich *draußen* und habe versucht, wie das schmeckt, ohne Bindung zu sein (eine Weile, mit schmerzenden *Fühlern* nach Haus) – das Leben hat seinen Bogen gezogen, als Bogenbahn einer Kugel erscheint es mir heute, und längst ist der Punkt ihres *Abfalls* erreicht – ich bin mir soweit klar über mich und einverständig mit meinem Lebensgesetz, daß ich mich nicht mehr mit allem *vermische*, mich nicht hineinbringe in jede Kunst – oder Wirklichkeits-Konstellation, nun kann ich ihn *rein* sehn, unbelastet von mir, jetzt ist er mir wirklich *Gestalt*, und seine Schöpfer sind mir Gestalten ...

Wenn die Musik *geht*, sind sie versammelt in meinem *Imaginären Theater*: Jedem sein Stolz, jedem sein Schmerz und ihrer aller Ausdrucksgewalt, Leidenschaftssprache, Sprache vor der Erfindung der *Konvention* ...

Es hat aber eine Übereinstimmung der *Frequenzen* gegeben bei Müller und Schubert, die von Persönlichstem ausgegangen sein muß. Wenn man die Menge Lieder heranzieht, die Schubert auf Texte seiner nächsten Freunde gemacht hat und die doch nur wirken wie in Tönen *illustriert*, fällt die Radikalität der einheitlichen Sprache besonders auf, mit der die »Winterreise« erzählt ist. Zwar, in der »Müller-Geschichte« beginnt es, es gibt Schmerz-Stellen synchroner Wort- und Musik-Stärke – Sturz vom Täuschungsrausch in Verzweiflungsstarre –, aber im Ganzen ist dort Gefühl *moderiert*, vom Dichter moderiert und so auch in der Musik.

Die Geschichte des Müller-Burschen ist schrecklich, schrecklicher als die *ablesbare* des Wanderers der »Winterreise«, denn sie endet mit Tod, aber der Tod bringt auch *Befriedung, Auflösung* des zeitlichen Jammers ins ewige Element der Bewegung: ins *Wiegen* des Baches, der die Stimme übernimmt nach dem Tode des Helden, der für ihn, mit ihm, über ihn und der ihm Recht spricht gegen das Mädchen. Vollkommener Ausgleich in Wort und Musik, in dieser Harmonie ließe sichs sterben: nichts mehr als fließendes Licht ...

Anders der Schluß der »Winterreise« – schwarze Worte, schwarz wie die Gestalt des bettelhaften Leiermannes im Schnee, und kein Ende –, der *Wanderer* zieht weiter in Öde und Kälte, entschlossen zu sprechen, zu schreien, denn das ist kein Gesang mehr, im Sinne von was man Gesang nennt, Schuberts Musik machts vor allem, daß die Lieder, von denen die Rede geht, keine Lieder mehr sind, was da kommen wird, wozu der barfüßige Alte die Leier drehn soll, werden keine Gesänge mehr sein, sondern nur noch ein Heulen ...

Beide Geschichten, so die »Müllerin« wie die »Winterreise«, erschließen sich nur her von ihrem Ende ... Und wenn man der Geschichte des Müller-Burschen singend etwas rührend Versöhnendes, eine Feinform der Technik und von Ausdruck beigeben kann, kann man den *Wanderer* eher ohne Stimme lassen, als ihn mit perfekter Kunst zu *verfremden* ...

Keuchende Qual, schneidender Grimm, Vorwärtsschleppen in wegloser Schneewelt – man muß es *bekennen*, muß die Technik vergessen machen, mit der man singt. Wehe, der Hörer – der ja der Mit-Lebende, Mit-Leidende des *Wanderers* ist –, wird genötigt zu denken: wie wunderbar er das Pianissimo bringt, den Ton moduliert, die Tempi treibt oder zögert, welchen Rhythmus er dem Ganzen bereitet – jetzt wandert der Wanderer langsam, in Trauer versunken und schwer, Schritt vor Schritt, jetzt, hört! hat er wieder Hoffnung und hüpft fast, so bringt der Sänger den »stürmischen Morgen« ...

Wie es eine Art des *Gut-Schreibens* gibt, die ein *Zu-gut-Schreiben* ist, gibt es auch ein zu gutes Singen, ein *Überwuchern* der *Mittel*, die *an sich* Bewunderung verlangen – daß einer eine solche *Perfektion* überhaupt erreicht –, und es gibt Musik, der Perfektion nicht schadet, sondern zugute kommt, die der Oper zumal, aber im Schubertschen Lied und vor allem andern der »Winterreise« ist sie von Übel, hier muß es so sein, als ob da *wirklich* der *Wanderer* geht und nicht sein *Vertreter* im Frack steht neben dem Flügel, der Sänger muß mich *vergessen* machen, *das* ist seine Kunst ...

Was an der Musik *absolut* ist, ist aufgezeichnet in Noten und kann nicht verlorengehen, aber anders als beim Text, den ich stumm aufnehmen und in mir wirken lassen kann, brauche ich für die Lieder den Sänger, der mir ihre Seele *vermählt*, indem er die seine darangibt ...

Ehe ichs nicht *erlebt* hatte, daß das Erleben ausblieb bei einer anderen Schallplatten-Aufnahme der »Winterreise«, hätte ich nicht gedacht, daß dieses Nicht-Berühren überhaupt möglich wäre. Nur durch Vergleich verstand ich, was da geschah. Bei der neuen Wiedergabe sah ich vor mir den stattlichen Sänger im schwarzen Gewand, mit vollendet atmender Brust unterm Frackhemd, sah über der weißen Schleifenkrawatte sein wohlwollend intelligentes Gesicht, dessen Wangen- und Halsmuskulatur mit der sich dehnenden und engenden Ründe der Lippen *zusammenspielte* ... Sorgfältigste Artikulation, genau ausgewogene Wiedergabe aller Details – nur *glauben* konnt ich sie nicht, die Qual, die Wut, den Weg durch die Öde, erfunden und peinlich war mir die ganze Geschichte, als hätt ich Jahrzehnte an eine Lüge geglaubt ... Der Sänger hatte sich durch Verstand und Technik vom *Wanderer* distanziert, er zeigte ihn vor als ein vergangenes *Kuriosum* – »so etwas gab es einmal«, aber gerade das war *nicht* Wahrheit, es gibt ihn, er ist da, er lebt, geht, Liebe ist, wird sein – die *fressende* Sucht, vom Liebsten, von der Liebsten ins Recht gesetzt zu werden, die kein andrer zu stillen vermag und die auch nicht gestillt werden will, weil sie Kraft ist, die treibt –, so Schwäche und Stärke in einem –, und deren Verlust wir vor allem anderen fürchten – die Öde in uns ist Hölle, nicht aber die Wüstung, durch die uns Liebe hintreibt.

Mein Freund, der *Wanderer*, besteht sie, er flieht nicht vor ihr, er hält Wüste und Einsamkeit aus, unter *Heulen* ... So ist er noch immer mein *Halt* (»einen Weiser seh ich stehen«), an den ich mich lehne, mit dem Kreuz, um mein Rückgrat zu stärken, mit dem Gesicht, um Bedrückung zu bergen (»eine Straße muß ich gehen«) und mich ausweinen (»die noch keiner ging zurück ...«) an eines anderen *Menschen* Brust ...

Peter Härtling

Im Werk von Peter Härtling ist Schubert eine zentrale Gestalt. Der Autor ist ihm nahe wie vielleicht nur noch Hölderlin. Schubert gehört – wie Nikolaus Lenau, Wilhelm Müller oder eben Hölderlin – in Härtlings Schaffen zu jenen Einsamen, ziellos Wandernden, in denen er die paradigmatischen Gestalten der Moderne und ganz besonders des 20. Jahrhunderts sieht. Sein 1992 erschienener Schubert-Roman ist Ergebnis einer langen Annäherung, von der auch die drei hier abgedruckten Gedichte aus den Jahren 1985, 1977 und 1990 zeugen. Der Prosaband »Der Wanderer« von 1988 zieht die Fäden eindrucksvoll zusammen: Der Autor Härtling wandert mit ›seinen‹ Figuren durch die Jahrhunderte und begleitet sie in ihrer – durchaus metaphysisch verstandenen – Heimatlosigkeit. Im zehnten Kapitel des Buches wird die ›Begegnung‹ Wilhelm Müllers mit Schubert, die ja in der Realität nicht stattgefunden hat, thematisiert. Sie haben sich, so zeigt Härtling, als zwei Einsame verfehlt und einander doch gefunden. »Sie hätten sich in die Arme fallen können und einander kaum mehr etwas sagen müssen.« Ein Fazit von Härtlings ›Doppelporträt‹ der beiden Wanderer Schubert und Müller (das auch eine ›Rettung‹ des vernachlässigten Dichters Wilhelm Müller sein möchte) lautet: »Sie schrieben und komponierten eine säkularisierte Passion, projizierten das Bild des Wanderers in eine verdunkelte Zukunft, die möglicherweise unsere eigene geworden ist.« Und etwas später heißt es: »Wir gleichen dem namenlosen Wanderer. Wir wandern nicht mehr, um anzukommen, wir sind unterwegs in einer frostigen, auskühlenden Welt. Wir wissen viel, nur was uns verloren geht, merken wir gar nicht. Dennoch wünschen wir, anzukommen.« Im folgenden (elften) Kapitel schlägt Härtling dann den Bogen weit bis ins zwanzigste Jahrhundert und in die Gegenwart hinein, bis zu Thomas Mann und Beckett. Im hier wiedergegebenen fünfzehnten Kapitel kommt Härtling, nachdem er zwischenzeitlich Mörike begleitet hat, auf Schubert zurück. In atemloser Diktion zeichnet er Schuberts rastloses Leben nach – bis hin zum Tod und einer ergreifend banalen äußeren Hinterlassenschaft.

Variation

Für Dietrich Fischer-Dieskau

Woher kennt mich
das Lied?
Warum holt mich
die Stimme ein,
jetzt,
im Schnee?
Ausgegangen bin ich,
den älteren Bruder
zu suchen,
den ich nicht habe,
der ausging,
mich zu finden.
Er ist mir voraus.
Er hat Rosen
aus dem Schnee getaut
und
den Irrweg gesegnet.
Den Weiser hat er mir
gesungen,
den ich stehen sehe

unterm sprachlosen
Himmel,
der Lieder einsammelt,
meinem Bruder zuliebe.

Schubert

Weil er zu vertraut war,
wird er nun fremd.

Seine Wanderer trafen
auf wenig Freundlichkeit,
immer verschlossen sich
die Häuser, die Nachbarn
waren aus Stein,
die Mädchen, deren Bild
er bewahrte, gehörten
andern, und
sein Winter endete
nicht.

Er wußte, die Erde
kühlt aus.

Nach Schuberts Klaviersonate in B-Dur

Für Christoph Eschenbach

Weil dieser kleine krumme Mann
uns sang, auch das, worin wir sind,
weil er nur war, was er ersann
– ein Greisenrest in einem Kind –,

hört unsre Welt nicht auf zu sein,
auch wenn wir ihr verloren gehn.
Uns singend holt er alles ein,
was uns erfüllt und was wir nicht verstehn.

Der Wanderer

Ich bin mit Mörike von Wohnung zu Wohnung gezogen, habe Türen aufgerissen, für ein paar Tage, Wochen, Monate ein Zimmer in Besitz genommen, habe ihn allein gelassen in seiner letzten Stuttgarter Wohnung und nun lese ich bei Otto Erich Deutsch: »Schubert, der nur dreimal allein wohnte, hatte 17 verschiedene Adressen während seiner 31 Jahre. In den letzten elf Jahren seines Lebens bewohnte er 16 verschiedene Häuser.«

Die »Winterreise« komponierte Schubert im Haus »Zum blauen Igel«, einem Durchhaus zum Wildpretmarkt (heute Tuchlauben 18, I. Bezirk). Er wohnte, nicht zum ersten Mal, bei seinem Freund Schober und verfügte über zwei Zimmer und eine Musikkammer, in der, nehme ich an, ein Klavier stand. Oft nämlich mußte er ohne eines auskommen. Er hat, das erzählen seine Freunde, meistens vormittags gearbeitet, derart konzentriert, daß ihn nichts stören konnte.

Wann genau er die Gedichte Müllers kennenlernte, wann ihm der Almanach mit der »Winterreise« in die Hände fiel, ist nicht bekannt. Daß er Müllers Gedichte nach der »Schönen Müllerin« aufmerksam las, ist anzunehmen.

Ich wüßte gern, wie er mit der Arbeit begann. Ob er, schon Themen hörend, zuerst einmal die Gedichte nach seinem eigenen Wanderrhythmus ordnete oder ob die

Musik im Nachhinein dafür sorgte. Ich denke mir, er beschäftigte sich zuerst mit den Gedichten, reihte sie neu, gab ihnen ihren von ihm erfahrenen und erlittenen Ort.

Vielleicht dachte er an den ersten »Wanderer«, den er elf Jahre zuvor vertont hatte, das hilflos klagende Gedicht von Georg Philipp Schmidt von Lübeck, das mit dem Vers endet: »Dort, wo du nicht bist, dort ist das Glück«. Er hatte diese Wörter auf eine musikalische Phrase gebettet, die, vielleicht gegen seinen Willen, von einer Sehnsucht durchdrungen war, die das Glück wohl kannte. Wenn es überhaupt ein anderes Glück gibt als das, von ihm zu schreiben.

Jetzt ist er schon weiter. Diese Frage stellt sich ihm nicht mehr, dieses Verlangen hat er nicht mehr. Sobald ihm die erste Note, der erste Takt der »Winterreise« einfällt, ist er seiner Zeit ebenso voraus, wie es Wilhelm Müller schon war. Beide werden zu Vorboten, die uns heute als Boten erreichen.

Die Winterreise läßt sich topographisch nicht verfolgen, sie ist auf keiner Landkarte wiederzufinden. Der, der eine Unendlichkeit unterwegs war, ganz und gar aus der Zeit gefallen, hat sich nicht von der Stelle gerührt, er ist zum Kopfwanderer geworden. Sein Zustand entspricht, Lied für Lied, dem Zustand der Welt. Einer Welt, die ihren Sommer, Herbst verbraucht und ihren Winter erreicht hat. Der Leiermann weiß es und Schubert hat es gewußt, als er die von Frost klirrende, auf Wiederholung zielende Einleitung des Liedes komponierte.

Im Februar 1827 schrieb er den ersten Teil des Zyklus, im Oktober den zweiten. Er mußte pausieren. Er hätte den Weg nicht in einem Lauf bestanden. Wie zum Atemholen komponierte er dazwischen unter anderen die »Sechs Moments musicaux für Klavier« (D. 780), das

Klaviertrio in B-Dur und mühte sich mit der Oper »Der Graf von Gleichen«.

Am 12. Oktober 1827 schrieb er an die ihm befreundete Nanette von Hönig einen Brief, den ich wie ein Reisebillett lese: »Es fällt mir schwer, Sie benachrichtigen zu müssen, daß ich heute Abends nicht das Vergnügen haben kann, in Ihrer Gesellschaft zu seyn. Ich bin krank, und zwar von *der* Art, daß ich für jede Gesellschaft gänzlich untauglich bin. Mit der nochmaligen Versicherung, daß es mir außerordentlich leid thut, Ihnen nicht zu Diensten zu seyn können, verbleibe ich Ihr ergebenster Frz. Schubert.« »Ich bin krank – und zwar von *der* Art ...«, er hätte Fräulein Nanette ebensogut mitteilen können, daß er in einer Weise erschöpft sei, die sie nie begreifen werde. Er halte sich in einer anderen Jahreszeit auf und ihm sei es schlechtweg unmöglich, ohne Musik von dem Erdwinter zu reden, den er immer von neuem und immer realer erfahre.

Für den 1. Teil der »Winterreise« erhält er wenige Tage darauf, am 24. Oktober, den Zensurvermerk: »Excudatur«. Er hatte die Partitur so undeutlich geschrieben, daß sie für den Druck vom Verlag neu geschrieben werden mußte, hatte, um den Zensor zu täuschen, die Gefahr vertuscht, kundig im Frost. Der Name des Zensors ist bekannt. Er hieß Schodl.

Ich nehme an, daß Schober von diesem Streich wußte. In mancher Hinsicht war er Reisegefährte, freilich ein launischer, der den Winter nur zeitweilen ertrug, der Schubert über weite Wegstrecken verließ, seine Belustigungen brauchte, wie schon die Jahre vorher. Schobers Leichtfertigkeit unterhielt Schubert, und sie war ihm teuer zu stehen gekommen, denn ihm, der ihm wahrscheinlich seine Furcht vor Frauen, vor der Liebe hatte austreiben wollen mit einem Besuch im Hurenhaus, verdankte er seine Krankheit, die Syphilis. Es könnte sein, daß sie ihm nun, nach der »Winterreise«, so erschien wie ein Ausschlag, der auch die Erde befallen hat. »Vom Abendrot zum Morgenlicht / Ward mancher Kopf zum Greise.«

Nicht erst die Syphilis hat ihn fremd gemacht. Seit er als Zwanzigjähriger mit seinem Vater, der darauf drang, daß er endlich eine vernünftige Anstellung finde, gebrochen hatte, mehrten sich die Zeichen des Fremdseins. Er vagabundierte, lebte von der Hand in den Mund und von den Almosen der Freunde. Er war vogelfrei und verschwendete keine Mühe darauf, ein bürgerliches Leben zu beginnen.

Wieder komme ich seiner Atemlosigkeit nur in einem einzigen langen Satz nach:

Er hat mit dem Vater gestritten, nicht zum ersten Mal und nicht so, daß die traurige Wut seine Rückkehr nicht erlaubt, denn er hat sich ernsthaft um eine Musiklehrerstelle bemüht, Salieri hat ihm ein Zeugnis ausgestellt, die Wiener Stadthauptmannschaft ebenso, er weiß, daß Spaun dem großen Goethe zwölf Lieder schickte, die allerdings ohne jeglichen Kommentar zurückkommen werden, aber jetzt gibt er dem Impuls nach, irgendwo Zuflucht und Ruhe zu suchen, findet Unterschlupf bei Spaun (Vorstadt Landstraße Nummer 97, heute Erdbergerstraße 27, III. Bezirk), schafft es, wie auch später oft, in dem einen engen Zimmer, das sein Freund mit ihm teilt, nicht aufzufallen, morgens sich in der Arbeit, für die ihm kein Klavier zur Verfügung steht, so zu entfernen, daß er Spaun unheimlich wird, hält die abwartende Spannung zwischen dem Vater und sich ein paar Wochen lang aus, kehrt zurück, dient wieder als Hilfslehrer in der vom Vater geführten Schule, singt mit den Kindern, singt, wie er als Bub bei den Sängerknaben gesungen hat, kümmert sich nicht um seine Zukunft, komponiert, wenn die Zeit es ihm erlaubt, trifft sich mit den Freunden in Lokalen, trinkt und träumt, bis es dem Vater reicht, er ihn stellt, sie sich nichts zu sagen haben, nur ihren Trotz messen, und er, ohne sich zu verabschieden, fortgeht, das ist im Herbst 1816, als Gast von der Familie Schober aufgenommen wird (Innere Stadt Nummer 592, Haus »Zum Winter«, heute Tuchlauben 26, I. Bezirk), ein anspruchsloser Gast und ein nach dem vormittäglichen Arbeiten zu jedem Vergnügen abrufbarer Freund, doch in sein Tagebuch trägt er mit einer Kinderschrift, die schon lernt, übers Papier zu jagen, seine Antwort auf die Abenteuer mit Schober ein, »Leichter Sinn, leichtes Herz. Zu leichter Sinn bringt meistens ein *zu* schweres Herz«, das hätte noch lange so gehen können, wäre nicht die Nachricht gekommen, daß Schobers kranker Bruder, ein Offizier, aus Frankreich heimkehre und Schober sich auf den Weg macht, den Bruder abzuholen, der aber unterwegs stirbt, nur hat Schubert schon sein Zimmer geräumt und ist, da er so rasch keine neue Bleibe findet, keineswegs reumütig für ein paar Wochen heimgekehrt in das väterliche Schulhaus (Vorstadt Himmelpfortgrund Nummer 10, Haus »Zum Schwarzen Rössel«, heute Säulengasse 3, IX. Bezirk), meidet den Vater, beredet sich mit der zweiten Mutter, ist auf dem Sprung und sucht mehr denn je die Gesellschaft der Freunde, zieht allerdings mit um, als dem Vater ein neues Schulhaus angeboten wird (Vorstadt Roßau Nummer 147, jetzt Grünetorgasse 18, III. Bezirk), erkundet hartnäckig die Sonatenform und kann dem Vater die erste Veröffentlichung eines Liedes im »Mahlerischen Taschenbuch« vorlegen, nimmt, um seinen guten Willen zu beweisen, im Sommer 1818 eine Musiklehrerstelle beim Grafen Esterhazy in Ungarn an, schreibt dem Vater, wie gut es ihm gehe, schreibt den Freunden Schober und Spaun: »Unser Schloß ist keins von den größten, aber sehr niedlich gebaut. Es wird von einem sehr schönen Garten umgeben. Ich wohne im Inspectorat«, schreibt, »Für das Wahre der Kunst fühlt hier keine Seele, höchstens dann u. wann (wenn ich nicht irre) die Gräfinn. Ich bin also allein mit meiner Geliebten, und muß sie in mein Zimmer, in mein Klavier, in meine Brust verbergen«, schreibt, »mehrere Lieder entstanden unter der Zeit, wie ich hoffe, sehr gelungene«, doch nur drei bleiben erhalten, darunter »Einsamkeit«, die ihm mehr und mehr zusetzt, so daß er im Herbst heimkehrt, jetzt so heftig mit dem Vater zusammengerät, daß keine Versöhnung mehr möglich scheint, er zu Mayrhofer zieht (Innere Stadt Nummer 420, heute Wipplingerstraße 2, I. Bezirk), der, wie Schober, für seine Vormittagsruhe sorgt, so daß er in den eineinhalb Jahren dieses Domizils das »Forellenquintett« schreiben kann, aber auch ungezählte Lieder, darunter den »Prometheus« und, wie immer, an den Nachmittagen und Abenden die Freunde um sich versammelt, neuerdings auch Moritz von Schwind (der sich Jahre danach mit Mörike anfreunden wird), bis Schubert sich von Mayrhofer trennt, umzieht und zum ersten Mal ein Jahr lang ohne den Schutz eines Freundes wohnt (Innere Stadt Nummer 380, heute Wipplingerstraße 21, I. Bezirk), das jedoch nicht lange aushält, von neuem sich für zwei Jahre, 1822 und 1823, bei der Familie Schober einmietet (Innere Stadt Nummer 1155, »Göttweigerhof«, heute Spiegelgasse 9, I. Bezirk), da schreibt er die »Wanderer-Phantasie«, die »Unvollendete«, die »Mignon-Lieder« und die fünfte Fassung eines seiner bekanntesten Lieder, der »Forelle«, da findet im Kreis der Freunde die erste »Schubertiade« statt, da gibt er den Versuchungen Schobers nach, wenn er sich schon vor der Liebe fürchte, sie wenigstens bei den Huren auszuprobieren, und holt sich die Syphilis, flieht, obwohl es ihm schwer fallen muß, für ein paar Wochen ins väterliche Schulhaus, bekommt von seinem Freund Huber einen Platz in dessen Wohnung angeboten (Innere Stadt Nummer 1187, heute Stubenbastei 14, I. Bezirk), vergräbt sich wieder in die Arbeit, vergeudet seine musikalische Phantasie an ein Opernlibretto von Kupelwieser, komponiert für Wilhelmine von Chézys läppisches Schauspiel »Rosamunde« Zwischenmusiken und läßt Schober, der auf Reisen ist, diesen Freund, den er braucht und der ihn mißbraucht, in einem Brief wissen: »Fülle die Sehnsucht nach Dir nur einiger maßen aus, indem Du mir schreibst, wie Du lebst u. webst. – Ich habe seit der Oper nichts componirt, als ein paar Müllerlieder. Die Müllerlieder werden in vier Heften erscheinen, mit Vignetten von Schwind«, versteckt sich eine Zeitlang in der Huberschen Wohnung, weil die Krankheit ihm ebenso zusetzt wie eine Kur, die Abhilfe schaffen soll, und am 24. Dezember 1823, am Heiligen Abend, kann Schwind Schober melden: »Schubert ist es besser, es wird nicht lange dauern, so wird er wieder in seinen eignen Haaren gehen, die wegen des Ausschlags geschoren werden mußten. Er trägt eine sehr gemütliche Perücke«, wobei es sich fragt, ob er sie bis zu seinem Ende trug, ihm ist es aber für den Augenblick gleich, er kann wieder unter die Leute, Schubertiaden finden wieder statt, Vogl singt seine Lieder, da hat er sich erneut, vielleicht noch des Ausschlags wegen, für den Winter ins väterliche Schulhaus geflüchtet, zum letzten Mal, und erträgt notgedrungen die Verachtung des Vaters, bezieht im Februar 1825 ein Zimmer, das er ganz für sich allein hat (Vorstadt Wieden Nummer 100, heute Technikerstraße 9, IV. Bezirk), hält sich im Sommer in Oberösterreich auf, in Linz, Salzburg, Gmunden und Gastein, schreibt eine Symphonie, die verloren geht, verloren gehen soll, um eine Legende zu sein, die »Gasteiner«, befreundet sich mit Eduard von Bauernfeld, und schreibt, jetzt seiner sicher und gegen alle früheren Streitigkeiten an die Eltern: »In Oberösterreich finde ich allenthalben meine Compositionen«, gibt, heimgekommen, dies drückt nichts aus als eine Bewegung, sein Zimmer auf, zieht in den Vorort Währing, und dieses eine Mal ist die genaue Adresse nicht bekannt, haust zeitweilig mit Schober und Schwind zusammen, und Schober ist es auch, der ihn im Herbst 1826 in seine neue Wohnung mitnimmt (Innere Stadt Nummer 765, heute Bäckerstraße 6, I. Bezirk), und ich weiß, daß zu diesem Zeitpunkt Hölderlins Gedichte erscheinen, herausgegeben von Uhland und Schwab, ich weiß aber nicht, ob Schubert je von ihnen gehört, sie je gelesen hat, während er an der Sonate in G-Dur arbeitet und das im Frühjahr komponierte Streichquartett in d-Moll (»Der Tod und das Mädchen«) zum ersten Mal aufgeführt wird, da entfernte er sich, über den Winter, aus Schobers Schutz, wohnt erneut allein (Innere Stadt, auf der Bastei beim Karolinentor, gegenüber dem jetzigen Stadtpark, I. Bezirk), bekommt von der Leipziger »Allgemeinen musikalischen Zeitung« eine ausführliche Kritik der »Wandererfantasie« – »Sind wir bei dieser Komposition länger verweilt, als es im Andrange der Novitäten ... gewöhnlich geschieht ...: so halten wir uns für gerechtfertigt dadurch, daß sie selbst keine gewöhnliche ist« –, feiert mit Schwind, Schober, Spaun und andern Freunden das neue Jahr, 1828, wobei Bauernfeld ein Gedicht vorträgt, das ihnen vorauseilt, scheinbar mehr weiß, »Es rollen die immer kreisenden Jahre / hinunter, hinunter – du hältst sie nicht! / Sie bauen die Wiege, sie zimmern die Bahre, / sie hüllen in Dunkel, sie zünden das Licht: / dem einen zur Freude, dem andern zur Klage / drängen und wechseln die flüchtigen Tage«, und er hört zu und es fallen ihm Gedichte Heines ein, die ihn seit kurzem so mitnehmen wie keine anderen, er ist sicher, daß er einige von ihnen vertonen wird, doch jetzt, im März 1828, hat er längst die Wohnung auf der Bastei verlassen, weil er sie entweder nicht mehr zahlen kann oder einfach die Nähe Schobers braucht, bei dem er noch einmal unterschlüpft (Innere Stadt 556 und 557, jetzt Tuchlauben 18, I. Bezirk), was ihn nicht zurückhält, eine Zeitlang im Gasthof »Zur Kaiserin Österreich« zu wohnen (Heute Dornbacherstraße 101, VII. Bezirk), aber da ist die »Winterreise« schon geschrieben, der 1. und 2. Teil, das Glück über das erfolgreiche Konzert im »Roten Igel« schon verklungen, »die zahlreich versammelten Freunde und Protektoren ließen es an rauschendem Beifall bei jeder Nummer nicht fehlen und mehrere derselben wiederholen«, Kopfschmerzen plagen ihn jetzt, Unpäßlichkeiten, er zieht sich zurück, fühlt sich bei Schober, dessen ausdauernde Heiterkeit ihn reizt, nicht mehr wohl, zieht im September 1828 zu seinem Bruder Ferdinand (Vorstadt Wieden Nummer 694, »Zur Stadt Ronsberg«, heute Kettenbrückengasse 6, IV. Bezirk, Gedenkstätte) und schreibt, kaum hat er sein Kabinett nach der Straße bezogen, in einem Monat, in einem Zug vier Kompositionen, mit denen er sich seiner Wanderschaft endgültig inne wird, die zur Winterreise gehören, in denen er seine Fremde stolz und unverhohlen bekennt: die drei Klaviersonaten in c-Moll, A-Dur und B-Dur und das Streichquintett in C-Dur, und auch sein Eifer, Verleger von Rang zu finden, nimmt noch einmal zu, er korrespondiert mit Schott, erwartet eine »erfreuliche und baldige Antwort«, die ihn aber nicht mehr erreicht, denn seine Kraft schwindet, die Krankheit frißt ihn von innen her, und, als wolle er den fahrlässigen, doch treuen Gefährten bestätigen, sucht er ein letztes Mal Kontakt mit Schober, zwar auch mit einer Bitte, vor allem jedoch mit der Auskunft über das Ende der kurzen, unruhigen Reise: »Lieber Schober! Ich bin krank. Ich habe schon 11 Tage nichts gegessen u. nichts getrunken u. wandle matt u. schwankend von Sessel zu Bett u. zurück. Rinna behandelt mich. Wenn ich auch was genieße, so muß ich es gleich wieder von mir geben«, worauf nichts mehr zu sagen ist, worauf er die Augen schließt und jene Stimme hört, die immer zuerst seine Lieder sang: Fremd bin ich eingezogen, fremd zieh ich wieder aus.

Am Mittwoch, den 19. November 1828, nachmittags um 3 Uhr, stirbt Franz Schubert. Als Todesurache wird Nervenfieber angegeben.

Ich schreibe es so nach, wie ich es lese.

Ich könnte auch schreiben: an der Syphilis, an der Müdigkeit.

Er hinterließ: 3 tüchene Fräcke, 3 Gehröcke, 10 Beinkleider, 9 Gilets, 1 Hut, 5 Paar Schuh, 2 Paar Stiefel, 4 Hemder, 9 Hals- und Sacktüchel, 13 Paar Fußsäckeln, 1 Leintuch, 2 Bettziechen, 1 Matratze, 1 Polster, 1 Decken und nicht einen Groschen.

Die unerhörte Ruhe, die Schubert unterwegs für seine Arbeit aufbrachte, bleibt ein Wunder.

Nur zögernd entferne ich mich von ihm. Ich sehe ihn als einen Wanderer, der sich seiner Zeit viel bewußter war, als seine Freunde ahnten, einer, der sich melancholisch an die Aufklärung erinnerte und der getarnt der Restauration gewachsen war und die kommende Fremde, unsere Fremde, in seiner Musik einholte.

Moritz von Schwind: Schuberts und Schwinds Wohnhäuser nächst der Karlskirche. Federzeichnung (1825)

Textnachweise

Titel, die mit einem Stern gekennzeichnet sind, wurden vom Herausgeber formuliert oder sind dem zitierten Text entnommen. Die Orthographie der Texte des 19. Jahrhunderts wurde behutsam modernisiert.

Theodor W. Adorno (1903–1969)

Th. W. A.: Gesammelte Schriften in zwanzig Bänden. Hrsg. von Rolf Tiedemann unter Mitw. von Gretel Adorno, Susan Buck-Morss und Klaus Schultz. Bd. 17: Musikalische Schriften IV. Moments musicaux. Impromptus. Frankfurt a. M.: Suhrkamp, 1982. S. 18–33. – © 1982 Suhrkamp Verlag, Frankfurt am Main.

Peter Altenberg (d. i. Richard Engländer, 1859–1919)

P. A.: Auswahl aus seinen Büchern von Karl Kraus. Zürich: Atlantis Verlag, 1963. S. 350 f.

August Wilhelm Ambros (1816–1876)

A. W. A.: Bunte Blätter. Skizzen und Studien für Freunde der Musik und der bildenden Kunst. N. F. Leipzig: F. E. C. Leuckart, 1874. S. 174–191.

Rudolf Hans Bartsch (1873–1952)

R. H. B.: Schwammerl. Ein Schubert-Roman. Leipzig: L. Staackmann, 1912. S. 6–29. – © 1912 L. Staackmann Verlag KG, Dietramszell.

Eduard von Bauernfeld (1802–1890)

Einiges von Franz Schubert 77

E. v. B.: Einiges von Franz Schubert. In: Die Presse 22. 17. April 1869 und 21. April 1869.

Alfred Brendel (geb. 1931)

Schuberts Klaviersonaten 1822–1828 *Auszug* 158

A. B.: Nachdenken über Musik. München/Zürich: Piper, 1977. S. 89–110. – © 1977 R. Piper & Co. Verlag, München.

Gerhard von Breuning (1813–1892)

Das »Ständchen« (»Zögernd leise . . .«) und »Mirjams Siegesgesang«* 50

G. B.: Aus Grillparzers Wohnung. In: Schubert. Die Erinnerungen seiner Freunde. Gesammelt und hrsg. von Otto Erich Deutsch. Leipzig: VEB Breitkopf & Härtel, ^{2}1966. S. 286–294.

Hanns Cibulka (geb. 1920)

(1) Franz Schubert 266
(2) Franz Schubert. Streichquartett d-moll. Scherzo 267
(3) Franz Schubert. Winterreise 268

H. C.: Losgesprochen. Gedichte aus drei Jahrzehnten. Leipzig: Reclam, 1986. S. 39–42. (1–3) – Mit Genehmigung von Hanns Cibulka, Gotha. [Auf Wunsch des Autors wurden im dritten Gedicht die letzten drei Zeilen entgegen der Druckvorlage weggelassen.]

Gustav Theodor Fechner (1801–1887)

Über das Schubert-Denkmal im Wiener Stadtpark* *Auszug* 96

G. Th. F.: Vorschule der Ästhetik. Tl. 2. Leipzig: Breitkopf & Härtel, ^{3}1925. S. 129 f.

Dietrich Fischer-Dieskau (geb. 1925)

Franz Schubert, der Liederkomponist *Auszug* 150

D. F.-D.: Einführungstext zur Schallplattenkassette: Franz Schubert. Lieder. Volume 1. Deutsche Grammophon o. J. – © Mit Genehmigung der Deutschen Grammophon Gesellschaft mbH, Hamburg, und des Sekretariats Fischer-Dieskau, Berlin.

Eduard Genast (1797–1866)

Aus dem Tagebuche eines alten Schauspielers 109

E. G.: Aus dem Tagebuche eines alten Schauspielers. In: Goethes Gespräche. Eine Sammlung zeitgenössischer Berichte aus seinem Umgang auf Grund der Ausgabe und des Nachlasses von Flodoard Freiherr von Biedermann erg. und hrsg. von Wolfgang Herwig. Bd. 3. Tl. 2: 1825–1832. München: Artemis Verlag, 1972. S. 607 f.

Franz Grillparzer (1791–1872)

(1) Franz Schubert 48
(2) Für Schuberts Grabstein 48
(3) Bericht über die Aufstellung von Schuberts Grabdenkmal 49

F. G.: Sämtliche Werke. Historisch-kritische Gesamtausgabe. Hrsg. von August Sauer, fortgef. von Reinhold Backmann. – Abt. 1. Bd. 10: Gedichte I. Hrsg. von A. Sauer und R. Backmann. Wien: Schroll/Deutscher Verlag für Jugend und Volk, 1932. S. 81. (1) – Abt. 1. Bd. 14: Prosaschriften II. Aufsätze über Literatur, Musik, Theater. Hrsg. von A. Sauer unter Mitarb. von Alfred Orel. Wien: Schroll, 1925. S. 50. (3)
F. G.: Sämtliche Werke. Ausgewählte Briefe, Gespräche, Berichte. Hrsg. von Peter Frank und Karl Pörnbacher. Bd. 1: Gedichte – Epigramme – Übersetzungsfragmente Dramen I. Hrsg. von K. Pörnbacher. München: Hanser, 1960. S. 397. (2)

PETER HÄRTLING (geb. 1933)

P. H.: Noten zur Musik. Stuttgart: Radius-Verlag, 1990. (1) S. 39. (2) S. 40. (3) S. 41. – © Radius-Verlag, Stuttgart.

P. H.: Der Wanderer. Köln: Kiepenheuer & Witsch, 1995. S. 98–109. (4) – © 1995 Verlag Kiepenheuer & Witsch, Köln.

EDUARD HANSLICK (1825–1904)

E. H.: Geschichte des Concertwesens in Wien. Bd. 2. Wien: Braumüller, 1870. S. 101–103.

NIKOLAUS HARNONCOURT (geb. 1929)

N. H.: Gespräch mit Peter Cossé. In: Schubertiade Hohenems 1984. [Programmbuch.] Hrsg. von Gerd Nachbaur. Hohenems 1984. S. 148–151. – Mit Genehmigung des Herausgebers.

STEPHAN HERMLIN (geb. 1915)

S. H.: Abendlicht. Roman. Leipzig: Reclam, 1981. S. 121–125. – © 1979, 1987 Verlag Klaus Wagenbach, Berlin.

WOLFGANG HILDESHEIMER (1916–1991)

W. H.: In Erwartung der Nacht. Collagen. Frankfurt a. M.: Suhrkamp, 1986. o. Pag. (Nr. 2.). – © 1986 Suhrkamp, Frankfurt am Main.

FERDINAND HILLER (1811–1885)

F. H.: Briefe an eine Ungenannte. Köln: DuMont-Schauberg, 1877. S. 39–48.

ANSELM HÜTTENBRENNER (1794–1868)

Abdruck nach der Kopie der Hs. aus dem Nachlaß Schünemann. Staatsbibliothek zu Berlin – Preußischer Kulturbesitz. N. Mus. Nachl. 75, B 5.

NIKOLAUS LENAU (d. i. Nikolaus Niembsch, Edler von Strehlenau, 1802–1850)

N. L.: Gedichte. Hrsg. von Hartmut Steinecke. Stuttgart: Reclam, 1993. S. 24 f.

FRANZ LISZT (1811–1886)

F. L.: Sämtliche Schriften. Bd. 5: Dramaturgische Blätter. Hrsg. von Dorothea Redepenning und Britta Schilling. Wiesbaden: Breitkopf & Härtel, 1989. S. 62–67.

THOMAS MANN (1875–1955)

Th. M.: Gesammelte Werke in dreizehn Bänden. Bd. 3: Der Zauberberg. 2., durchges. Aufl. Frankfurt a. M.: S. Fischer, 1974. S. 903 bis 907. –

JOHANN MAYRHOFER (1787–1836)

J. M.: Gedichte. Wien: Friedrich Volke, 1824. S. 9. (1)
J. M.: Neues Archiv für Geschichte, Staatenkunde, Literatur und Kunst (1929) H. 1. S. 121. (2)

FRIEDERIKE MAYRÖCKER (geb. 1924)

F. M.: Heiligenanstalt. Frankfurt a. M.: Suhrkamp, 1978. S. 89–108. – © 1978 Suhrkamp Verlag, Frankfurt am Main.

FRIEDRICH NIETZSCHE (1844–1900)

F. N.: Sämtliche Werke. Kritische Studienausgabe in fünfzehn Bänden. Hrsg. von Giorgio Colli und Mazzino Montinari. Bd. 2. München; Berlin / New York: Deutscher Taschenbuch Verlag; de Gruyter, 1980. (1) S. 617 (Nr. 155). Bd. 8. Ebd. (2) S. 611 (Nr. 44 [2]).

ANTON SCHINDLER (1798–1864)

A. S.: Erinnerungen an Franz Schubert. In: Schubert. Die Erinnerungen seiner Freunde. Gesammelt und hrsg. von Otto Erich Deutsch. Leipzig: VEB Breitkopf & Härtel, ²1966. S. 355–368.

ROBERT SCHUMANN (1810–1856)

R. Sch.: Gesammelte Schriften über Musik und Musiker. Hrsg. von Martin Kreisig. Bd. 1. Leipzig: Breitkopf & Härtel, 1914. S. 459 bis 464.

LEOPOLD VON SONNLEITHNER (1797–1873)

Recensionen und Mittheilungen über Theater und Musik (Wien). Nr. 45. 7. November 1860. S. 697–701.

CARL SPITTELER (1845–1924)

C. S.: Gesammelte Werke in neun Bänden. Hrsg. von Gottfried Bohnenblust, Wilhelm Altwegg, Robert Faesi. Bd. 7: Ästhetische Schriften. Hrsg. von Werner Stauffacher. Zürich: Artemis Verlag, 1947. S. 254–258.

EVA STRITTMATTER (geb. 1930)

E. S.: Poesie und andere Nebendinge. Berlin/Weimar: Aufbau-Verlag, 1984. S. 84–94. – © 1984 Aufbau-Verlag GmbH, Berlin und Weimar.

PETER I. TSCHAIKOWSKI (1840–1893)

P. I. T.: Erinnerungen und Musikkritiken. Hrsg. von Richard Petzoldt und Lothar Fahlbusch. Leipzig: Reclam, 1974. S. 144 f. – Übers. von U. Petzoldt.

KURT TUCHOLSKY (1890–1935)

K. T.: Gesammelte Werke. Hrsg. von Mary Gerold Tucholsky und Fritz J. Raddatz. Bd. 8. Reinbek: Rowohlt, 1975. S. 318. – © 1960 Rowohlt Verlag GmbH, Reinbek.

HANS WEIGEL (1908–1991)

H. W.: Große Mücken, kleine Elefanten. Vierzig Plädoyers für das Feuilleton in memoriam A. Polgar. Zürich/München: Artemis Verlag, 1980. S. 124–126. –

ARNOLD ZWEIG (1887–1968)

A. Z.: Novellen um Claudia. Frankfurt a. M.: S. Fischer, 1977. S. 110–118. –

Der Verlag Philipp Reclam jun. dankt für die Nachdruckgenehmigung den Rechteinhabern, die durch den Quellennachweis oder einen Copyrightvermerk bezeichnet sind.